O conhecimento
da vida

Coleção: Episteme – Política, História – Clínica
Coordenador Manoel Motta
(Obras a serem publicadas)

Cristianismo: Dicionário, do Tempo, dos Lugares e dos Símbolos
André Vauchez

Filosofia do Odor
Chantal Jaquet

A Democracia Internet
Dominique Cardon

A Loucura Maníaco-Depressiva
Emil Kraepelin

A Razão e os Remédios
François Dagognet

O Corpo
François Dagognet

Estudos de História e de Filosofia das Ciências
Georges Canguilhem

O Conhecimento da Vida
Georges Canguilhem

Realizar-se ou se Superar – Ensaio sobre o Esporte Contemporâneo
Isabelle Queval

Filosofia das Ciências
Jean Cavaillès

História da Filosofia Política
Leo Straus e Joseph Copsey

História do Egito Antigo
Nicolas Grimal

Introdução à Europa Medieval 300 – 1550
Peter Hoppenbrouwers – Wim Blockmans

Georges Canguilhem

O conhecimento da vida

Tradução de Vera Lucia Avellar Ribeiro

Revisão Técnica de Manoel Barros da Motta

Rio de Janeiro

■ A EDITORA FORENSE se responsabiliza pelos vícios do produto no que concerne à sua edição, aí compreendidas a impressão e a apresentação, a fim de possibilitar ao consumidor bem manuseá-lo e lê-lo. Os vícios relacionados à atualização da obra, aos conceitos doutrinários, às concepções ideológicas e referências indevidas são de responsabilidade do autor e/ou atualizador.
As reclamações devem ser feitas até noventa dias a partir da compra e venda com nota fiscal (interpretação do art. 26 da Lei n. 8.078, de 11.09.1990).

■ Traduzido de
Georges Canguilhem, *La connaissance de la vie*
Deuxième édition revue et augmentée
Copyright © Librairie Philosophique J. Vrin, Paris, 1965.
http://www.vrin.fr

■ O Conhecimento da Vida
ISBN 978-85-218-0482-6
Direitos exclusivos para o Brasil na língua portuguesa
Copyright © 2011 by
FORENSE UNIVERSITÁRIA um selo da EDITORA FORENSE LTDA.
Uma editora integrante do GEN | Grupo Editorial Nacional
Travessa do Ouvidor, 11 – 6º andar – 20040-040 – Rio de Janeiro – RJ
Tel.: (0XX21) 3543-0770 – Fax: (0XX21) 3543-0896
bilacpinto@grupogen.com.br | www.grupogen.com.br

■ O titular cuja obra seja fraudulentamente reproduzida, divulgada ou de qualquer forma utilizada poderá requerer a apreensão dos exemplares reproduzidos ou a suspensão da divulgação, sem prejuízo da indenização cabível (art. 102 da Lei n. 9.610, de 19.02.1998).
Quem vender, expuser à venda, ocultar, adquirir, distribuir, tiver em depósito ou utilizar obra ou fonograma reproduzidos com fraude, com a finalidade de vender, obter ganho, vantagem, proveito, lucro direto ou indireto, para si ou para outrem, será solidariamente responsável com o contrafator, nos termos dos artigos precedentes, respondendo como contrafatores o importador e o distribuidor em caso de reprodução no exterior (art. 104 da Lei n. 9.610/98).

1ª edição brasileira – 2012

■ CIP – Brasil. Catalogação-na-fonte.
Sindicato Nacional dos Editores de Livros, RJ.

C226c

Canguilhem, Georges, 1904-1995

O conhecimento da vida/Georges Canguilhem; tradução de Vera Lucia Avellar Ribeiro; revisão técnica de Manoel Barros da Motta. – Rio de Janeiro: Forense Universitária, 2012.

Tradução de: La Connaissance de la vie
Inclui bibliografia
ISBN 978-85-218-0482-6

1. Vida (Biologia). 2. Biologia – Filosofia. I. Título.

11-6997.
CDD: 574
CDU: 573

ÍNDICE SISTEMÁTICO

Aviso ao Leitor – Sobre a Primeira Edição	VII
Aviso ao Leitor – Sobre a Segunda Edição	IX
Introdução – O Pensamento e o Vivente	1

I. Método
A Experimentação em Biologia Animal 9

II. História
A Teoria Celular 39

III. Filosofia

Capítulo I – Aspectos do Vitalismo	85
Capítulo II – Máquina e Organismo	107
Capítulo III – O Vivente e seu Meio	139
Capítulo IV – O Normal e o Patológico	169
Capítulo V – A Monstruosidade e o Monstruoso	187

Apêndices

I – Nota sobre a Passagem da Teoria Fibrilar à Teoria Celular	205
II – Nota sobre as Relações da Teoria Celular com a Filosofia de Leibniz.	209
III – Extratos do Discurso sobre a Anatomie du Cérebro, Proferido por Sténon, em 1665, aos Senhores da Assembleia na Casa do Sr. Thévenot, em Paris	213
Bibliografia	215

O GEN | Grupo Editorial Nacional reúne as editoras Guanabara Koogan, Santos, Roca, AC Farmacêutica, Forense, Método, LTC, E.P.U. e Forense Universitária, que publicam nas áreas científica, técnica e profissional.

Essas empresas, respeitadas no mercado editorial, construíram catálogos inigualáveis, com obras que têm sido decisivas na formação acadêmica e no aperfeiçoamento de várias gerações de profissionais e de estudantes de Administração, Direito, Enfermagem, Engenharia, Fisioterapia, Medicina, Odontologia, Educação Física e muitas outras ciências, tendo se tornado sinônimo de seriedade e respeito.

Nossa missão é prover o melhor conteúdo científico e distribuí-lo de maneira flexível e conveniente, a preços justos, gerando benefícios e servindo a autores, docentes, livreiros, funcionários, colaboradores e acionistas.

Nosso comportamento ético incondicional e nossa responsabilidade social e ambiental são reforçados pela natureza educacional de nossa atividade, sem comprometer o crescimento contínuo e a rentabilidade do grupo.

AVISO AO LEITOR

Sobre a Primeira Edição

A presente obra reúne muitas conferências ou artigos de datas diferentes, mas cuja inspiração é contínua, e cuja aproximação não nos parece artificial. O estudo sobre *A experimentação em Biologia animal* desenvolve uma conferência pronunciada em 1951, no Centro Internacional Pedagógico de Sèvres, por ocasião das Jornadas para a Coordenação dos Ensinos da Filosofia e das Ciências Naturais. *A teoria celular* foi publicada em 1945, em Mélanges, publicados pela Faculdade de Letras de Estrasburgo. *O Normal e o Patológico* foi extraído da *Súmula* (Somme) *de Medicina Contemporânea*, I, publicada em 1951 pelas Edições da Diane francesa. Agradecemos, aqui, aos editores cuja amável permissão tornou possível a reprodução desses dois artigos. Quanto aos três outros estudos, *Aspectos do Vitalismo, Máquina e Organismo, O Vivente e seu Meio*, são conferências dadas em 1946-1947, no Colégio Filosófico, inéditas até o momento, e surgem pelo gentil consentimento do Sr. Jean Wahl.

Como todos esses diversos ensaios foram revistos, remanejados e completados, tanto em vista de sua atualização quanto em vista de sua coordenação, de modo a todos diferirem mais ou menos de seu primeiro estado de exposição ou de publicação, seu conjunto atual pode pretender alguma unidade e alguma originalidade.

Tivemos o cuidado de justificar o título da Coleção que acolhe generosamente este pequeno livro,[1] pela utilização e indicação de uma informação tão precisa quanto possível e pela vontade de defender a independência dos temas filosóficos à elucidação dos quais nos curvamos.

Georges Canguilhem

---

1   A Coleção *Ciência e Pensamento* (*Science et Pensée*), dirigida por Ferdinand Alquié.

AVISO AO LEITOR

Sobre a Segunda Edição

  Há muito tempo esgotada, esta obra foi reeditada sob os cuidados da Librairie Philosophique Joseph Vrin, com a gentil permissão da Librairie Hachette. Não procedemos a nenhuma mudança no texto inicial, apesar de algumas tentações que tivemos, aqui e ali, de fazê-lo. Há algo melhor a fazer do que salpicar um antigo texto de reparos ou enriquecimentos. É tratar como nova a mesma questão. Na falta disso, é mais honesto conservar, tal como se expôs outrora o que, então, se estimou poder e dever pensar.

  Acrescentamos, porém, ao nosso texto de 1952, um quinto estudo filosófico, *A monstruosidade e o monstruoso*. Algumas notas de referência, alguns títulos de bibliografia são próprios a esta segunda edição e estão indicados por um asterisco.

INTRODUÇÃO

O PENSAMENTO E O VIVENTE

Conhecer é analisar. Nós o dizemos de melhor bom grado do que o justificamos, pois é um dos traços de toda filosofia preocupada com o problema do conhecimento que a atenção que se dá às operações do conhecer acarrete a distração no que concerne ao sentido do conhecer. No melhor dos casos, acontece de respondermos a esse último problema por meio de uma afirmação de suficiência e de pureza de saber. E, no entanto, saber por saber não é mais sensato do que comer por comer, ou matar por matar, ou rir por rir, porquanto é a um só tempo a confissão de que o saber deve ter um sentido e a recusa de lhe encontrar um outro sentido diferente dele mesmo.

Se o conhecimento é análise, mesmo assim não é para permanecer nisso. Decompor, reduzir, explicar, identificar, medir, pôr em equações deve ser claramente um benefício do lado da inteligência, já que, manifestamente, é uma perda para o gozo. Gozamos não das leis da natureza, mas da natureza, não dos números, mas das qualidades, não das relações, mas dos seres. Para dizer tudo, não se vive de saber. Vulgaridade? Talvez. Blasfêmia? Mas em quê? Pelo fato de alguns homens se terem votado a viver para o saber, devemos crer que o homem só vive verdadeiramente na ciência e por ela?

Admitimos demasiado fácil a existência de um conflito fundamental entre o conhecimento e a vida, e de tal modo que sua aversão recíproca só possa conduzir à destruição da vida pelo conhecimento ou à derrisão do conhecimento pela vida. Só há, então, escolha entre um intelectualismo cristalino, isto é, transparente e inerte, e um misticismo confuso, ao mesmo tempo ativo e descuidado.

Ora, o conflito não é entre o pensamento e a vida no homem, mas entre o homem e o mundo na consciência humana da vida. O pensamento não passa de um descolamento do homem e do mundo que permite o recuo, a interrogação, a dúvida (pensar é pensar etc.) diante do obstáculo surgido. O conhecimento consiste concretamente na busca da seguridade pela redução dos obstáculos, na construção de teorias de assimilação. Ele é, então, um método geral para a resolução direta ou indireta das tensões entre o homem e o meio. Mas definir assim o conhecimento é encontrar seu sentido em seu fim, que é permitir ao homem um novo equilíbrio com o mundo, uma nova forma e uma nova organização de sua vida. Não é verdade que o conhecimento destrua a vida, mas ele desfaz a experiência da vida a fim de abstrair dela, por meio da análise dos fracassos, razões de prudência (sapiência, ciência etc.) e leis de sucessos eventuais, tendo em vista ajudar o homem a refazer o que a vida fez sem ele, nele ou fora dele. Por conseguinte, devemos dizer que, se pela ação do homem, pensamento e conhecimento se inscrevem na vida para regrá-la, essa mesma vida não pode ser a força mecânica, cega e estúpida, que nos comprazemos em imaginar quando a opomos ao pensamento. E, aliás, se ela é mecânica, ela não pode ser cega, nem estúpida. Só pode ser cego um ser que busca a luz, só pode ser estúpido um ser que pretende significar.

Que luz estamos seguros de contemplar para declarar cegos todos os outros olhos que não os do homem? Que significado estamos certos de ter dado à nossa vida para declarar estúpidos todos os outros comportamentos que não os nossos gestos? Sem dúvida, o animal não sabe resolver todos os problemas que lhe formulamos, mas por se tratar dos nossos e não dos dele. O homem faria melhor que o pássaro seu ninho, melhor do que a aranha sua teia? E, se olharmos bem, o pensamento humano manifestaria em suas invenções uma tal independência para com as intimações da necessidade e as pressões do meio que ele legitima, visando aos viventes infra-humanos, uma ironia temperada de piedade? Não foi um especialista dos problemas de tecnologia que escreveu: "Nunca se encontrou uma ferramenta criada inteiramente para um uso a ser achado em matérias a serem descobertas"?[1] E pedimos que se queira refletir sobre o seguinte: a religião e a arte não são rupturas para com a simples vida menos expressamente humanas do que a ciência; ora, que espírito sinceramente religioso, que artista autenticamente criador, perseguindo a transfiguração da vida, nunca considerou o pretexto de seu esforço para depreciar a vida? O que o homem busca porque o perdeu, ou, mais exatamente, porque pressente que outros seres além dele o possuem – um acordo sem problemas entre exigências e realidades, uma experiência cujo gozo contínuo que dela se retiraria garantiria a solidez definitiva de sua unidade, a religião e a arte o indicam, mas o conhecimento, uma vez que ele não aceita reconhecer-se parte e não juiz, instrumento e não mandado, o afasta disso. E disso se segue que ora o homem se maravilha com o vivente e ora, escandalizando-se por ser um vivente, forja, para seu próprio uso, a ideia de um reino separado.

Se, portanto, o conhecimento é filho do medo humano (espanto, angústia etc.), seria, no entanto, pouco perspicaz converter esse medo em aversão irredutível para a situação dos seres que o experimentam nas crises que eles precisam vencer pelo tempo em que viverem. Se o conhecimento é filho do medo, é para a dominação e organização da experiência humana, para a liberdade da vida.

Assim, através da relação do conhecimento com a vida humana, revela-se a relação universal do conhecimento humano com a organização vivente. A vida é formação de formas, o conhecimento é análise das matérias informadas. É normal que uma análise não possa nunca dar conta de uma formação e que se perca de vista a originalidade das formas quando nelas vemos somente resultados cujos componentes buscamos determinar.

As formas vivas sendo totalidades cujo sentido reside em sua tendência a se realizar como tais ao longo de sua confrontação com seu meio podem ser apreendidas em uma visão, jamais em uma divisão. Pois dividir é, no limite, e segundo a etimologia, fazer o vazio, e uma forma, não sendo senão um todo, não poderia ser esvaziada de nada.

---
1   A. Leroi-Gourhan. *Milieu et Téchnique*, p. 393.

"A biologia, diz Goldstein, tem de se haver com indivíduos que existem e tendem a existir, ou seja, a realizar suas capacidades o melhor possível num meio ambiente dado".[2] Essas afirmações não acarretam nenhuma interdição. Que se determine e se meça a ação de tal ou tal sal mineral sobre o crescimento de um organismo, que se estabeleça um balanço energético, que se persiga a síntese química de tal hormônio suprarrenal, que se busquem as leis da condução do influxo nervoso ou do condicionamento dos reflexos, quem cogitaria seriamente em desprezá-lo? Mas tudo isso é, em si, apenas um conhecimento biológico, uma vez que lhe falta a consciência do sentido das funções correspondentes. O estudo biológico da alimentação não consiste somente em estabelecer um balanço, mas em pesquisar no próprio organismo o sentido da escolha que, em estado livre, ele opera em seu meio para fazer seus alimentos de tais e tais espécies ou essências, à exclusão de tais outras que poderiam, em rigor teórico, propiciar-lhe aportes energéticos equivalentes para sua manutenção e para seu crescimento. O estudo biológico do movimento só começa quando se leva em consideração a orientação do movimento, pois ele só distingue o movimento vital do movimento físico, a tendência, da inércia. Em regra geral, o alcance de um conhecimento analiticamente obtido para o pensamento biológico somente vem de sua informação por referência a uma existência orgânica apreendida em sua totalidade. Segundo Goldstein: "O que os biólogos geralmente tomam como ponto de partida necessário é, em geral, o que há de mais problemático na biologia", pois só a representação da totalidade permite valorizar os fatos estabelecidos distinguindo aqueles que têm verdadeiramente relação com o organismo e aqueles que são, no que concerne a ele, insignificantes.[3] À sua maneira, Claude Bernard havia expressado uma ideia análoga:

> *Em fisiologia, a análise que nos ensina as propriedades das partes organizadas elementares isoladas não nos daria senão uma síntese*

---

2 *Observações sobre o problema epistemológico da biologia.* Congresso Internacional de Filosofia das Ciências. *Epistémologie.* Paris: Hermann, 1951. v. I, p. 142.
3 *La structure de l'organisme,* p. 312.

> *ideal muito incompleta... É preciso, então, proceder sempre experimentalmente na síntese vital, porque fenômenos absolutamente especiais podem ser o resultado da união ou da associação cada vez mais complexa dos fenômenos organizados. Tudo isso prova que esses elementos, embora distintos e autônomos, nem por isso desempenham o papel de simples associados e que sua união expressa mais do que a adição de suas partes separadas.*[4]

Mas encontramos nessas proposições a flutuação habitual do pensamento de Claude Bernard, que sente, claramente, de um lado, a inadequação do pensamento analítico para todo objeto biológico e permanece, do outro, fascinado pelo prestígio das ciências físico-químicas, com as quais ele deseja ver a biologia parecer para melhor garantir, assim ele crê, os sucessos da medicina.

Quanto a nós, pensamos que um racionalismo razoável deve saber reconhecer seus limites e integrar suas condições de exercício. A inteligência só pode aplicar-se à vida reconhecendo a originalidade da vida. O pensamento do vivente deve manter do vivente a ideia do vivente.

> *É evidente que para o biologista, diz Goldenstein, seja qual for a importância do método analítico em suas pesquisas, o conhecimento ingênuo, aquele que aceita simplesmente o dado, é o fundamento principal de seu conhecimento verdadeiro e lhe permite penetrar o sentido dos acontecimentos da natureza.*[5]

Desconfiamos que, para fazer matemáticas, a nós bastaria ser anjos, mas para fazer biologia, mesmo com a ajuda da inteligência, precisamos, por vezes, sentir-nos tolos.

---

4   *Introduction à l'étude de la Médecine expérimentale*. II. parte, cap. 12.
5   *La structure de l'organisme*, p. 427.

I

MÉTODO

Ficaríamos muito embaraçados para citar uma descoberta biológica devida ao raciocínio puro. E, mais frequentemente, quando a experiência acabou por nos mostrar como a vida se ajeita para obter um resultado, vemos que sua maneira de operar é precisamente aquela na qual nunca teríamos pensado.

H. Bergson. *A evolução criadora*, Introdução.

A EXPERIMENTAÇÃO EM BIOLOGIA ANIMAL

É usual, segundo Bergson, considerar a *Introdução ao estudo da medicina experimental* (1865) como equivalente, nas ciências da vida, do *Discurso do método* (1637), nas ciências abstratas da matéria.[1] É também uma prática escolar bastante difundida utilizar a *Introdução* como se utiliza o *Discurso*, com a única finalidade de paráfrase, de resumo, de comentário verbal, sem se dar ao trabalho de reinserir um ou outro na história da biologia ou das matemáticas, sem procurar pôr em correspondência a linguagem do íntegro sábio homem de bem, endereçando-se a pessoas honradas, e a prática efetivamente seguida pelo sábio especialista na pesquisa das constantes de uma função fisiológica ou na resolução da equação de um problema de lugar geométrico. Nessas condições, a *Introdução* parece codificar simplesmente tudo como, segundo Bachelard, o *Discurso*, "a polidez do espírito científico... os hábitos evidentes do homem de boa companhia".[2] É o que notava Bergson:

> Quando Claude Bernard descreve esse método, quando dá exemplos dele, quando lembra as aplicações feitas por ele, tudo o que ele expõe nos parece tão simples e tão natural que ele apenas precisou, assim parece, dizê-lo: acreditamos tê-lo sempre sabido.[3]

---

1 *La Philosophie de Claude Bernard,* discurso de 30 de dezembro de 1913, reproduzido em *La Pensée et le Mouvant.* 6. ed. Paris: PUF. p. 258.
2 Discurso de abertura do Congresso Internacional de Filosofia das Ciências. Paris, 1949 (*Actualités scientifiques et industrielles.* Paris: Hermann, 1951. p. 32, n. 1.126).
3 Op. cit. p. 218.

Para dizer a verdade, a prática escolar pretende também que a *Introdução* seja quase sempre reduzida à primeira parte, isto é, a uma soma de generalidades, quando não de banalidades, em curso nos laboratórios, esses salões do mundo científico, e concernindo também tanto às ciências físico-químicas quanto às ciências biológicas, embora, de fato, sejam a segunda e a terceira partes que contêm a carta de experimentação em biologia. Por fim e sobretudo, na falta de escolher expressamente, para poder apreciar a significação e o alcance científico do discurso metodológico de Claude Bernard, exemplos de experimentação propriamente heurística, exemplos de operações exatamente contemporâneas do único saber autêntico que é uma retificação do erro, chega-se, para apenas utilizar exemplos de experimentação de alcance didático consignados em manuais de ensino, a alterar involuntariamente, mas de modo profundo, o sentido e o valor dessa empreitada plena de riscos e de perigos que é a experimentação em biologia.

Eis um exemplo. Em uma lição sobre a contração muscular, esta será definida como uma modificação da forma do músculo sem variação de volume e, se necessário, estabelecer-se-á por experimentação, segundo uma técnica da qual todo manual escolar reproduz, o esquema ilustrado: um músculo isolado, colocado em um frasco cheio d'água, contrai-se sob excitação elétrica, sem variação do nível do líquido. Fica-se feliz por ter estabelecido um fato. Ora, é um fato epistemológico que um fato experimental assim ensinado não tem nenhum sentido biológico. É assim e é assim. Mas, se remontarmos ao primeiro biologista que teve a ideia de uma experiência desse tipo, ou seja, Swammderdam (1637-1680), esse sentido logo aparece.[4] Ele quis estabelecer, contra as teorias de então concernentes à contração muscular, que, nesse fenômeno, o músculo não é aumentado de nenhuma substância. E, na origem dessas teorias em que todas supunham uma estrutura tubular ou porosa do nervo, por via do qual algum fluido, espírito ou líquido, chegaria ao músculo, encontramos uma experiência que remonta a Galeno (131-200), um

---

4   Cf. Singer, *Histoire de la biologie*. Trad. francesa. Paris: Payot, 1934. p. 168.

fato experimental que atravessa, invariável até os dias de hoje, séculos de pesquisas sobre a função neuromuscular: a ligadura de um nervo paralisa o músculo que ele enerva. Eis aqui um gesto experimental a um só tempo elementar e completo: aliás, em igualdade de condições, o determinismo de um condicionamento é designado pela presença ou ausência, intencionalmente obtidas, de um artifício cuja aplicação supõe, de um lado, o conhecimento empírico, bastante novo no tempo de Galeno, que os nervos, a medula e o encéfalo formam um conduto único cuja cavidade retém a atenção mais do que a parede; do outro, uma teoria psicológica, isto é, metafísica, segundo a qual o comando dos movimentos do animal reside no cérebro. É a teoria estoica do *hegemonikon* que sensibiliza Galeno para a observação que todo sacrificador de animais ou todo cirurgião, que o induz a instituir a experiência da ligadura, a extrair dele explicação da contração tônica e clônica pelo transporte do *pneuma*. Em suma, vemos surgir nossa modesta e seca experiência de trabalhos práticos sobre um fundo permanente de significação biológica, já que se trata, sob o nome sem dúvida um tanto demasiado abstrato de "vida de relação", de nada menos do que dos problemas de postura e de locomoção que a vida cotidiana apresenta a um organismo animal, pacífica ou perigosa, confiante ou ameaçada, em seu meio ambiente usual ou perturbado.

Bastou um exemplo tão simples para recuar muito longe na história da cultura humana as operações experimentais, de que muitos manuais atribuem a Claude Bernard, apesar de suas afirmações explícitas, se não a invenção, pelo menos a codificação.

Sem, porém, remontar a Aristóteles ou a Galeno, pediremos a um texto do século XVIII, anterior de mais de cem anos à *Introdução*, uma definição do sentido e da técnica da experimentação. Ele é extraído de uma tese de medicina defendida em Halle, em 1735, por Marcus Paulus Deisch: *Dissertatio inauguralis de splene canibus exciso et ab his experimentis capiendo fructu*:[5]

---

5 *Dissertação inaugural sobre a ablação do baço no cão e sobre o fruto que se pode retirar dessas experiências*. O memorial foi publicado por Haller, *Disputationum anatomicarum selectarum*. Göttingen, 1784. v. III.

> *Não é de surpreender que a insaciável paixão de conhecer, armada de ferro, tenha se esmerado em abrir um caminho até os segredos da natureza e tenha aplicado uma violência lícita a estas vítimas da filosofia natural, que é permitido encontrar sem maiores dificuldades, nos cães, a fim de se garantir – o que não se poderia fazer com o homem sem ser crime – da função exata do baço, depois do exame das lesões consecutivas à ablação dessa víscera, se as explicações propostas por um tal ou tal autor fossem verdadeiras e certas. Para instituir esse exame tão doloroso e mesmo cruel, teve-se, penso eu, de ser movido por essa certeza que possuímos concernente à função dos testículos nos dois sexos, da qual sabemos muito solidamente que eles têm na geração um papel de primeira necessidade, pelo único fato de que os proprietários têm o costume de enviar à castração, todo ano, alguns milhares de animais, a fim de privá-los para sempre de fecundidade, quando não inteiramente do desejo amoroso. Assim, esperava-se poder também facilmente observar, nos cães sobreviventes à ablação do baço, algum fenômeno a respeito do qual as mesmas observações seriam impossíveis nos outros animais intactos e providos dessa mesma víscera.*

Eis aqui um texto pleno. Seu autor não tem nome na história da biologia,[6] o que parece indicar que, com um pouco mais de erudição, encontraríamos outros textos do mesmo gênero no século XVIII. Ele atribui claramente à vivissecção animal um valor de substituto. Ele liga a instituição da experiência à verificação das conclusões de uma teoria. Ele mostra o papel da analogia nessa instituição. Ponto capital, ele põe em continuidade a experimentação para fins de verificação teórica das técnicas biológicas, criação e castração.[7] Enfim, ele assenta o ensino experimental sobre a comparação estabelecida entre o animal preparado e o animal testemunha. O que mais poderíamos querer? Sem dúvida, a abla-

---

6   Ele não figura na excelente *Medical bibliography*, de Garrison e Morton (Londres: Grafton and Co., 1943; 2. ed. 1954).

7   Notemos, de passagem, que o autor distingue muito bem, no ato de reprodução, a fecundidade e a potência. Sabemos que é a partir de observações da mesma ordem, em relação com a prática veterinária, que Bouin foi levado aos trabalhos que lhe permitiram identificar, histológica e funcionalmente no testículo, a glândula intersticial, isto é, as células de secreção de hormônio, distintas das células da linhagem seminal.

ção de todo um órgão pode parecer um procedimento bastante grosseiro. Mas Claude Bernard não procedeu diferentemente. E, quando, em 1889, Von Mering e Minkowski descobriram o diabetes experimental e iniciaram as observações que deveriam levar à identificação das ilhotas de Langerhans, foi por terem privado um cão do pâncreas total, considerado como uma glândula única desempenhando seu papel na digestão intestinal.

Com efeito, como o mostra Claude Bernard, é tão somente pela experimentação que se podem descobrir funções biológicas. A *Introdução* é, nesse ponto, bem menos explícita do que as *Lições de Fisiologia Experimental aplicada à Medicina* (1856). Contra o preconceito anatomista que remonta ao *De Usu partium*, de Galeno, segundo o qual a única inspeção do detalhe anatômico permitiria deduzir categoricamente a função, Claude Bernard mostra que esse princípio concerne, a rigor, aos órgãos nos quais, com ou sem razão, o homem crê reconhecer formas que lhe lembram aquelas de alguns instrumentos produzidos por sua indústria (a bexiga é um reservatório; o osso uma alavanca), mas que, mesmo nessa espécie de casos, pouco numerosos e grosseiramente aproximativos, foi a experiência do papel e do uso das ferramentas empregadas pela prática humana que fundou a atribuição analógica de sua função aos órgãos precitados. Em suma, a dedução anatomofisiológica recobre sempre uma experimentação. O problema em biologia, diríamos, não é utilizar conceitos experimentais, mas constituir experimentalmente conceitos autenticamente biológicos. Tendo notado que estruturas aparentemente semelhantes – mesmo na escala microscópica – não têm necessariamente a mesma função (por exemplo, pâncreas e glândulas salivares) e que, inversamente, uma mesma função pode ser garantida por estruturas aparentemente dissemelhantes (contratilidade da fibra muscular lisa e estriada), Claude Bernard afirma que não é se perguntando para que serve tal órgão que se descobrem suas funções. É acompanhando os diversos momentos e os diversos aspectos de tal função que se descobre o órgão ou o aparelho responsável por ela. Não foi se perguntando para que serve o fígado que se descobriu a função glicogênica. Foi dosando a glicose do sangue, retirada em diversos pontos do fluxo circulatório de um animal em jejum há muitos dias.

Devemos lembrar, de passagem, que, em 1856, Claude Bernard deu as cápsulas suprarrenais como exemplo de um órgão cuja anatomia microscópica é conhecida e cuja função é desconhecida. O exemplo é bom e merece atenção. Em 1718, tendo a Academia de Borgonha feito um concurso sobre a questão *Do uso das glândulas renais*, coube a Montesquieu encarregar-se do relatório concernente aos memoriais recebidos pela Academia. Eis aqui sua conclusão:

> *Por meio de tudo isso, vemos que a Academia, este ano, não terá a satisfação de premiar e que este dia não será para ela tão solene quanto ela o esperava. Pelas experiências e dissecções que ela teve de fazer sob seus olhos, ela conheceu a dificuldade em toda sua extensão e aprendeu a não mais se surpreender de ver seu objeto não ter sido preenchido. O acaso fará algum dia, talvez, o que todos esses cuidados não puderam fazer.*

Ora, foi precisamente em 1856 que Brown-Sequard fundou experimentalmente o conhecimento das funções da suprarrenal, mas a partir do *Memorial* no qual Addison havia, no ano precedente,[8] descrito os sintomas, revelados pelo acaso da clínica, da doença à qual seu nome permanece ligado.

Sabemos que, com as descobertas de Claude Bernard sobre a função glicogênica do fígado,[9] os trabalhos de Brown-Sequard sobre as secreções internas fundamentam o conhecimento do meio interno. Essa noção, hoje clássica, deve nos remeter aos momentos iniciais de sua formação. Ali encontramos o exemplo de um dos conceitos propriamente biológicos cuja elaboração é, ao mesmo tempo, efeito e causa de experimentação, mas exigiu, sobretudo, uma verdadeira conversão teórica.

---

8   De fato, Addison havia, desde 1849, publicado suas primeiras observações em um artigo de duas páginas.
9   Foi o conjunto dessas descobertas que valeu a Claude Bernard o grande prêmio de fisiologia em 1851.

I. Método ⊗ A Experimentação em Biologia Animal

> A ciência antiga, escreve Claude Bernard, só pôde conceber o meio externo: mas, para fundar a ciência biológica experimental, é preciso conceber ademais um meio interno...; o meio interior, criado pelo organismo, é especial para cada ser vivo. Ora, este é o verdadeiro meio fisiológico.[10]

Insistamos bem nesse ponto. Enquanto os sábios conceberam as funções dos órgãos num organismo à imagem das funções do próprio organismo no meio exterior, era natural que tomassem emprestado da experiência pragmática do vivente humano os conceitos de base, as ideias diretrizes da explicação e da experimentação biológicas, pois se trata de um vivente humano que é, a um só tempo, e, aliás, a título de vivente, o sábio curioso sobre a solução teórica dos problemas formulados pela vida pelo simples fato de seu exercício. Quer sejamos finalistas, quer sejamos mecanicistas, que nos interessemos no final suposto ou nas condições de existência dos fenômenos vitais, não saímos do antropomorfismo. Num certo sentido, nada é mais humano do que uma máquina, se é verdade que é pela construção das ferramentas e das máquinas que o homem se distingue dos animais. Os finalistas representam o corpo vivo como uma república de artesãos, os mecanicistas, como uma máquina sem maquinista. Mas, como a construção da máquina não é uma função da máquina, o mecanismo biológico, se ele é o esquecimento da finalidade, nem por isso é sua eliminação radical.[11] Essa é a razão pela qual, seja na perspectiva finalista ou mecanicista que o biologista tenha a princípio se situado, os conceitos utilizados primitivamente para análises das funções dos tecidos, órgãos ou aparelhos, eram inconscientemente carregados de uma importação pragmática e técnica propriamente humana.

Por exemplo, o sangue e a seiva escoam como água. A água canalizada irriga o solo; o sangue e a seiva devem irrigar também. Foi Aristóteles quem assimilou a distribuição do sangue a partir do coração e a irrigação de um jardim por meio de canais.[12] E Ga-

---
10 *Introdução*, p. 165.
11 Ver mais adiante o ensaio intitulado *Máquina e organismo*.
12 *Des parties des animaux*, III, v. 668, p. 13 e 34.

leno não pensava diferente. Mas irrigar o solo é, afinal, perder-se no solo. E esse é exatamente o principal obstáculo à inteligência da circulação.[13] Presta-se homenagem a Harvey por haver feito a experiência da ligadura das veias do braço, cuja turgescência abaixo do ponto de constrição é uma das provas experimentais da circulação. Ora, essa experiência já fora feita em 1603 por Fabrizi d'Acquapendente – e é muito possível que ela remonte a ainda mais longe –, que dela concluiu o papel regulador das válvulas das veias, mas pensava tratar-se, para elas, de impedir o sangue de se acumular nos membros e nas partes em declive. O que Harvey acrescentou à soma de constatações feitas antes dele foi o seguinte, a um só tempo simples e capital: em uma hora, o ventrículo esquerdo envia para o corpo, por meio da aorta, um peso de sangue triplo do peso do corpo. De onde vem e para onde pode ir tanto sangue? Aliás, se abrirmos uma artéria, o organismo sangra a ponto de exaurir-se. Disso nasceu a ideia de um circuito fechado possível.

"Eu me perguntei", diz Harvey, "se tudo não se explicaria por um movimento circular do sangue". Foi então que, refazendo a experiência da ligadura, Harvey chegou a dar um sentido coerente a todas as observações e experiências. Vemos como a descoberta da circulação do sangue foi primeiro, e talvez essencialmente, a substituição de um outro conceito, o de irrigação, diretamente importado em biologia do domínio da técnica humana, por um conceito feito para "tornar coerentes" observações precisas feitas sobre o organismo em diversos pontos e em diferentes momentos. A realidade do conceito biológico de circulação pressupõe o abandono da comodidade do conceito técnico de irrigação.

Em conclusão pensamos, como Claude Bernard, que o conhecimento das funções da vida sempre foi experimental, mesmo quando ela era fantasista e antropomórfica. É que, para nós, há uma espécie de parentesco fundamental entre as noções de experiência e de função. Aprendemos nossas funções nas experiências e, em seguida, nossas funções são experiências formalizadas. E a

---

13 Singer, op. cit. p. 125.

experiência é, em primeiro lugar, a função geral de todo vivente, quer dizer, seu debate (*Auseinandersetzung*, diz Goldstein) com o meio. O homem experimenta a atividade biológica primeiro em suas relações de adaptação técnica ao meio ambiente, e essa técnica é heteropoética, regulada sobre o exterior, buscando nelas seus meios e os meios de seus meios. A experimentação biológica procedendo da técnica foi inicialmente dirigida por conceitos de caráter instrumental e factício, ao pé da letra. Foi apenas depois de uma longa sequência de obstáculos ultrapassados e de erros reconhecidos que o homem chegou a suspeitar e a reconhecer o caráter autopoético da atividade orgânica e retificou, progressivamente, em contato com os fenômenos biológicos, os conceitos diretores da experimentação. Em termos mais precisos, pelo fato de ser heteropoética, a técnica humana supõe uma lógica *mínima*, pois a representação do real exterior que a técnica humana deve modificar comanda o aspecto discursivo, arrazoado, da atividade do artesão, mais do que a do engenheiro. Mas é preciso abandonar essa lógica da ação humana para compreender as funções viventes. Charles Nicolle enfatizou de modo muito vigoroso o caráter aparentemente alógico, absurdo, dos procedimentos da vida, a absurdidade sendo relativa a uma norma que é, de fato, absurda para se aplicar à vida.[14] Foi nesse mesmo sentido que Goldstein definiu o conhecimento biológico, a saber:

> *Uma atividade criadora, uma abordagem essencialmente aparentada com a atividade pela qual o organismo compõe com o mundo ambiente de maneira a poder ele mesmo se realizar, quer dizer, existir. O conhecimento biológico reproduz de maneira consciente a* démarche *do organismo vivo. A* démarche *cognitiva do biólogo está exposta a dificuldades análogas às que o organismo encontra em sua aprendizagem (*learning*), ou seja, em suas tentativas para se ajustar ao mundo exterior.*[15]

---

14   *Naissance, vie et mort des maladies infectieuses.* Paris: PUF, 1930. p. 237.
15   *Observações sobre o problema epistemológico da biologia*, Congresso Internacional de Filosofia das Ciências, Paris, 1949; *Epistémologie*. Paris: Hermann, 1951. p. 143.

Ora, essa obrigação de formar progressivamente, ou melhor, de amadurecer os conceitos biológicos por uma espécie de mimetismo, em que o biólogo se encontra é o que, segundo Bergson, Claude Bernard quis ensinar:

> Ele percebeu, ele mediu a distância entre a lógica do homem e a da natureza. Se, segundo ele, nunca teremos prudência suficiente na verificação de uma hipótese, nunca poremos audácia suficiente em inventá-la. O que é absurdo aos nossos olhos não o é necessariamente ao olhar da natureza: tentemos a experiência e se a hipótese se verifica será necessário que a hipótese se torne inteligível e clara, à medida que os fatos nos constrangerão a nos familiarizarmos com ela. Mas lembremos também que nunca uma ideia, por mais maleável que a tenhamos feito, terá a mesma maleabilidade que as coisas.[16]

O interesse da *Introdução* para um estudo dos procedimentos experimentais em biologia, no fundo, deve-se mais às restrições trazidas por Claude Bernard sobre as considerações gerais quanto aos postulados e às técnicas da experimentação do que às próprias considerações, razão pela qual o segundo capítulo da segunda parte é prioritário, a nosso ver, em relação ao primeiro. De resto, a esse respeito, Claude Bernard tem um precursor na pessoa de A. Comte. Na quadragésima lição do *Curso de Filosofia Positivista*, em "Considerações sobre o conjunto da ciência biológica", podemos ler:

> Uma experimentação qualquer é sempre destinada a descobrir conforme as leis próprias das influências determinantes ou modificações de um fenômeno em sua execução e ela consiste, em geral, em introduzir em cada condição proposta uma mudança bem definida, a fim de apreciar diretamente a variação correspondente do próprio fenômeno. A inteira racionalidade de um tal artifício e seu sucesso irrefutável repousam evidentemente sobre estas duas condições fundamentais: 1) que a mudança introduzida seja plenamente compatível com a existência do fenômeno estudado, sem o que a resposta seria puramente negativa; 2) que os dois casos comparados só difiram exatamente num único ponto de vista, pois, de outro modo, a interpretação, embora direta, seria essencialmente equívoca.[17]

---

16   *La Philosophie de Claude Bernard*, p. 264.
17   *Cours*, ed. Schleicher. t. III, p. 169.

Ora, acrescenta Comte: "A natureza dos fenômenos biológicos deve tornar quase impossível uma suficiente realização dessas duas condições e sobretudo da segunda". Mas, se Auguste Comte, antes de Claude Bernard e presumivelmente sob a influência das ideias expostas por Bichat em suas *Recherches physiologiques sur la vie et la mort*, 1800,[18] afirma que a experimentação biológica não pode se limitar a copiar os princípios e as práticas da experimentação em física ou em química; é de fato Claude Bernard quem ensina, e, em primeiro lugar, por exemplo, que o biólogo deve inventar sua técnica experimental própria. A dificuldade, quando não o obstáculo, deve-se ao fato de tentar, por meio da análise, a aproximação de um ser que não é nem uma parte ou um segmento, nem uma soma das partes ou de segmentos, mas que é somente um vivente vivendo como um, ou seja, como um todo.

> *O fisiologista e o médico, portanto, não devem nunca esquecer que o ser vivo forma um organismo e uma individualidade... É preciso então saber que, se decompomos o organismo vivo isolando suas diversas partes, é tão somente para a facilidade da análise experimental e não para concebê-las separadamente. Com efeito, quando se quer dar a uma propriedade fisiológica seu valor e sua verdadeira significação, é preciso sempre reportá-la ao conjunto é só tirar a conclusão definitiva relativamente a seus efeitos nesse conjunto.*[19]

Retomando agora em detalhes as dificuldades realçadas por A. Comte e Claude Bernard, convém examinar, com a ajuda de exemplos, que precauções metodológicas originais devem suscitar na *démarche* experimental do biólogo a especificidade das formas

---

18 "É fácil ver, de acordo com isso, que a ciência dos corpos organizados deve ser tratada de uma maneira inteiramente diferente daquelas que têm os corpos inorgânicos como objeto. Seria preciso, por assim dizer, empregar ali uma linguagem diferente, pois a maioria das palavras que transportamos das ciências físicas para a da economia animal ou vegetal nos lembram incessantemente ideias que não se aliam de modo algum com os fenômenos dessa ciência". I. parte, artigo VII, § I: "Différence des forces vitales d'avec les lois physiques".

19 *Introdução*, p. 187-188. Ver, também, nas p. 190-191, a passagem relativa à decalagem obrigada entre a síntese e a análise.

vivas, a diversidade dos indivíduos, a totalidade do organismo, a irreversibilidade dos fenômenos vitais.

1) *Especificidade*. Contrariamente a Bergson que pensa que deveríamos aprender com Claude Bernard "que não há diferença entre uma observação bem colhida e uma generalização bem fundamentada",[20] é preciso dizer que, em biologia, a generalização lógica é imprevisivelmente limitada pela especificidade do objeto de observação ou de experiência. Sabemos que nada é tão importante para um biólogo quanto a escolha de seu material de estudo. Ele opera efetivamente sobre tal ou tal animal, segundo a comodidade relativa de tal observação anatômica ou fisiológica, em razão seja da situação ou das dimensões do órgão, seja da lentidão de um fenômeno ou, ao contrário, da aceleração de um ciclo. De fato, a escolha nem sempre é deliberada e premeditada; o acaso, tanto quanto o tempo, é um homem galante para o biólogo. Seja como for, seria com frequência prudente e honesto acrescentar, ao título de um capítulo de fisiologia, tratar-se da fisiologia de tal animal, de modo que as leis dos fenômenos que trazem quase sempre, aqui como alhures, o nome do homem que as formulou, portassem, ademais, o nome do animal utilizado para a experiência: o cão, para os reflexos condicionados; o pombo, para a equilibração; a hidra, para a regeneração; o rato, para as vitaminas e o comportamento maternal; a rã, "*Job* da biologia", para os reflexos; o ouriço-do-mar, para a fecundação e segmentação do ovo; a drosófila, para a hereditariedade; o cavalo, para a circulação do sangue etc.[21]

Ora, o importante, aqui, é que nenhuma aquisição de caráter experimental pode ser generalizada sem expressas reservas, quer se trate de estruturas, de funções e de comportamentos, seja de uma variedade a uma outra numa mesma espécie, seja de uma espécie a uma outra, seja do animal ao homem.

---

20 Op. cit. p. 218.
21 A esse respeito, consultar *Les animaux au service de la science*, por Léon Binet. Paris: Gallimard, 1940.

De variedade a variedade: por exemplo, quando se estudam as condições de penetração na célula viva de substâncias químicas definidas, constata-se que os corpos solúveis nas gorduras penetram facilmente, sob certas condições; é assim que a cafeína é inativa sobre o músculo estriado da rã verde quando o músculo está intato, mas, se lesarmos o tecido muscular, uma afinidade intensa se manifesta. Ora, o que é verdade para a rã verde não o é para a rã vermelha: a ação da cafeína sobre o músculo intato da rã vermelha é imediata.

De espécie a espécie: por exemplo, cita-se ainda em muitos manuais de ensino as leis de Pflüger sobre a extensão progressiva dos reflexos (unilateralidade; simetria; irradiação; generalização). Ora, como observaram Von Weiszäcker e Sherrington, o material experimental de Pflüger não lhe permitia formular as leis gerais do reflexo. Em particular, a segunda lei de Pflüger (simetria), verificada em animais de locomoção saltitante como o coelho, é falsa, caso se trate do cachorro, do gato e, de um modo geral, de todos os animais de marcha diagonal.

> O fator fundamental de coordenação é o modo de locomoção do animal. A irradiação será idêntica nos animais que têm o mesmo tipo de locomoção e diferente nos que têm uma locomoção diferente.[22]

Nesse relatório, o gato se distingue do coelho, mas se aproxima do tritão.

Do animal ao homem: por exemplo, o fenômeno de reparação de fraturas ósseas. Uma fratura se repara por meio de uma calosidade. Na formação de um calo distinguiam-se tradicionalmente três estágios: estágio do calo conjuntivo, ou seja, a organização do hematoma interfragmentário; estágio do calo cartilaginoso; estágio do calo ósseo por transformação das células cartilaginosas em osteoblatos. Ora, Leriche e Poticard mostraram que na evolução normal de uma calosidade humana não há estágio cartilaginoso.

---

22 Ch. Kayser. Les Réflexes. In: *Conférences de physiologie médicale sur des sujets d'actualité.* Paris: Masson, 1933.

Esse estágio havia sido observado em cães, ou seja, em animais cuja imobilização terapêutica deixa sempre a desejar.[23]

2) *Individualização.* No interior de uma dada espécie viva, a principal dificuldade se deve à pesquisa de representantes individuais, capazes de sustentar provas de adição, subtração ou variação mensurada dos componentes supostos de um fenômeno, provas instituídas com fins de comparação entre um organismo intencionalmente modificado e um organismo-testemunho, ou seja, mantido igual a seu destino biológico espontâneo. Por exemplo, todas as espécies relativas à eficácia anti-infecciosa das vacinas consistem em inocular culturas microbianas a dois lotes de animais intercambiáveis em todos os pontos, exceto no seguinte: um deles foi preparado por injeções vacinais prévias e o outro não. Ora, a conclusão da comparação assim instituída só tem valor, com todo rigor, caso se tenha o direito de manter os organismos confrontados como o equivalente do que são, em física e em química, sistemas fechados, quer dizer, conjunções de forças físicas ou de espécies químicas devidamente recenseadas, medidas ou dosadas. Mas como se garantir antecipadamente a identidade em todas as relações de dois organismos individuais que, embora da mesma espécie, devem às condições de seu nascimento (sexualidade, fecundação, anfimixia) uma combinação única de caracteres hereditários? Com exceção dos casos de reprodução agâmica (rebentos de vegetais), de autofecundação, de gemelidade verdadeira, de poliembrionia (no tatu, por exemplo), é preciso operar em organismos de linhagem pura em relativação a todos os caracteres, sobre homozigotos integrais. Ora, se o caso não for puramente teórico, é preciso ao menos confessar que ele é estritamente artificial. Esse material animal é uma fabricação humana, o resultado de uma segregação constantemente vigilante. De fato, algumas organizações científicas criam espécies, no sentido jordaniano do termo, de ratos e camundongos obtidos por meio de uma longa série de acasa-

---

23 Cf. Leriche. *Physiologie et pathologie du tissue osseux.* Paris: Masson, 1938, 1. lição.

lamentos entre consanguíneos.[24] Por conseguinte, o estudo de um tal material biológico cujos elementos, aqui como alhures, são um dado, é, ao pé da letra, o de um *artefato*.[25] E, assim como em física a utilização aparentemente ingênua de um instrumento como a lupa implica a adesão a uma teoria, tal como mostrado por Duhem, assim também, em biologia, a utilização de um rato branco criado pela *Wistar Institution* implica a adesão à genética e ao mendelismo, que permanecem, mesmo assim, ainda hoje, teorias.

3) *Totalidade*. Supostamente obtida a identidade dos organismos sobre os quais incide a experimentação, um segundo problema se apresenta. É possível analisar o determinismo de um fenômeno isolando-o, uma vez que se opera sobre um todo que altera, como tal, toda tentativa de extração antecipada? Não é certo que um organismo, depois da ablação de órgão (ovário, estômago, rim), seja o mesmo organismo diminuído de um órgão. Há bons motivos para crer, ao contrário, que doravante se terá de lidar com um organismo totalmente diferente, dificilmente superponível, mesmo em parte, ao organismo-testemunho. A razão disso é que, num organismo, os mesmos órgãos são quase sempre polivalentes – é assim que a ablação do estômago não repercute apenas na digestão, mas também na hematopoese –, e que, por outro lado, todos os fenômenos são integrados. Um exemplo de integração nervosa: a secção da medula espinhal no gato ou no cachorro, abaixo do quinto segmento cervical,[26] cria um estado de choque caracterizado pela abolição dos reflexos nas regiões subjacentes à secção, estado ao qual sucede um

---

24   Cf. L. Cuénot. *L'Espèce*. Doin, 1936. p. 89.
25   Jacques Duclaux mostra muito justamente em *l'homme devant l'univers*. Paris: Flammarion, 1949, que a ciência moderna é muito mais o estudo de uma *paranatureza* ou de uma *supernatureza* do que da própria natureza: "O conjunto dos conhecimentos científicos desemboca em dois resultados. O primeiro é o enunciado de suas leis naturais. O segundo, muito mais importante, é a criação de uma nova natureza superposta à primeira, e para a qual é preciso encontrar um outro nome, já que, justamente, ela não é natural, e nunca teria existido sem o homem" (p. 273).
26   Para respeitar a função respiratória do diafragma.

período de recuperação do automatismo. Mas, como mostrou Von Weiszäcker, essa recuperação não é um restabelecimento, é a constituição de um outro tipo de automatismo, o do "animal espinhal". Um exemplo de integração e de polivalência endócrinas: o pássaro põe um ovo que cresce rapidamente, envolvendo-se em uma casca. Os fenômenos de mobilização dos constituintes minerais proteicos e lipídicos do ovo são integrados ao ciclo ovariano. A foliculina condiciona a um só tempo as modificações morfológicas do conduto genital e a mobilização química dos constituintes do ovo (aumento da produção de albuminas pelo fígado; neoformação de osso medular nos ossos longos). Desde que cessa a ação da foliculina, o osso neoformado se reabsorve, liberando o cálcio utilizado pela glândula conquífera do oviduto. Assim, a ablação dos ovários no pássaro repercute não apenas na morfologia do organismo, mas também no conjunto dos fenômenos bioquímicos.

4) *Irreversibilidade*. Se a totalidade do organismo constitui uma dificuldade para a análise, a irreversibilidade dos fenômenos biológicos, seja do ponto de vista do desenvolvimento do ser, seja do ponto de vista das funções do ser adulto, constitui uma outra dificuldade para a extrapolação cronológica e para a previsão.

Ao longo da vida, o organismo evolui irreversivelmente, de modo que a maioria de seus componentes são providos, se os mantivermos separados, de potencialidades que não se revelam nas condições da existência normal do todo. O estudo do desenvolvimento do ovo ou dos fenômenos de regeneração é, aqui, particularmente instrutivo.

O melhor exemplo de evolução irreversível é fornecido pela sucessão dos estágios de indeterminação, de determinação e de diferenciação do ovo do ouriço marinho.

No estágio de indeterminação, a ablação de um segmento do ovo é compensada. Apesar da amputação inicial, o organismo está completo ao termo do desenvolvimento. Podemos considerar uma parte como dotada do mesmo poder evolutivo que o todo.

Depois do estágio de determinação do esboço, as substâncias organo-formadoras parecem localizadas em setores muito delimitados. As partes do embrião não sendo mais totipotentes não são mais equivalentes. A ablação de um segmento não pode ser compensada.

No estágio de diferenciação, diferenças morfológicas aparecem. Observar-se-á, a esse respeito, como experiências desse gênero, ao relevar possibilidades orgânicas iniciais que a duração da vida reduz progressivamente, lançam um ponto entre a constituição normal e a forma monstruosa de alguns organismos. Com efeito, elas permitem interpretar a monstruosidade como uma parada de desenvolvimento ou como a fixação que permite, de acordo com a idade do embrião, a manifestação, por outros esboços de propriedades, que lhe seria interditada por sua situação e suas conexões ordinárias.[27]

À irreversibilidade da diferenciação sucede, no vivente diferenciado, uma irreversibilidade de caráter funcional. Claude Bernard notava que se algum animal não for absolutamente comparável a um outro da mesma espécie, o mesmo animal tampouco é comparável a ele mesmo, segundo os momentos nos quais o examinamos.[28] Se os trabalhos sobre a imunidade e a anafilaxia familiarizaram, hoje, os espíritos com essa noção, é preciso reconhecer não ter sido sem dificuldade que ela se tornou um imperativo categórico da pesquisa e que as descobertas fundamentais que mais contribuíram para dar-lhe crédito só se tornaram possíveis por seu desconhecimento. Pois deve-se a duas faltas técnicas a descoberta da imunidade por Pasteur (1880) e a descoberta da anafilaxia por Portier e Richet (1902). Foi por inadvertência que Pasteur injetou uma cultura de cólera envelhecida nas galinhas e por economia que ele inoculou as mesmas galinhas com uma cultura fresca. Foi por não haver injetado nos cães uma dose, mortal de saída, de extrato de glicerina de tentáculos de actínia e por ter utilizado numa segunda experiência os mesmos animais, cuja morte seguiu-se à injeção de uma dose bem inferior à primeira,

---

27   Étienne Wolff, *La science des monstres*. Paris: Gallimard, 1948. p. 237.
28   *Introdução*, p. 25.

após alguns minutos, que Portier e Richet estabeleceram um faro que se deve dizer experimental sem premeditação de experiência. E não se deve esquecer que a utilização terapêutica das substâncias anti-infecciosas fez, há muito tempo, aparecer o fato de que os seres microscópicos, bactérias ou protozoários, apresentam, em sua relação com os antibióticos, variações de sensibilidade, deformações de metabolismo, fenômenos de resistência e até mesmo de dependência que desembocaram, por vezes paradoxalmente, no seguinte: o germe infeccioso só pode viver no meio artificialmente criado para destruí-lo.[29] Era no que pensava Ch. Nicolle, insistindo na obrigação de estudar a doença infecciosa, fenômeno biológico, com o sentido biológico e não com um espírito unicamente mecanicista, ao escrever que "o fenômeno se modifica nas nossas mãos" e que " avançamos numa estrada em que ela própria caminha".[30]

Vemos, por fim, como a irreversibilidade dos fenômenos biológicos, acrescentando-se à individualidade dos organismos, vem limitar a possibilidade de repetição e de reconstituição das condições determinantes de um fenômeno, em igualdade de circunstâncias, que permanece um dos procedimentos característicos da experimentação nas ciências da matéria.

Já foi dito que as dificuldades de experimentação biológica não são obstáculos absolutos, mas estimulantes da invenção. A essas dificuldades respondem técnicas propriamente biológicas. Sobre esse ponto, é preciso convir que o pensamento de Claude Bernard não é sempre muito firme, pois ele se defende de deixar absorver a fisiologia pelos químicos e pelos físicos, pois, se ele afirma que "a biologia tem seu problema especial e seu ponto de vista determinado", escreve também que é apenas a complexidade dos fenômenos da vida quem comanda a especificidade da prática experimental em biologia.[31] Ora, toda a questão é saber se, ao falar de um progresso de complexidade, não estamos afirmando, implí-

---

29   Paul Hauduroy. Les Lois de la physiologie microbienne dressent devant les antibiotiques la barrière de l'accoutumance. In: *La vie médicale*, março 1951.
30   *Naissance, vie et mort des maladies infectieuses*, p. 33.
31   *Introdução*, p. 196-198.

cita ainda que involuntariamente, a identidade fundamental dos métodos. O complexo só pode ser dito como tal, relativamente ao simples, numa ordem homogênea. Mas, quando Claude Bernard afirma que a vida "cria as condições especiais de um meio orgânico que se isola cada vez mais do meio cósmico", que o *quia proprium* da ciência biológica consiste em "condições fisiológicas evolutivas especiais" e que, por conseguinte, "para analisar os fenômenos da vida é preciso necessariamente penetrar nos organismos vivos com a ajuda dos procedimentos de vivissecção",[32] não estaria ele admitindo que a especificidade do objeto biológico comanda um método inteiramente diferente do que os da físico-química?

Mas é preciso estar, hoje, muito pouco advertido sobre as tendências metodológicas dos biólogos, mesmo os menos inclinados à mística, para pensar que se possa honestamente vangloriar-se de descobrir, por meio de métodos físico-químicos, outra coisa que não o conteúdo físico-químico de fenômenos cujo sentido biológico escapa a toda técnica de redução. É como diz Jacques Duclaux:

> Certamente deve ser possível estender à célula, por algum meio, noções que nos chegam do mundo mineral, mas essa extensão não deve ser uma simples repetição e deve ser acompanhada de um esforço de criação. Como já dissemos, o estudo da célula não é o de um caso particular podendo ser resolvido pela aplicação de fórmulas mais gerais; ao contrário, é a célula que constitui o sistema mais geral, no qual todas as variáveis entram em jogo simultaneamente. Nossa química de laboratório só se ocupa com casos simples comportando um número de variáveis restrito.[33]

---

32 *Introdução*, p. 202-204. Sobre esse ponto, reportar-nos-emos também ao célebre *Rapport sur les progrès et la marche de la physiologie générale en France* (1867), da qual eis aqui uma passagem significativa : "Em vão se terá analisado os fenômenos vitais e escrutado suas manifestações mecânicas e físico-químicas com o maior cuidado; em vão se lhes terá aplicado as propriedades químicas mais delicadas, trazido à sua observação a maior exatidão e o emprego dos métodos gráficos e matemáticos mais precisos, pois, por fim, nunca se chegará senão a fazer os fenômenos dos organismos vivos entrarem nas leis da física e da química geral, o que é justo; mas, assim, nunca se encontrará as leis próprias da fisiologia".

33 *Analyse chimique des fonctions vitales*. Paris: Hermann, 1934. p. x. Deve-se ler todo o opúsculo.

Por longo tempo, acreditou-se ter, numa soma de leis físico-químicas, o equivalente positivo da função de uma membrana celular viva. Mas o problema biológico não consiste em determinar a permeabilidade da membrana pelos equilíbrios realizados sobre suas duas faces; ele consiste em compreender que essa permeabilidade é variável, adaptada, seletiva.[34] De modo que, segundo a observação penetrante de Th. Cahn:

> *Em biologia, somos levados, inevitavelmente, mesmo querendo apenas verificar um princípio físico, ao estudo das leis do comportamento dos seres vivos, ou seja, ao estudo, por meio das respostas obtidas, dos tipos de adaptação dos organismos às leis físicas, aos problemas fisiológicos propriamente ditos.*[35]

Indiquemos então, rapidamente, os princípios de algumas técnicas experimentais propriamente biológicas: elas são gerais e indiretas, tal como quando modificamos, por adição ou subtração de um componente elementar suposto, o meio no qual vive e se desenvolve um organismo ou um órgão; ou, então, elas são especiais e diretas, tal como quando se age num território delimitado de um embrião em um estágio conhecido do desenvolvimento. A técnica de transplantação ou de explantação de tecidos ou de órgãos adquiriram junto ao público, devido às experiências de Carrel, uma notoriedade insuficientemente acompanhada quanto à inteligência exata de seu alcance. Ao inserir uma parte do organismo em um outro lugar diferente do normal, no mesmo indivíduo ou num outro, modificam-se suas relações topográficas, com a intenção de revelar as responsabilidades de influência e os controles diferentes de setores e de territórios diferentes. Situando o tecido ou um órgão num meio especialmente composto, condicionado e mantido, permitindo a sobrevida (cultura de tecidos ou de órgãos), libera-se o tecido ou o órgão de todas as estimulações ou inibições que exerce sobre ele, pela via do meio interior normal, o conjunto dos outros tecidos ou órgãos que compõem com ele o organismo total.

---

34   Cf. Guyénot. La vie comme invention. In: *L'invention* (Semana Internacional de *Síntese*, 1937). Paris: PUF, 1938.
35   *Quelques bases physiologiques de la nutrition*. Paris: Hermann, 1946. p. 22.

Vejamos um exemplo de experimentação e de análise autenticamente biológica. Para dissociar a ação dos hormônios ovarianos e hipofisários sobre o aspecto morfológico dos órgãos genitais femininos, ou seja, para enumerar e definir separada e distintamente os elementos de um determinismo global, institui-se numa fêmea de roedor uma castração fisiológica mediante transplantação de ovários enxertados num mesentério. Obtém-se, assim, que, pela via da circulação porta, todos os hormônios estrogênios atravessam o fígado, que é capaz de torná-los inativos. Observa-se, em seguida a esse enxerto, que os condutos genitais se atrofiam como em seguida a uma castração. Mas a hipófise, na ausência do regulador que o hormônio ovariano constitui para ela, aumenta sua secreção de hormônio gonadotrófico. Em suma, os ovários não existem mais para a hipófise, já que sua secreção não mais a atinge; mais como eles existem sempre, no entanto, e como a hipófise existe para eles, já que sua secreção chega a eles, eis que eles se hipertrofiam por reação ao excesso de hormônio gonadotrópico. Obtém-se, então, por modificação de um circuito excretor, a ruptura de um círculo de ação e de reação e a dissociação, por atrofia e hipertrofia, de uma imagem morfológica normal.

Naturalmente, tais métodos experimentais deixam ainda irresoluto um problema essencial: o de saber em que medida os procedimentos experimentais, quer dizer, artificiais, deste modo instituídos, permitem concluir que os fenômenos naturais estão adequadamente representados pelos fenômenos assim tornados sensíveis. Pois o que o biólogo busca é o conhecimento do que é e do que se faz, abstração feita das astúcias e das intervenções às quais o obriga sua avidez de conhecimento. Aqui como alhures, como evitar que a observação, sendo ação por ser sempre em algum grau preparada, confunda o fenômeno a ser observado? E, aqui, mais precisamente, como concluir do experimental ao normal?[36] Por essa razão, interrogando-se sobre o mecanismo de produção desses viventes paradoxalmente normais e monstruosos

---

36 Cf. nosso *Essai sur quelques problèmes concernant le normal et le pathologique*. 2. ed. Paris: Les Belles Lettres, 1950. p. 86-89.

que são os gêmeos verdadeiros humanos, e aproximando para seu esclarecimento recíproco as lições da teratologia e da embriologia experimental, Étienne Wolff escreve:

> *É difícil admitir que os fatores acidentais exerçam sua ação com tanta precisão quanto às técnicas experimentais. Se estas permitem criar as condições ideais para a análise dos mecanismos e a compreensão dos fenômenos, é provável que a natureza "utilize" com mais frequência métodos diretos. O embrião inteiro é provavelmente submetido à ação do fator teratogênico. Há poucas chances para que um acidente banal execute o mesmo trabalho que uma operação delicada.*[37]

Esse exemplo dos gêmeos verdadeiros humanos nos permite agora, e por fim, formular um problema que um ensaio sobre experimentação biológica não pode hoje, ignorar: o das possibilidades e da permissão de experimentação direta no homem.

O saber, aqui compreendido, e talvez sobretudo a biologia, é uma das vias pelas quais a humanidade procura assumir seu destino e transformar seu ser em dever. E, para esse projeto, o saber do homem concernente ao homem tem uma importância fundamental. O primado da antropologia não é uma forma de antropomorfismo, mas uma condição da antropogênese.

Num certo sentido, seria preciso experimentar no homem a fim de se evitar o obstáculo, precedentemente assinalado, de uma extrapolação de observações feitas em animais de tal ou tal espécie. Mas sabemos quais normas éticas, que alguns dirão preconceitos e outros imperativos imprescritíveis, virão se chocar com esse gênero de experimentação. E o que complica ainda mais o problema é a dificuldade de delimitar a extensão do conceito de experimentação no homem, operação de intenção estritamente teórica, em princípio, distinguindo-a da intervenção terapêutica (por exemplo, a lobotomia) e da técnica de prevenção higiênica ou penal (por exemplo, a esterilização legal). A relação entre o conhecimento e a ação, para não ser aqui fundamentalmente diferente

---

37 *La science des monstres*, p. 122.

I. Método ⚭ A Experimentação em Biologia Animal

do que ela é em física e em química, retira da identidade no homem, do sujeito do saber e do objeto da ação um caráter tão direto, tão urgente, tão emocionante quanto os elãs filantrópicos que vêm interferir com as reticências humanistas; a solução do problema supõe uma ideia do homem, quer dizer, uma filosofia.

Lembramos que Claude Bernard considera as tentativas terapêuticas e as intervenções cirúrgicas como experimentações no homem, tendo-as por legítimas.

> *A moral não proíbe fazer experiências em seu próximo, nem em si mesmo; na prática da vida, os homens fazem tão somente experiências uns nos outros. A moral cristã não proíbe senão uma coisa: fazer o mal a seu próximo.*[38]

Esse último critério de discriminação entre a experimentação lícita e a imoral não nos parece tão sólido quanto o pensa Claude Bernard. Há muitas maneiras de fazer o bem aos homens que dependem unicamente da definição que se dá do bem e da força com a qual nos acreditamos obrigados a impô-la a eles, mesmo ao preço de um mal, cuja realidade fundamental, aliás, contestamos. Lembremos, como memória – triste memória –, os exemplos maciços de um passado recente.

É essencial conservar a definição de experimentação, mesmo em sujeito humano, seu caráter de questão formulada sem premeditação de converter a resposta em serviço imediato, sua postura de gesto intencional e deliberado sem pressão das circunstâncias. Uma intervenção cirúrgica pode ser a ocasião e o meio de uma experimentação, mas ela mesma não o é, pois não obedece às regras de uma operação a frio num material indiferente. Como todo gesto terapêutico realizado por um médico, a intervenção cirúrgica responde a normas irredutíveis à simples técnica de um estudo impessoal. O ato médico-cirúrgico não é apenas um ato científico, pois o homem doente que confia na consciência mais ainda do que na ciência de seu médico não é só um problema fisiológico a ser resolvido; ele é, sobretudo, uma aflição a ser socorrida. Objetar-se-á ser

---

38 *Introdução*, p. 209.

artificial e delicado distinguir entre a tentativa de um tratamento farmacodinâmico ou cirúrgico para uma afecção dada e o estudo crítico ou heurístico das ligações de causalidade biológica. É verdade, se nos mantivermos na situação do espectador ou do paciente. Não é mais verdade, se nos pusermos no lugar do operador. Ele, e apenas ele, sabe precisamente em qual momento a intenção e o sentido de sua intervenção mudam. Um exemplo: o cirurgião americano C. P. Dandy, no decorrer de uma intervenção cirúrgica em um quiasma ótico, praticou a secção completa da haste hipofisária em uma jovem de dezessete anos. Constatou que a secção não perturba a vida genital da mulher, diferentemente do que se observa em algumas espécies de mamíferos, nos quais o ciclo ovariano e a lactação são notavelmente perturbados.[39] Nesse caso, para dizer se houve experimentação ou não, é preciso saber se era possível ou não evitar seccionar a haste hipofisária e ao que se propunham ao fazê-lo. Somente o operador, em semelhante caso, pode dizer se a operação ultrapassou o gesto cirúrgico estrito, ou seja, a intenção terapêutica. Dandy nada disse sobre isso no exemplo citado.

Sabemos ser comum invocar-se, para encontrar o critério da legitimidade de uma experimentação biológica no homem, o consentimento do paciente em se colocar na situação de cobaia. Todos os estudantes de bacteriologia conhecem o exemplo célebre dos Dick, determinando uma angina vermelha ou escarlatina típica por meio da fricção na garganta, em sujeitos aquiescentes, com uma cultura de estreptococos extraídos da faringe ou de um panarício de doentes acometidos de escarlatina. Durante a Segunda Guerra Mundial, experiências relativas à imunidade foram praticadas, nos Estados Unidos, em condenados, em objetores de consciência, com o seu consentimento. Se observarmos aqui que, no caso de indivíduos à margem e preocupados em se reabilitar de algum modo, o consentimento corre o risco de não ser pleno, não sendo puro, responderíamos citando o caso no qual médicos, pes-

---

39 *American Journal of Physiology*, t. CXIV, p. 312, 1940. Devemos à gentileza do professor Gaston Mayer, da Faculdade de Medicina de Bordeaux, a indicação dessa experiência e de algumas outras citadas em seguida.

quisadores de laboratório, enfermeiros, plenamente conscientes dos fins e das eventualidades de uma experiência, a isso se prestaram sem hesitação e sem outra preocupação que não a de contribuir para a solução de um problema.

Entre esses casos limites de aparente legitimidade e os casos inversos de manifesta ignomínia, nos quais seres humanos desvalorizados pelo legislador como socialmente desclassificados ou fisiologicamente decaídos são utilizados por força a título de material experimental,[40] situa-se a infinita variedade de casos nos quais se torna difícil decidir se, na falta de um conhecimento completo dos elementos do problema – que o próprio operador não tem, já que ele experimenta, isto é, corre um risco –, podemos ainda falar de consentimento de um paciente para se submeter ao ato semiterapêutico e semiexperimental que lhe é oferecido a submeter-se.[41]

Por fim, notaremos que há casos nos quais a apreciação e as críticas poderiam visar tanto ao consentimento dos pacientes quanto ao convite dos pesquisadores. Foi assim que o conhecimento dos primeiros estágios do desenvolvimento do ovo humano se beneficiou de observações feitas nas condições experimentais que seguem. O ginecologista convida algumas mulheres que ele deve operar, devido a afecções uterinas variadas, a terem relações sexuais em datas fixadas. Com a ablação do útero intervindo em da-

---

40   Mais do que lembrar novamente horríveis práticas, talvez demasiado exclusivamente postos na conta da tecnocracia ou do delírio racista, preferimos assinalar a antiguidade da vivissecção humana. Sabemos que Herófilo e Erasístrato, chefes da escola médica de Alexandria, praticaram a vivissecção em condenados à morte: "*Longeque optime fecisse Herophitum et Erasistratum qui nocentes homines a regibus ex cárcere acceptos, vivos inciderint, considerarintque, etiamnum spiritu remanente, ea quae natura ante clausisset, eorumque, colorem, figuram; magnitudinem, ordinem, duritiem, mollitiem laevorem, contactum etc.* Celso, *Artium liber sextus idem medicinae primis, Proemium*".
41   Cf. Guyénot, *Les problèmes de la vie*. Genebra: Bourquin, 1946, "l'experimentation sur l'homme en parasitologie". Lemos, demasiado tarde, para poder utilizá-lo, um artigo do professor René Fontaine sobre "L'expérimentation en chirurgie" (*Somme de Médecine contemporaine*, I, p. 155; La Diane Française, ed. 1951). Ele tem o grande mérito de não evitar as dificuldades e de não se sacrificar nem ao conformismo nem às convenções.

tas conhecidas, é possível debitar a peça extraída e examinar a estrutura dos ovos fecundados, cuja idade é facilmente calculada.[42]

O problema da experimentação no homem não é mais um simples problema de técnica, é um problema de valor. Desde que a biologia entende o homem, não mais simplesmente como problema, mas como instrumento da pesquisa de soluções concernentes, formula-se por si mesma a questão de decidir se o preço do saber é de tal modo que o sujeito do saber possa consentir em se tornar objeto de seu próprio saber. Não se terá dificuldades em reconhecer, aqui, o debate sempre aberto concernente ao homem, meio ou fim, objeto ou pessoa. Quer dizer que a biologia humana não contém nela mesma a resposta às questões relativas à sua natureza e à sua significação.[43]

Este estudo quis insistir sobre a originalidade do método biológico, sobre a obrigação formal de respeitar a especificidade de seu objeto, sobre o valor de um certo sentido de natureza biológica próprio à conduta das operações experimentais. Conforme alguém se estime mais intelectualista ou, ao contrário, mais empirista do que nós mesmos, achará muito bela a parte dedicada ao ensaio e erro ou, ao contrário, à invenção. Podemos pensar que a biologia é, hoje, uma ciência de caráter decisivo para a posição filosófica

---

42 John Rock; Arthur T. Hertio. Some aspects of early human development. In: *American Journal of obstetrics and gynecology*. Saint-Louis, 1942. v. XLIV, n. 6, p. 973-983. Johen Rock e Miriam F. Menkin fecundaram *in vitro* ovos humanos colhidos por punção de folículos em ovários extraídos por razões terapêuticas e observaram alguns desenvolvimentos ovulares; cf. *In vitro* fertilization and cleavage ovarian eggs. In: *American Journal of Obstetrics and Gynecology*, v. LV, n. 3, p. 440-452.
43 Cf. Marc Klein. Remarques sur les méthodes de la biologie humaine. In: *Congresso Internacional de Filosofia das Ciências*. Paris, 1949, "Épistémologie". Paris: Hermann, 1951. v. I, p. 145.
* A medicina por si não resolve melhor os problemas análogos formulados pelas técnicas de enxerto terapêutico de órgãos. Sobre esse ponto, ver um belo artigo de J. Hamburger ; J. Crosnier ; J. Dormont. Problèmes moraux posés par les méthodes de suppléance et de transplantation d'organes. In: *Revue française d'études cliniques et biologiques*, v. IX, n. 6, 1964.

do problema dos meios de conhecimento e do valor desses meios. Isso porque a biologia se tornou autônoma, sobretudo porque ela testemunha a recorrência ao objeto de saber na constituição do saber visando à natureza desse objeto, porque, enfim, nela se ligam indissoluvelmente conhecimento e técnica.

Gostaríamos de recorrer a uma imagem que nos ajude a melhor abordar o paradoxo da biologia. Em *Electra*, de Jean Giraudoux, o mendigo, o caminhante que chuta porcos-espinhos esmagados na estrada, medita sobre essa falta original do porco-espinho que o impele a atravessar as estradas. Se essa questão tem um sentido filosófico, pois ela apresenta o problema do destino e da morte, ela tem, em contrapartida, muito menos sentido biológico. Uma estrada é um produto da técnica humana, um dos elementos do meio humano, mas isso não tem nenhum valor biológico para o porco-espinho. Os porcos-espinhos, como tais, não atravessam estradas. Eles exploram, à sua maneira de porco-espinho, seu meio ambiente de porco-espinho em função de seus impulsos alimentares e sexuais. Em compensação, são as estradas do homem que atravessam o meio ambiente do porco-espinho, seu terreno de caça e o teatro de seus amores, tal como elas atravessam o meio ambiente do coelho, do leão ou da libélula. Ora, o método experimental – como o indica a etimologia da palavra método – é também uma espécie de estrada traçada pelo homem biólogo no mundo do porco-espinho, da rã, da drosófila, do paramécio e do estreptococo. É, portanto, a um só tempo inevitável e artificial utilizar, para a inteligência, a experiência que é para o organismo sua vida própria, conceitos, ferramentas intelectuais, forjadas por este vivente sábio que é o biólogo. Não se concluirá que a experimentação em biologia é inútil ou impossível, mas, retendo a fórmula de Claude Bernard: a vida é a criação,[44] diremos que o conhecimento da vida deve realizar-se por conversões imprevisíveis, esforçando-se para apreender um porvir cujo sentido nunca se revela tão nitidamente ao nosso entendimento senão quando ele o desconcerta.

---

44   *Introdução*, p. 194.

II

HISTÓRIA

Todo desenvolvimento novo de uma ciência se apoia necessariamente sobre o que já existe. Ora, o que já existe não se detém sempre em limites muito precisos. Entre o conhecido e o não conhecido há não uma linha definida, mas um debrum esmaecido. Antes de alcançar a região onde ele pode encontrar o solo firme para assentar suas fundações, o cientista deve voltar atrás o bastante para sair da zona insegura da qual acaba de tratar. Se quisermos estender um tanto amplamente o domínio científico ao qual nos dedicamos, é preciso, para garantir suas perspectivas, remontar à história a fim de encontrarmos uma base.

Ch. Singer. *Histoire de la biologie*. Trad. Gidon, p. 15.

A TEORIA CELULAR

A história das ciências recebeu até o momento, na França, mais encorajamentos do que contribuições. Seu lugar e seu papel na cultura geral não são negados, mas bastante mal definidos. Seu sentido é, inclusive, oscilante. Será preciso escrever a história das ciências como um capítulo especial da história geral da civilização? Ou devemos buscar nas concepções científicas em um dado momento uma expressão do espírito geral de uma época, uma *Weltanschauung*? O problema de atribuição e de competência está em suspenso. Decorre essa história do historiador como exegeta, filósofo e erudito (isso, sobretudo, para o período antigo) ou do sábio especialista, apto a dominar, como sábio, o problema cuja história ele retraça?

É preciso nós mesmos sermos capazes de fazer progredir uma questão científica para termos sucesso na regressão histórica até as primeiras e canhestras tentativas daqueles que a formularam? Ou basta, para realizar a obra de historiador em ciências, realçar o caráter histórico, e mesmo ultrapassado, de tal obra, tal concepção, revelar o caráter caduco das noções, a despeito da permanência dos termos? Por fim e na sequência do que precede, qual é o valor, para a ciência, da história da ciência? A história da ciência não seria tão somente o museu de erros da razão humana, se o verdadeiro fim da pesquisa científica é subtraído do futuro? Nesse caso, para o sábio, a história das ciências não valeria a pena, pois, nesse ponto de vista, a história das ciências é história, mas não das ciências. Nessa via, podemos chegar a dizer que a história das ciências é muito mais uma curiosidade filosófica do que um estimulante do espírito científico.[1]

Uma tal atitude supõe uma concepção dogmática da ciência e, se assim ousamos dizer, uma concepção dos "progressos do espírito" que é a da *Aufklärung*, de Condorcet e de Comte. O que paira sobre essa concepção é a miragem de um "estado definitivo" do saber. Em virtude disso, o preconceito científico é o julgamento de idades passadas. É um erro, porque ele é de ontem. A anterioridade cronológica é uma inferioridade lógica.[2] O progresso não é concebido como um relatório de valores, cujo deslocamento de valores em valores constituiria o valor. Ele é identificado com a posse de um último valor que transcende os outros, permitindo depreciá-los. Émile Bréhier observou, com muita propriedade, que o que há de histórico no *Curso de Filosofia Positiva* é menos o inventário das noções científicas do que o das noções pré-científicas.[3] De acordo com essa concepção, e a despeito da equação do positivo e do relativo, a noção positivista da história das ciências encobre um dogmatismo e um absolutismo latentes. Haveria, ali, uma história dos mitos, mas não uma história das ciências.

Apesar de tudo, o desenvolvimento das ciências mais além da idade positivista da filosofia das ciências não permite uma confiança tão serena no automatismo de um progresso de depreciação teórica. Para citar apenas um exemplo que tomou dimensões de

---

1 Cf. as intervenções de Parodi e Robin na discussão de 14 de abril de 1934 sobre a significação da história do pensamento científico (*Bulletin de la Société française de philosophie*, maio-junho 1934).

2 Essa tese positivista é exposta sem reservas por Claude Bernard. Ver as páginas em que ele trata da história da ciência e da crítica científica em *Introduction à la Médecine expérimentale* (II parte, cap. II, final), e, notadamente: "A ciência do presente está portanto necessariamente acima daquela do passado, e não há nenhuma espécie de razão de ir buscar um acréscimo da ciência moderna nos conhecimentos das antigas. Suas teorias, necessariamente falsas, pois não contêm os fatos descobertos posteriormente, não poderiam ter nenhum proveito real para as ciências atuais".

3 Signification de l'histoire de la pensée scientifique. In: *Bulletin de la société française de philosophie*, maio-junho de 1934.

uma crise, ao longo da qual inúmeros conceitos científicos tiveram de ser reelaborados, não podemos mais dizer que, em ótica, a teoria da ondulação tenha anulado a teoria da emissão, que Huyghens e Fresnel tenham definitivamente convencido Newton de ter errado. A síntese das duas teorias na mecânica ondulatória nos proíbe considerar uma das duas representações do fenômeno luminoso como eliminada pela outra em seu benefício. Ora, desde que uma teoria antiga considerada como desatualizada retoma uma nova atualidade, embora aparentemente paradoxal, percebemos, ao lermos num espírito de mais ampla simpatia os autores que a propuseram, que eles próprios experimentaram, a esse respeito, com muita frequência, uma certa reticência concernente ao seu valor de explicação exaustiva e que puderam entrever sua correção e seu complemento eventuais por meio de outras perspectivas que eles mesmos se viam embaraçados para formular.

Foi assim que Newton descobriu, sob o aspecto dos anéis aos quais se deu seu nome, fenômenos de difração e de interferência dos quais a teoria da emissão corpuscular não podia dar conta. Ele, então, foi levado a supor a necessidade de completar sua concepção recorrendo a elementos de natureza periódica (teoria dos "acessos de fácil reflexão e de fácil transmissão"), complemento no qual Louis de Broglie vê "uma espécie de prefiguração da síntese que deveria realizar dois séculos mais tarde a mecânica ondulatória".[4] A respeito do mesmo Newton, Langevin fez observar que a teoria da gravidade oferece, para se considerar, um caso impressionante de "senilização das teorias por dogmatização", cujo autor dos *Principia*, de 1687, não é pessoalmente responsável, atento, como o era, a todos os fatos aos quais a hipótese da atração à distância não podia conferir inteligibilidade. "Foram seus discípulos que, diante do sucesso da tentativa newtoniana, deram a esta uma aspecto dogmático, passando à frente do pensamento do autor tornando mais difícil um voltar para trás". Desse fato e de outros análogos, Langevin extrai conclusões nitidamente desfavoráveis ao espírito

---

4   *Matière et lumière*. Paris: A. Michel, 1937. p. 163.

dogmático do atual ensino das ciências. A fim de preparar novos espíritos para o trabalho científico, isto é, para uma maior compreensão dos problemas ou para tornar a questionar algumas soluções, o retorno às fontes é indispensável.

> Para combater o dogmatismo, é muito instrutivo constatar o quanto, mais e melhor que seus continuadores e comentadores, os fundadores de teorias novas se deram conta das fraquezas e das insuficiências de seus sistemas. Suas reservas foram, em seguida, esquecidas. O que para eles era hipótese torna-se dogma, cada vez mais intangível, à medida que se afasta mais ainda das origens, sendo necessário um esforço violento para disso se liberar, quando a experiência vem desmentir as consequências mais ou menos longínquas de ideias cujo caráter provisório e precário fora esquecido.[5]

Em biologia, gostaríamos de citar, em apoio às ideias tão fecundas de Langevin, o caso do problema da espécie. Não há manual elementar de história natural ou de filosofia das ciências que não denuncie, em Lineu, o pai autoritário da teoria fixista. Guyénot, em sua obra sobre *Les Sciences de la vie aux XVIIe et XVIIIe siècles*, escreve que "foi o espírito dogmático de Lineu que, a princípio, erigiu a noção de fixidez das espécies".[6] Mais adiante, porém, Guyénot reconhece que Lineu foi conduzido, por meio de observações sobre a hibridação, a admitir "uma espécie de transformismo restrito", cujo mecanismo lhe permaneceu desconhecido.[7] Singer, que também se sacrifica ao dogma do dogmatismo fixista de Lineu, traz, num outro momento, em certa passagem de sua *História da biologia*, uma correção dessa primeira interpretação.[8] Lineu, Guyénot e Singer se opõem a John Ray, fixista matizado e reticente. Ora, o fato é que o próprio Lineu trouxe para seu fixismo inicial correções muito mais nítidas do que as de J. Ray e, do ponto de vista

---

5 La valeur educative de l'histoire des sciences. In: *Bulletin de la société française de pédagogie*, n. 22, dez. 1926. Conferência reproduzida em *La pensée captive*, de J. Bézard, Vuibert, 1930. p. 53 e segs.
6 Cf., p. 361.
7 Cf., p. 373.
8 Cf. p. 196 e 316 da tradução francesa, por Gidon, Paris: Payot.

dos fenômenos biológicos, bem mais significativas. Isso foi muito bem apreciado por Cuénot em sua obra *A espécie*. E isso se destaca com uma admirável clareza no livro de Knut Hagberg sobre *Carl Lineu*.[9] O pensamento de Lineu sobre as variedades monstruosas e "anormais" no reino vegetal e animal que o conduziu ao abandono completo de sua primeira concepção da espécie. Segundo Hagberg, é preciso convir que Lineu, pretenso campeão do fixismo, "junta-se aos naturalistas que duvidam da validade dessa tese". É claro, Lineu nunca abandonou completamente a ideia de algumas ordens naturais criadas por Deus, mas reconheceu a existência de espécies, e até mesmo de gêneros "filhos do tempo",[10] e acabou por suprimir, nas últimas edições do *Systema Naturae*, incessantemente remanejadas, sua afirmação segundo a qual novas espécies nunca se produzem.[11] Lineu jamais chegou a uma noção bem nítida da espécie. Seriam seus sucessores bem mais felizes, embora não tivessem de vencer, como ele, o obstáculo de seu próprio ponto de partida? Desde então, por que o historiador das ciências apresentaria Lineu como o responsável por uma rigidez doutrinal que cabe mais à pedagogia do que à constituição da teoria? Sem dúvida, a obra de Lineu permitiria que dela se tirasse o fixismo, mas também *ter-se-ia podido tirar outra coisa de toda a obra*. A fecundidade de uma obra científica deve-se ao fato de ela não impor a escolha metodológica ou doutrinal para a qual tende. As razões da escolha devem ser buscadas alhures, não nela. O benefício de uma história das ciências, é claro, parece-nos ser o de revelar a história na ciência. A história, em nossa opinião, quer dizer o sentido da possibilidade. Conhecer é menos ir de encontro a um real do que validar um possível tornando-o necessário. Desde então, a gênese do possível importa tanto quanto a demonstração do necessário. A fragilidade de um não o priva de uma dignidade que viria ao outro

---

9 Tradudizo por Ammar et Metzger, ed. Je sers. 1944. p. 79 e 162 e segs.
10 *Nouvelles preuves de la sexualité des plantes*, 1759.
11 Na obra de Jean Rostand (*Esquisses d'une histoire de la biologie*. Paris: Gallimard, 1945), Linné é apresentado, sem paradoxo, como um dos fundadores do transformismo (p. 40).

por sua solidez. A ilusão poderia ser uma verdade. A verdade se revelará, um dia, talvez, ilusão. Na França, no final do século XIX, e paralelamente à extinção dos últimos partidários do espiritualismo eclético, pensadores como Boutroux, H. Poincaré, Bergson e os fundadores da *Revue de Métaphysique e de Morale* empreenderam, com justa razão, uma estreita aproximação da filosofia com as ciências. Mas não basta, parece, dar à filosofia uma aspecto sério fazendo-a perder o malabarismo verbal e dialético, no mau sentido da palavra. Não seria vão se a ciência retirasse de seu comércio filosófico um certo ar de liberdade que a impediria, doravante, de tratar supersticiosamente o conhecimento como uma revelação, e mesmo longamente implorada, e tratar a verdade como um dogma, inclusive qualificado de positivo. Pode ser proveitoso procurar elementos de uma concepção da ciência e mesmo de um método de cultura na história das ciências entendida como uma psicologia da conquista progressiva das noções em seu conteúdo atual, como uma organização de genealogias lógicas e, para empregar uma expressão de Bachelard, como um recenseamento dos "obstáculos epistemológicos" ultrapassados!

Escolhemos, como primeiro ensaio dessa ordem, a teoria celular em biologia.

Essa teoria é muito benfeita para levar o espírito filosófico a hesitar quanto ao caráter da ciência biológica: ela é racional ou experimental? São os olhos da razão que veem as ondas luminosas, mas parece que são os olhos, órgãos dos sentidos, que identificam as células de um corte vegetal. A teoria celular seria, então, uma compilação de protocolos de observação. O olho armado com o microscópio vê o vivo macroscópico composto de células tal como o olho nu vê o vivo macroscópico compondo a biosfera. E, no entanto, o microscópio é mais o prolongamento da inteligência do que o prolongamento da vista. Ademais, a teoria celular não é a afirmação de que o ser se compõe de células, mas, em primeiro lugar, de que a célula é o *único* componente de *todos* os seres vivos; é o e em seguida que toda célula provém de uma célula preexistente. Ora, não é o microscópio que autoriza a dizê-lo. O microscópio é, no máximo, um dos meios de verificá-lo quando o dizemos. Mas de onde veio a ideia de dizê-lo antes de verificá-lo? É aqui que a história da formação do conceito de *célula* tem sua importância. A tarefa, nesse caso particular, é grandemente facilitada pelo trabalho de Marc Klein, *Histoire des origines de la théorie cellulaire*.[12]

No que concerne à célula, é comum prestar-se uma grande honra a Hooke. Por certo foi ele que descobriu a coisa, um tanto por acaso e pelo jogo de uma curiosidade divertida das primeiras revelações do microscópio. Tendo praticado um corte fino num pedaço de cortiça, Hooke observa sua estrutura compartimentada.[13] Foi ele também que inventou a palavra, sob o império de uma imagem, por assimilação do objeto vegetal, um raio de mel, obra de animal, assimilada a uma obra humana, pois uma célula é uma pequena câmara. Mas a descoberta de Hooke não inicia nada, não é um ponto de partida. O eu mesmo se perde e só será reencontrado um século mais tarde.

Essa descoberta da coisa e essa invenção da palavra convocam, desde já, algumas reflexões. Com a célula, estamos diante de um objeto biológico cuja sobredeterminação afetiva é incontestável e considerável. A psicanálise do conhecimento conta, doravante, com felizes sucessos, suficientes para aspirar à dignidade de um gênero ao qual se podem trazer, mesmo sem intenção sistemática, algumas contribuições. Cada um encontrará, em suas lembranças de lições de história natural, a imagem da estrutura celular dos seres vivos. Essa imagem tem uma constância quase canônica. A representação esquemática de um epitélio é a imagem de um bolo de mel.[14] Célula é uma palavra que não nos faz pensar no monge ou no prisioneiro, mas na abelha. Haeckel observou que as células de cera cheias de mel são a referência completa das células vege-

---

12 Paris: Hermann, 1936.
13 *Micrographie or some physiological descriptions of minute bodies made by magnifying glass, with observations and inquiries thereupon.* London, 1667.
14 Ver, por exemplo, Bovin, Prenant e Maillard. *Traité d'histologie.* 1904. t. I, p. 95, figura 84; em Aron e Grassé. *Précis de biologie animale.* 1935. p. 525, figura 245.

tais cheias de suco celular.[15] Contudo, o império sobre os espíritos da noção de célula não nos parece sustentar essa integralidade de correspondência. Mas, antes, quem sabe, se ao tomar conscientemente emprestado da colmeia das abelhas o termo célula, para designar o elemento do organismo vivo, o espírito humano também não lhe pediu emprestado, quase inconscientemente, a noção do trabalho cooperativo, do qual o raio de mel é o produto? Assim como o alvéolo é o elemento de um edifício, as abelhas são, segundo a palavra de Maeterlinck, indivíduos inteiramente absorvidos pela república. De fato, a célula é uma noção, a um só tempo, anatômica e funcional, a noção de um material elementar e de um trabalho individual, parcial e subordinado. O que é certo é que valores afetivos e sociais de cooperação e de associação pairam de perto ou de longe sobre o desenvolvimento da teoria celular.

Alguns anos depois, Hooke, Malpigni, por um lado, Grew, por outro, publicam simultânea (1671) e separadamente seus trabalhos sobre a anatomia microscópica das plantas. Sem referência a Hooke, eles redescobriram a mesma coisa, mas utilizam uma outra palavra. Tanto um como outro constatam haver no vivente o que hoje chamamos de células, mas nenhum deles afirma que o vivente é apenas células. Bem mais do que isso, Grewest, de acordo com Klein, é um adepto da teoria segundo a qual a célula seria uma formação secundária que teria aparecido num fluido vivo inicial. Aproveitemos essa ocasião para formular o problema para o qual a história de uma teoria biológica nos parece plena de um interesse propriamente científico.

Depois que se interessou, em biologia, pela constituição morfológica dos corpos vivos, o espírito humano oscilou entre uma e outra das duas seguintes representações: ou uma substância plástica fundamental contínua, ou uma composição de partes, de átomos organizados ou grãos de vida. Aqui, como em ótica, as duas exigências intelectuais de continuidade e de descontinuidade se defrontam.

---

15 *Gemeinverständliche Werke*. Leipzig: Kröner Verlag; Berlim: Henschel Verlag, 1924. v. IV, p. 174.

Em biologia, o termo protoplasma designa um constituinte da célula considerada como elemento atômico de composição do organismo, mas a significação etimológica do termo nos remete à concepção do líquido formador inicial. O botânico Hugo von Mohl, um dos primeiros autores a observar com precisão o nascimento das células por divisão de células preexistentes, propôs, em 1843, o termo "protoplasma", como se reportando à função fisiológica de um fluido precedendo às primeiras produções sólidas por toda parte onde células devem nascer. Foi isso mesmo que, em 1835, Dujardin nomeara "sarcodio", entendendo com isso a geleia viva capaz de se organizar ulteriormente. Até Schwann, ele não fora considerado como o fundador da teoria celular, para o qual as duas imagens teóricas não interferem. Existe, segundo Schwann, uma substância sem estrutura, o citoblastema, onde nascem os núcleos em torno dos quais se formam as células. Schwann diz que, nos tecidos, as células se formam onde o líquido nutritivo neles penetra. A constatação desse fenômeno de ambivalência teórica nos mesmos autores que mais fizeram para assentar a teoria celular sugere a Klein a seguinte observação, de importância capital para nosso estudo:

> *Reencontramos, então, um pequeno número de ideias fundamentais retornando com insistência nos autores que trabalham sobre os objetos mais diversos e que se situam em pontos de vista muito diferentes. Esses autores por certo não retomaram uns aos outros; essas hipóteses fundamentais parecem representar modos de pensar constantes que fazem parte da explicação nas ciências.*

Se transpusermos essa constatação de ordem epistemológica sobre o plano da filosofia do conhecer, devemos dizer, contra o lugar comum empirista frequentemente adotado sem crítica pelos sábios quando estes se elevam até à filosofia de seu valor experimental, que *as teorias nunca procedem dos fatos*. As teorias só procedem de teorias anteriores quase sempre muito antigas. Os fatos são apenas a via, raramente direta, por meio da qual as teorias procedem umas das outras. Essa filiação das teorias a partir tão somente das teorias foi muito bem esclarecida por Auguste Comte ao destacar que, quando um fato de observação supõe uma ideia que oriente a atenção, será logicamente inevitável que falsas teorias precedam teorias verdadeiras. Mas já dissemos em que a concepção de Comte nos parece insustentável, a saber: em sua identificação da anterioridade cronológica com a inferioridade lógica, identificação que conduz Comte a dedicar, sob a influência de um empirismo, no entanto, temperado de dedução matemática, o valor teórico, doravante definitivo, em sua opinião, dessa monstruosidade lógica que o é "fato geral".

Em resumo, precisamos buscar as origens autênticas da teoria celular em outro lugar que não na descoberta de algumas estruturas microscópicas dos seres vivos.

O ano 1707 é memorável na história da biologia. Foi o ano em que nasceram dois naturalistas cuja grandeza domina o século XVIII: Lineu, Buffon. Em 1708, nasceu um outro que lhes era igual: Haller. Sob formas diferentes, eles se preocuparam com as diversas manifestações da unidade da vida. A rigor, podemos dizer que a ideia de uma composição elementar do ser vivo não era estranha a nenhum deles. Em Lineu, porém, trata-se de uma visão intuitiva, quase poética, formulada bastante incidentalmente em *Voyage em Vestrogothie*, de 1790.

> Quando as plantas e os animais apodrecem, eles se tornam o húmus; o húmus, em seguida, se torna o alimento das plantas que nele são semeadas e enraizadas. Desse modo, o carvalho mais possante e a urtiga mais vilã são feitos dos mesmos elementos, ou seja, das partículas mais finas do húmus, pela natureza ou por uma pedra filosofal que o Criador depositou em cada grão a fim de mudar e transformar o húmus segundo a espécie própria da planta.

Em suma, trata-se do que o próprio Lineu chama, mais tarde, de uma *mentepsychosis corporum*. A matéria permanece e a forma se perde. De acordo com essa visão cósmica, a vida está na forma e não na matéria elementar. A ideia de um elemento vivo comum a todos os viventes não foi formada por Lineu. É que ele é um sistemático em busca da unidade do plano de composição das espécies, mais do que do elemento plástico de composição do indivíduo.

Em compensação, Haller e Buffon formularam, mais para responder às exigências especulativas do que para se submeterem aos dados de anatomia microscópicos, tentativas de redução dos seres vivos a uma unidade viva desempenhando, em biologia, o papel de princípio, num duplo sentido: o de existência primordial e o de razão de inteligibilidade.

Haller vê, na fibra, o elemento vivo da composição dos organismos. Essa teoria fibrilar, fundamentada sobretudo no exame dos nervos, dos músculos e dos tendões, do tecido conjuntivo frouxo (chamado por Haller de tecido celuloso), persistirá sob aspectos variados em mais de um biólogo até os meados do século XIX. O caráter explicitamente sistemático da concepção de Haller irrompe desde as primeiras páginas dos *Elementa Psysiologiae*, de 1757: "A fibra é para o fisiologista o que a linha é para o geômetra". O elemento, em fisiologia, tal como concebido por Haller, apresenta essa mesma ambiguidade de origem empírica ou racional que o elemento em geometria, tal como concebido por Euclides. Em outra obra da mesma época, Haller escreve:

> A menor fibra ou a fibra simples, tal como a razão, mais do que os sentidos, nos faz percebê-lo,[16] é composta de moléculas terrestres coerentes longitudinalmente e ligadas umas às outras pelo glúten.[17]

---

16   Destaque nosso.
17   Haller procede exatamente como Stenon (1638-1686), que propusera uma teoria fibrilar do músculo em seu tratado *De musculis et glandulis observatiorum specimen* (1664) e a tinha retomado, sob forma de exposição geométrica no *Elementorum myologiae specimen* (1667). Nessa última obra, a primeira definição, no sentido geométrico da palavra, é a da fibra.
Lembramos que a estrutura fibrilar dos animais e das plantas foi ensinada por Descartes em seu *Tratado do homem* (*Oeuvres*, ed. Adam-Tannery. Paris: Vrin. v. XI, p. 201). E, no entanto, se quis apresentar Descartes como um precursor da teoria celular, devido a um texto de sua *Generatio Animalium* (A.T., XI, p. 534): "A formação das plantas e dos animais se assemelham no fato de todas duas serem feitas com partículas de matéria enroladas em forma arredondada pela força do calor". Estamos muito longe de partilhar essa opinião cuja responsabilidade deixamos para o Dr. Bertrand de Saint-Germain, *Descartes consideré comme physiologiste et comme médecin*. Paris, 1869. p. 376. Ver o Apêndice I no final da obra, p. 185, sobre a passagem da teoria fibrilar para a teoria celular.

Na obra de Buffon, da qual Klein enfatiza o pouco uso feito do microscópio, encontramos uma teoria da composição dos viventes que é, propriamente dito, um sistema, no sentido dado a essa palavra, no século XVIII. Buffon supõe princípios para dar conta de um certo número de fatos, assim como de suas consequências. Trata-se essencialmente de fatos de reprodução e de hereditariedade. Em *Histoire des animaux* (1748), está exposta a teoria das "moléculas orgânicas". Escreve Buffon:

> Os animais e as plantas que podem se multiplicar e se reproduzir por todas as suas partes são corpos organizados compostos de outros corpos orgânicos semelhantes, dos quais discernimos a olho nu a quantidade acumulada, mas dos quais só podemos perceber as partes primitivas por meio do raciocínio.[18]

Isso leva Buffon a admitir a existência de uma quantidade infinita de partes orgânicas vivas, e cuja substância é a mesma que a dos seres organizados. Essas partes orgânicas comuns aos animais e aos vegetais são primitivas e incorruptíveis, de tal forma que a geração e a destruição do ser organizado não passam da conjunção e da disjunção desses viventes elementares.

Tal suposição, segundo Buffon, é a única que permite evitar as dificuldades com as quais se chocam as teorias rivais propostas antes dele para explicar os fenômenos de reprodução: o ovismo e o animalculismo. Uma e outra concordam em admitir uma hereditariedade unilateral, mas se opõem no sentido em que a primeira admite, em seguida a Graaf, uma hereditariedade materna, ao passo que a segunda admite, depois de Leeuwenhoeck, uma hereditariedade paterna. Buffon, atento aos fenômenos de hibridação, só pode conceber uma hereditariedade bilateral.[19] São os fatos que impõem esta concepção: uma criança pode se parecer ao mesmo tempo com seu pai e com sua mãe. "A formação do feto se faz pela reunião das moléculas orgânicas contidas na mistura que acaba de se fazer dos

---

18   Capítulo II.
19   Capítulo V.

líquidos seminais dos dois indivíduos".[20] Sabemos, por meio do testemunho do próprio Buffon,[21] que a ideia primeira de sua teoria cabe a Maupertuis, cuja *Vénus physique* (1745) é a relação crítica das teorias concernentes à origem dos animais. Para explicar a produção das variedades acidentais, a sucessão dessas variedades de uma geração a outra, e, por fim, o estabelecimento ou a destruição das espécies, Maupertuis é levado a "observar como fatos que, parece, a experiência nos força a admitir": que o líquido seminal de cada espécie de animal contém uma multidão de partes próprias a formar, por suas aglomerações, animais da mesma espécie; que no líquido seminal de cada indivíduo as partes próprias a formar traços semelhantes aos desse indivíduo são aquelas em maior número e que têm mais afinidade; que cada parte do animal fornece seus germes, de modo que o sêmen do animal contém um escorço do animal.

Devemos notar o emprego do termo *afinidade* feito por Maupertuis. Este é um conceito que nos parece, hoje, bastante verbal. No século XVIII, era um conceito autenticamente científico, lastrado com todos os pesos da mecânica newtoniana. Por trás da afinidade, é preciso perceber a atração. No pensamento de Buffon, a jurisdição da mecânica newtoniana sobre o domínio da organização viva é ainda mais explícita:

> *É evidente que nem a circulação do sangue, nem o movimento dos músculos, nem as funções animais podem se explicar pela impulsão nem pelas outras leis da mecânica comum; é absolutamente evidente que a nutrição, o desenvolvimento e a reprodução se fazem por meio de outras leis: por que então não queremos admitir forças penetrantes e atuantes sobre as massas dos corpos, já que, aliás, temos exemplos no peso dos corpos, nas atrações magnéticas, nas afinidades químicas?*[22]

Essa agregação por atração das moléculas orgânicas obedece a uma espécie de lei de constância morfológica, o que Buffon chama de "molde interior". Sem a hipótese do "molde interior" acres-

---

20 Capítulo X.
21 Capítulo V.
22 Capítulo IX.

centada à das moléculas orgânicas, a nutrição, o desenvolvimento e a reprodução do vivente são ininteligíveis.

> *O corpo de um animal é uma espécie de molde interior, no qual a matéria que serve para seu crescimento se modela e se assimila ao total... Parece-nos certo, então, que o corpo do animal ou do vegetal é um molde interior que tem uma forma constante, mas cuja massa e volume podem aumentar proporcionalmente, e que o crescimento, ou, se quisermos, o desenvolvimento do animal ou do vegetal só se faz pela extensão desse molde em todas as dimensões exteriores e interiores; que essa extensão se faz por intussuscepção de uma matéria acessória e estranha que penetra no interior, que se torna semelhante à forma e idêntica à matéria do molde.*[23]

O molde interior é um intermediário lógico entre a causa formal aristotélica e a ideia diretriz da qual fala Claude Bernard. Ele responde à mesma exigência do pensamento biológico, a de dar conta da individualidade morfológica do organismo. Buffon estava persuadido de não versar na metafísica ao propor uma tal hipótese; ele estava até mesmo seguro de não entrar em conflito com a explicação mecanicista da vida, sob condição de admitir os princípios da mecânica newtoniana, ao mesmo título que os princípios da mecânica cartesiana.

> *Admiti, em minha explicação do desenvolvimento e da reprodução, primeiro os princípios mecânicos recebidos, em seguida o da força penetrante do peso que se é obrigado a receber; e, por analogia, acreditei poder dizer que havia ainda outras forças penetrantes que se exercem nos corpos organizados, como nos é assegurado pela experiência.*[24]

Essas últimas palavras são notáveis. Buffon pensa ter provado por meio dos fatos, generalizando experiências, que existe um número infinito de partes orgânicas.

De fato, Buffon traz ao ativo da experiência uma certa maneira de lê-la da qual a experiência é menos responsável do que o são as leituras de Buffon. Buffon leu, estudou, admirou Newton.[25]

---

23 Capítulo III.
24 Capítulo III.
25 Ver o suplemento à *Théorie de la Terre* intitulado Des élements, e, notadamente, as *Réflexions sur la loi de l'attraction*.

Ele traduziu e prefaciou, em 1740, o *Traité des Fluxions*.[26] Nessa tradução, Singer reconhece com perspicácia haver um interesse certo para a história da biologia francesa, pois ela melindrava Voltaire que queria ter, na França, o monopólio de importação das teorias newtonianas. Voltaire nunca elogiou Buffon sem reservas, zombou de seu colaborador, Needhame, opôs às explicações geológicas da *Théorie de la Terre* e de *Époques de la Nature* objeções frequentemente ridículas. É incontestável que Buffon procurou ser o Newton do mundo orgânico, um tanto como Hume procurava ser, na mesma época, o Newton do mundo psíquico. Newton havia demonstrado a unidade das forças que movem os astros e daquelas que se exercem sobre o corpo na superfície da Terra. Por meio da atração, ele dava conta da coesão das massas elementares em sistemas materiais mais complexos. Sem a atração, a realidade seria poeira e não universo.

Para Buffon, "se a matéria cessasse de se atrair" é uma suposição equivalente a "se os copos perdessem sua coerência".[27] Como bom newtoniano, Buffon admite a realidade material e corpuscular da luz:

> *As menores moléculas de matérias, os menores átomos que conhecemos são os da luz... A luz, embora dotada em aparência de uma qualidade totalmente oposta à do peso, quer dizer, de uma volatilidade que acreditaríamos lhe ser essencial, é, contudo, pesada tal como qualquer outra matéria, já que ela se curva todas as vezes que ela passa junto dos outros corpos e se encontra ao alcance de sua esfera de atração... E, assim como toda matéria pode se converter em luz pela divisão e repulsão de suas partes excessivamente divididas, quando experimentam um choque de umas contra as*

---

26 Vicq d'Azyr não se esquece desse último mérito em seu *Éloge de Buffon* na Academia Francesa, dia 11 de dezembro de 1788. Louis Roule dá a maior importância ao fato de Buffon ter partido do cálculo matemático para ir até as ciências físicas e continuar rumo às ciências naturais. Cf. *Buffon et la description de la nature*. Paris: Flammarion, 1924. p. 19 e segs. Esse aspecto do gênio de Buffon foi muito bem visto também por Jean Strohl em seu estudo sobre Buffon em *Tableau de la Littérature Française (XVIIe-XVIIIe siècles)*. Paris: Gallimard, 1939.

27 *Des elements:* 1ª partie, "De la lumière, de la chaleur et du feu".

> *outras, a luz pode também se converter em uma matéria completamente diferente pela adição de suas próprias partes, acumuladas pela atração dos outros corpos.*[28]

A luz, o calor e o fogo são maneiras de ser da matéria comum. Fazer obra de ciência é procurar saber como, "com esse único recurso e esse único sujeito, a natureza pode variar suas obras ao infinito".[29] Uma concepção corpuscular da matéria e da luz não pode não acarretar uma concepção corpuscular da matéria viva para quem pensa que ela é apenas matéria e calor.

> *Podemos reportar unicamente à atração todos os efeitos da matéria bruta e a essa mesma força de atração junto à do calor, todos os fenômenos da matéria viva. Entendo por matéria viva não somente todos os seres que vivem ou vegetam, mas também todas as moléculas orgânicas vivas, dispersas e difundidas nos detrimentos ou resíduos dos corpos organizados; compreendo ainda na matéria viva a da luz, do fogo e do calor, em uma palavra, toda matéria que nos parece ativa por si mesma.*[30]

Aí está, em nossa opinião, a filiação lógica que explica o nascimento da teoria das moléculas orgânicas. Uma teoria biológica nasce do prestígio de uma teoria física. A teoria das moléculas orgânicas ilustra um método de explicação, o método analítico, e privilegia um tipo de imaginação, a imaginação do descontínuo. A natureza é reconduzida à identidade de um elemento – "um só recurso e um só sujeito" – cuja composição com ele mesmo produz a aparência da diversidade – "variar suas obras ao infinito". A vida de um indivíduo animal ou vegetal é, então, uma consequência e não um princípio, um produto e não uma essência. Um organismo é um mecanismo cujo efeito global resulta necessariamente da reunião das partes. A verdadeira individualidade viva é molecular, monádica.

> *A vida do animal ou do vegetal parece ser apenas o resultado de todas as ações, de todas as pequenas vidas particulares (caso me seja permitido expressar-me assim) de cada uma dessas molécu-*

---

28 Ibidem.
29 Ibidem.
30 Ibidem.

> *las ativas cuja vida é primitiva e parece não poder ser destruída: encontramos essas moléculas vivas em todos os seres vivos ou vegetantes: estamos seguros de que todas essas moléculas orgânicas são igualmente próprias à nutrição e, por conseguinte, à reprodução dos animais ou dos vegetais. Não é portanto difícil conceber que, quando um certo número dessas moléculas se reúne, elas formam um ser vivo: a vida estando em cada uma das partes, ela pode ser reencontrada num todo, numa reunião qualquer dessas partes.*[31]

Aproximamos Buffon de Hume.[32] Sabemos bastante que o esforço de Hume para recensear e determinar as ideias simples, cuja associação produz a aparência de unidade da vida mental, parece-lhe dever ser autorizado pelo sucesso de Newton.[33] Foi um ponto muito bem esclarecido por Lévy-Bruhl em seu prefácio às *Oeuvres choisies*, de Hume, traduzidas por Maxime David. Ao atomismo psicológico de Hume, responde simetricamente o atomismo biológico de Buffon. Querer-se-ia poder prosseguir com a simetria qualificando de associacionismo biológico a teoria das moléculas orgânicas. Associacionismo implica associação, isto é, constituição de uma sociedade posterior à existência separada de indivíduos participantes. Buffon, por certo, compartilha das concepções sociológicas do século XVIII. A sociedade humana é o resultado da cooperação refletida de átomos sociais pensantes, de indivíduos capazes, como tais, de previsão e de cálculo. "A sociedade, considerada mesmo numa única família, supõe no homem a faculdade racional".[34] O corpo social, tal como o corpo orgânico, é um todo que se explica pela composição de suas partes. Mas não foi a uma sociedade de tipo humano que Buffon comparou o organismo

---

31 *Histoire des animaux*, capítulo X.
32 Buffon encontrou Hume na Inglaterra, em 1738.
33 "Tais são, então, os princípios de união e coesão entre nossas ideias simples, aqueles que, na imaginação, atuam como a conexão indispensável por meio da qual elas são unidas na memória. Aqui está uma espécie de atração que, como se verá, produz no mundo mental efeitos tão extraordinários quanto no natural, e se manifesta sob formas tão numerosas e tão variadas" (*Traité de la nature humaine*, livro I, "De l'entendement", 1739).
34 *Discours sur la nature des animaux:* "Homo duplex", fim.

complexo, foi mais a um agregado sem premeditação. Pois Buffon distingue com muita nitidez uma sociedade concertada, como a dos homens, de uma reunião mecânica, como a colmeia das abelhas. Conhecemos as páginas célebres nas quais Buffon, rastreando toda assimilação antropomórfica nos relatos da vida das abelhas, revigora, a fim de explicar as "maravilhas" da colmeia, os princípios do mecanismo cartesiano. A sociedade das abelhas "não é senão uma aglomeração física ordenada pela natureza e independente de toda visão, de todo conhecimento, de todo raciocínio".[35] Notar-se-á o termo *aglomeração* (*assemblage*) empregado por Buffon para definir o organismo individual tanto quanto para definir a sociedade dos insetos. A assimilação da estrutura das sociedades de insetos à estrutura pluricelular dos metazoários é encontrada em Espinas, Bergson, Maeterlinck, Wheeler. Mas esses autores têm uma concepção de individualidade bastante ampla e maleável para englobar o próprio fenômeno social. Não há nada disso em Buffon. Para ele, a individualidade não é uma forma, é uma coisa. Segundo ele, só há individualidade no último grau de realidade, alcançada pela análise, na decomposição de um todo. Só os elementos têm uma individualidade natural, os compostos têm apenas uma realidade factícia, seja ela mecânica ou intencional. É verdade que a introdução do conceito de "molde interior" na teoria da geração vem trazer um limite ao valor exaustivo da predisposição analítica que suscitou o conceito de "molécula orgânica". O molde interior é o que foi requerido pela persistência de algumas formas no perpétuo remanejamento dos átomos vitais, é o que traduz os limites de uma certa exigência metodológica na presença do dado indivíduo.

 O obstáculo a uma teoria não é menos importante de se considerar, a fim de se compreender o futuro da teoria, do que a própria tendência da teoria. Mas é por sua tendência que uma teoria começa a criar a atmosfera intelectual de uma geração de pesquisadores. A leitura de Buffon deveria reforçar, nos biólogos, o espírito de análise que a leitura de Newton suscitara nele.

---

35 Ibidem.

II. História ∞ A Teoria Celular

Singer, falando de Buffon, diz o seguinte: "Se a teoria celular existisse no tempo dele, ela o teria agradado". Não poderíamos duvidar disso. Quando o naturalista de Montbard procurava "o único recurso e o único sujeito" utilizados pela natureza para se diversificar em viventes complexos, ele ainda não podia saber que buscava o que os biólogos do século XIX chamaram de célula. E os que encontraram na célula o elemento último da vida sem dúvida esqueceram que realizavam um sonho, mais do que um projeto de Buffon. Mesmo os sonhos dos sábios conhecem a persistência de um pequeno número de temas fundamentais. Assim, o homem reconhece facilmente seus próprios sonhos nas aventuras e sucessos de seus semelhantes.

Acabamos de estudar, no caso de Buffon, as origens de um tema de sonho teórico, que podemos dizer profético, sem desconhecer a distância que separa um pressentimento, mesmo sapiente, de uma antecipação, ainda que rudimentar. Para haver uma antecipação propriamente dita, é preciso que os fatos que a autorizam e as vias da conclusão sejam de ordem igual àqueles que conferem a uma teoria seu alcance, mesmo transitório. Para haver pressentimento, basta fidelidade a seu próprio elã, o que Bachelard, em *L'Air et les Songes*, chama de "um movimento da imaginação". Essa distância do pressentimento à antecipação é aquela que separa Buffon de Oken.

Singer e Klein – Guyénot também, embora de modo mais sumário – não deixaram de destacar a parte que cabe a Lorenz Oken na formação da teoria celular. Oken pertence à Escola romântica dos filósofos da natureza fundada por Schelling.[36] As especulações desta escola exerceram tanta influência sobre os médicos e biólogos alemães da primeira metade do século XIX quanto sobre os homens de letras. Entre Oken e os primeiros biólogos conscientes de encontrar nos fatos de observação os primeiros assentamentos da teoria celular, a filiação se estabelece sem descontinuidade; Schleiden, que for-

---

36 Sobre Oken, filósofo da natureza, consultar Jean Strohl, *Lorenz Oken und Georg Büchner*. Zurique: Verlag der Coron, 1936.

mulou a teoria celular, no que concerne aos vegetais,[37] professou na Universidade de Iéna, por onde pairava a lembrança viva do ensino de Oken. Schwann, que generalizou a teoria celular estendendo-a a todos os seres vivos (1839-1842), viveu na sociedade de Schleiden e de Johannes Müller, a quem teve como mestre.[38] Ora, Johannes Müller pertenceu, em sua juventude, à escola dos filósofos da natureza. Singer, muito justamente, pôde então dizer sobre Oken "que ele, de algum modo, *semeou* o pensamento dos autores considerados em seu lugar como os fundadores da teoria celular".

Os fatos invocados por Oken pertencem ao domínio do que mais tarde se chamou de protistologia. Sabemos que papel desempenharam, na elaboração da teoria celular, os trabalhos de Dujardin (1841), criticando as concepções de Ehrenberg, segundo as quais os Infusórios seriam organismos perfeitos (1838), ou seja, animais completos e complexos providos de órgãos coordenados. Antes de Dujardin, entendia-se por Infusórios não um grupo especial de animais unicelulares, mas o conjunto dos viventes microscópicos, animais ou vegetais. Esse termo designava tanto as Paramécias, descritas em 1702, e as Amebas, descritas em 1755, quanto algas, microscópicas, pequenos vermes, incontestavelmente pluricelulares. Na época em que Oken escreveu seu tratado *La Génération* (1805), infusório não designava expressamente um protômero, mas, no entanto, foi com o sentido de um ser vivo absolutamente simples e independente que ele utilizou a palavra. Na mesma época, o termo célula reinventado muitas vezes depois de Hooke, notadamente por Gallini e Ackermann, só recobre o mesmo conjunto de noções a partir de Dujardin, Von Mohl, Schwann e Max Schultze. Contudo, era mais ou menos nesse mesmo sentido que Oken o entendia. Portanto, esta é, ou não, a ocasião de se falar de antecipação.[39]

---

37   *Sur la phytogénèse*, 1838.
38   Sobre Schwann e a teoria celular, consultar a obra fundamental de Marcel Florkin, *Naissance et déviation de la théorie cellulaire dans l'oeuvre de Théodore Schwann*. Paris: Hermann, 1960.
39   Haeckel escreve em *Natürliche Schöpfungsgeschichte. Erster Teil: Allgemeine Entwickelungslehre* (Vierter Vortrag) (*Ges. Werke*, 1974, 1, 104): «Basta subs-

Há um fato muito significativo. É o seguinte: quando os historiadores da biologia querem, por meio de citações, persuadir seus leitores de que Oken deve ser considerado como fundador, mais ainda talvez do que como precursor da teoria celular, *eles não citam os mesmos textos*. É que há duas maneiras de pensar a relação do todo com a parte: podemos proceder das partes para o todo ou então do todo para as partes. Não é o mesmo dizer que um organismo é composto de células ou dizer que ele se decompõe em células. Há, portanto, duas maneiras diferentes de se ler Oken.

Singer e Guyénot citam a mesma passagem de *La Génération*: "Todos os organismos nascem de células e são formados de células ou vesículas". Essas células são, segundo Oken, o muco primitivo (*Urschleim*), a massa infusorial da qual os organismos maiores são formados. Os Infusórios são animais primitivos (*Urtiere*). Singer cita igualmente a seguinte passagem: "A maneira como se produzem os grandes organismos não é senão uma aglomeração regular de infusórios". Excetuando-se o vocabulário, Oken não diz diferente de Buffon: existem unidades vivas absolutamente simples cuja reunião ou aglomeração produz os organismos complexos.

---

tituir a palavra vesícula ou infusório pela palavra célula para se chegar a uma das maiores teorias do século XIX, a teoria celular... As propriedades que Oken atribui a seus infusórios são as propriedades das células, indivíduos elementares, de cuja aglomeração, reunião e diversas formações os organismos complexos mais elevados se constituíram". Acrescentamos que Fr. Engels, em *L'Ainti-Dühring* (prefácio da 2. edição, 1885, nota), afirma sob a caução de Haeckel, o valor profético das instituições de Oken: "É bem mais fácil, como o vulgar desprovido de ideias à maneira de Carl Vogt, cair na velha filosofia natural do que apreciar como convém sua importância. Ela contém muitos absurdos e fantasias, porém não mais do que as teorias sem filosofia dos naturalistas empiristas contemporâneos, e começamos a perceber, depois da difusão da teoria da evolução, que ela também continha sentido e inteligência. Assim, Haeckel muito justamente reconheceu os méritos de Treviranus e de Oken. Oken formula, como postulado em biologia, em sua substância coloidal (*Urschleim*) e sua vesícula primitiva (*Urbläschen*), o que depois foi descoberto, na realidade, como protoplasma e célula... Os filósofos da natureza são na ciência natural conscientemente dialética o que os utopistas são no comunismo moderno..." (Trad. Bracke-Desrousseux. t. I, 1931, Costes).

Todavia, ao se ler os textos citados por Klein, a perspectiva muda.

A gênese dos infusórios não é devida a um desenvolvimento a partir de ovos, mas é uma liberação de ligações a partir de animais maiores, desmembramento do animal em seus animais constituintes... Toda carne se decompõe em infusórios. Podemos inverter esse enunciado e dizer que todos os animais superiores devem se compor de animáculos constitutivos.

Aqui, a ideia da composição dos organismos a partir de viventes elementares aparece apenas como uma recíproca lógica. A ideia inicial é que o elemento é o resultado de uma liberação. O todo domina a parte. É isto o que confirma a sequência do texto citado por Klein.

A associação dos animais primitivos sob a forma de carne não deve ser concebida como uma aposição mecânica de um animal no outro, como um monte de areia no qual não há outra associação senão a promiscuidade de numerosos grãos. Não. Tal como o oxigênio e o hidrogênio desaparecem na água, o mercúrio e o enxofre no zinabre, aqui se produz uma verdadeira interpenetração, um entrelaçamento e uma unificação de todos os animáculos. A partir desse momento, eles não mais têm vida própria. São todos postos a serviço do organismo mais elevado, trabalham tendo em vista uma função única e comum, ou então efetuam essa função realizando a si mesmos. Aqui, nenhuma individualidade é poupada, ela é simplesmente arruinada. Mas essa é uma linguagem imprópria; as individualidades reunidas formam uma outra individualidade; aquelas são destruídas e esta só aparece pela destruição daquelas.

Estamos bem distantes de Buffon. O organismo não é uma soma de realidades biológicas elementares. É uma realidade superior na qual os elementos são negados como tais. Oken antecipa, com precisão exemplar, a teoria dos graus de individualidade. Não é só um pressentimento. Se há ali algum pressentimento, trata-se daquele das noções que a técnica de cultura dos tecidos e das células forneceu aos biólogos contemporâneos, concernente às diferenças que existem entre o que Hans Petersen chama de "vida individual" e "vida profissional" das células. O organismo é concebido por Oken à imagem da sociedade; esta, porém, não é a associação de indivíduos tal como a concebe a filosofia política da *Aufklärung*, é a comunidade tal como a concebe a filosofia política do romantismo. O fato de autores tão advertidos e reflexivos quanto Singer e Klein poderem apresentar uma mesma doutrina sob esclarecimentos tão diferentes só surpreende os espíritos capazes de desconhecer o que nomeamos ambivalência teórica dos espíritos científicos, cujo frescor das pesquisas preserva do dogmatismo, sintoma de esclerose ou de senilidade por vezes precoces. De modo bem melhor, vemos um mesmo autor, Klein, situar diferentemente Oken em relação a seus contemporâneos biológicos. Em 1839, o botânico francês Brisseau-Mirbel escreveu que:

> Cada célula é um utrículo distinto e parece que nunca se estabelece entre elas uma verdadeira ligação orgânica. São indivíduos vivos gozando cada um da propriedade de crescer, multiplicar-se, modificar-se, dentro de certos limites, trabalhando em comum para a edificação da planta da qual se tornam os materiais constituintes; a planta é, portanto, um ser coletivo.

Klein comenta esse texto dizendo que as descrições de Brisseau-Mirbel receberam melhor acolhida na escola dos filósofos da natureza, pois elas traziam, pela experiência, a confirmação da teoria geral vesicular proposta por Oken. Alhures, porém, Klein cita um texto de Turpin (1826), botânico, segundo o qual uma célula pode viver isoladamente ou, então, federar-se com outras para formar a individualidade composta de uma planta onde ela "cresce e se propaga por sua própria conta sem se embaraçar minimamente com o que se passa com as suas vizinhas", e acrescenta:

> Essa ideia se encontra em oposição à concepção de Oken, segundo a qual as vidas das unidades componentes de um ser vivo se fundem umas nas outras e perdem sua individualidade em benefício da vida do conjunto do organismo.

A contradição entre aquela aproximação e esta oposição aqui não é aparente. Ela seria efetiva se a relação simplicidade-composição fosse, ela mesma, uma relação simples. Mas, precisamente, ela não o é. Especialmente em biologia. Aqui, está em questão todo o problema do indivíduo. A individualidade, pelas dificuldades teóricas que suscita, obriga-nos a dissociar dois aspectos dos seres vivos, imediata e ingenuamente intrincados na percepção desses seres: a matéria e a forma. O indivíduo é o que não pode ser dividido quanto à forma, ao passo que sentimos a possibilidade da divisão no que concerne à matéria. Em alguns casos, a indivisibilidade essencial à individualidade só se revela ao final da divisão de um ser materialmente mais amplo. Mas ela seria apenas um limite à divisão começada ou seria, *a priori*, transcendente a toda divisão? A história do conceito de célula é inseparável da história do conceito de indivíduo. Isso já nos autoriza a afirmar que valores sociais e afetivos pairam sobre o desenvolvimento da teoria celular.

Como não aproximar as teorias biológicas de Oken das teorias de filosofia política caras aos românticos alemães tão profundamente influenciados por Novalis? *Glaube und Liebe: der König und die Königin* foi publicado em 1798; *Europa oder die Christenheit*, em 1800 (*Die Zeugung*, de Oken, é de 1805). Essas obras contêm uma violenta crítica das ideias revolucionárias. Novalis censura o sufrágio universal por atomizar a vontade popular, desconhecer a continuidade da sociedade ou, mais exatamente, da comunidade.

Antecipando Hegel, Novalis e, alguns anos mais tarde, Adam-Heinrich Müller[40] consideram o Estado como uma realidade querida por Deus, um fato ultrapassando a razão do indivíduo e ao qual o indivíduo deve se sacrificar. Se essas concepções sociológicas podem oferecer alguma analogia com as teorias biológicas é que, como frequentemente se observou, o romantismo interpretou a experiência política a partir de uma certa concepção da vida. Trata-se do vitalismo. No exato momento em que o pensamento político francês propunha ao espírito europeu o contrato social e o sufrágio universal, a escola francesa de medicina vitalista lhe propunha uma imagem da vida transcendente ao entendimento analítico. Um organismo não poderia ser compreendido como um mecanismo. A vida é uma forma irredutível a toda composição

---

40 Cf. L. Sauzin. *Adam heinrich Müller, sa vie et son oeuvre*. Paris: Nizet e Bastard, 1937. p. 499 e segs.

de partes materiais. A biologia vitalista forneceu a uma filosofia política totalitária o meio senão a obrigação de inspirar algumas teorias relativas à individualidade biológica. Tanto isso é verdade que o próprio problema da individualidade é indivisível.[41]

Chegou o momento de expor um paradoxo bastante estranho da história da teoria celular junto aos biólogos franceses. O acontecimento dessa teoria foi por muito tempo postergado pela influência de Bichat. Ele havia sido aluno de Pinel, autor da *Nosographie philosophique* (1798), que atribuía a cada doença uma causa orgânica sob a forma de lesão localizada menos num órgão ou aparelho do que nas "membranas" comuns, a título de componente, a órgãos diferentes. Bichat publicou, baseado nessa inspiração, o *Traité des Membranes* (1800), no qual recenseia e descreve os vinte e um tecidos dos quais se compõe o corpo humano. Segundo Bichat, o tecido é o princípio plástico do ser vivo e o termo último da análise anatômica.

O termo tecido merece que nos detenhamos nele. Tecido vem, nós o sabemos, de *tistre*, forma arcaica do verbo tecer (em francês). Se o vocábulo célula nos pareceu sobrecarregado de significações implícitas de ordem afetiva e social, o vocábulo tecido não nos parece menos carregado de implicações extrateóricas. Célula nos faz pensar na abelha, não no homem. Tecido nos faz pensar no homem, não na aranha. Tecido é, por excelência, obra humana. A célula, devido à sua forma hexagonal canônica, é a imagem de um todo fechado sobre si mesmo. O tecido, porém, é a imagem de uma continuidade na qual toda interrupção é arbitrária, na qual o produto procede de uma atividade sempre aberta para a continuação.[42] Nós o cortamos aqui e ali, conforme as necessidades. Ademais, uma

---

41 Sobre as origens da teoria celular, consultar os artigos de J. Walter Wilson. Cellular tissue and the dawn of the cell theory. In: *Isis*, n. 107-108, p. 14, maio 1947.
42 O tecido é feito de fios, ou seja, originalmente, de fibras vegetais. O fato de essa palavra suportar imagens de continuidade se evidencia em expressões tais como o fio d'água, o fio do discurso.

célula é coisa frágil, feita para ser admirada, olhada sem ser tocada, sob pena de destruição. Um tecido, ao contrário, deve ser tocado, apalpado, amassado, a fim de se apreciar seu grão, sua maleabilidade, sua suavidade. Dobramos, desdobramos um tecido e o desenrolamos em ondas superpostas sobre o balcão do comerciante.

Bichat não gostava do microscópio, talvez por não saber se servir bem dele, como o sugere Klein, segundo Magendie. Bichat preferia o bisturi. E o que ele chamava o elemento último na ordem anatômica era o que o bisturi permitia dissociar e separar. Na ponta do bisturi, não se saberia encontrar uma célula mais do que uma alma. Não é sem propósito que aludimos, aqui, a uma certa profissão de fé materialista. Bichat, por Pinel, descende de Barthez, o célebre médico vitalista da Escola de Montpellier. *Les recherches sur la vie et la mort* (1800) são sintomáticas dessa filiação. Se o vitalismo considera a vida como um princípio transcendente à matéria, indivisível e inapreensível como uma forma, até mesmo um atomista, inspirando-se nessa ideia, não poderia fazer conter nos elementos supostos do vivente o que ele considera uma qualidade da totalidade desse ser. Os tecidos, reconhecidos por Bichat como o pano no qual os viventes são talhados, são uma imagem suficiente da continuidade do fato vital, requerida pela exigência vitalista.

Ora, a doutrina de Bichat, seja pela leitura direta, seja por meio do ensino de Blainville, forneceu a Auguste Comte alguns dos temas expostos em sua lição XLI do *Curso de Filosofia positivista*. Comte manifesta sua hostilidade ao emprego do microscópio e à teoria celular, pelo que, com frequência, foi criticado por aqueles que viram, na marcha da ciência biológica desde então, uma condenação de suas reticências e de suas aversões. Léon Brunschvicg, notadamente, nunca perdoou Comte pelas interdições dogmáticas opostas por ele a algumas técnicas matemáticas ou experimentais, tanto quanto por sua infidelidade ao método analítico e sua "falsa conversão" ao primado da síntese, precisamente no momento em que ele aborda, no *Curso*, o exame dos procedimentos de conhecimento adequados ao objeto orgânico, no qual reconhece a validade positiva da *démarche* intelectual que consiste em ir "do conjunto às partes" (lição XLVIII).[43] Mas não é fácil abandonar todo dogmatismo, mesmo quando se denuncia o dogmatismo alheio. Certamente, o autoritarismo de Comte é inadmissível; porém, pelo menos no que concerne à teoria celular, o que ele comporta de reservas para com uma certa tendência do espírito científico merece, talvez, uma tentativa leal de compreensão.

Comte considera a teoria celular "uma fantástica teoria saída, aliás, evidentemente de um sistema essencialmente metafísico de filosofia geral". E foram os naturalistas alemães, da época, prosseguindo com "especulações superiores da ciência biológica", que Comte tornou responsáveis desse desvio manifesto. Este é o paradoxo. Ele consiste em não ver que as ideias de Oken e de sua escola têm todo um outro alcance que não as observações dos micrógrafos, e que o essencial da biologia de Oken é uma certa concepção da individualidade. Oken representa o ser vivo à imagem de uma sociedade comunitária. Contrariamente a Buffon, Comte não admite que a vida de um organismo seja uma soma de vidas particulares, nem tampouco admite, contrariamente à filosofia política do século XVIII, que a sociedade seja uma associação de indivíduos. Será que nisso ele estaria tão distante quanto possa parecer dos filósofos da natureza? Verificamos, aqui também, a unidade latente e profunda, num mesmo pensador, das concepções relativas à individualidade, seja ela biológica ou social. Assim como em sociologia o indivíduo é uma abstração, também em biologia as "mônadas orgânicas",[44] como diz Comte ao falar das células, são abstrações. "Em que poderia consistir então, realmente, seja a organização, seja a vida de uma simples mônada?" Ora, tanto Fischer quanto Policard puderam mostrar, há alguns anos, por meio da técnica de cultura dos tecidos, que uma cultura de tecidos capaz de proliferar deve conter uma quantidade mínima de células, abaixo da qual a multiplicação celular é impossível. Um fibroblasto isolado em uma

---

43 *Le progrès de la conscience dans la philosophie occidentale*. Paris: Alcan, 1927. p. 543 e segs.
44 Ver no Apêndice II, p. 215, a nota sobre *Rapport de la théorie cellulaire et de la philosophie de Leibniz*.

gota de plasma sobrevive, mas não se multiplica (Fischer). Sobreviver sem se multiplicar, ainda assim, é viver? Podemos dividir as propriedades do vivente conservando-lhe a qualidade de vivente? Essas são questões que nenhum biólogo pode evitar. Esses são fatos que, junto com muitos outros, enfraqueceram o império sobre os espíritos da teoria celular. Em que Comte é culpado de haver pressentido essas questões, senão antecipando esses fatos? Com razão, censurou-se Comte de assentar a filosofia positiva sobre as ciências de seu tempo, consideradas, sob um certo aspecto, eternas. É certamente importante não desconhecer a historicidade do tempo. Mas o tempo, tanto quanto a eternidade, não é de ninguém; e a fidelidade à história pode nos levar a reconhecer nisso alguns retornos de teorias que apenas traduzem a oscilação do espírito humano entre algumas orientações permanentes da pesquisa em tal ou tal região da existência.

Por conseguinte, não poderíamos ser demasiado prudentes ao qualificarmos sumariamente, para fins de louvor ou de censura, tais ou tais autores cujo espírito sistemático é bastante amplo para impedi-los de concluir rigidamente o que chamamos de seu sistema. Conivências teóricas, inconscientes e involuntárias, podem aparecer. O botânico alemão de Baty escreveu (1860) que não são as células que formam as plantas, mas as plantas que formam as células. Seremos levados a ver, nessa frase, um aforismo de biologia romântico, tanto mais facilmente quanto o aproximarmos de uma observação de Bergson em *A Evolução criadora*: "Muito provavelmente, não foram as células que fizeram o indivíduo por via de associação; foi, antes, o indivíduo que fez as células por via de dissociação".[45] Sua reputação de romântico, de resto justificada, foi feita a Bergson por uma geração de pensadores positivistas do seio da qual ele desentoava. A rigor, pode-se dizer que os mesmos pensadores eram os mais prontos para denunciar, também no próprio Comte, os traços desse romantismo biológico e social que deveria levá-lo do *Cours de Philosophie positive* à *Synthèse subjective*, pas-

---

45 Cf. p. 282.

sando pelo *Système de politique positive*. Mas como explicar que essas concepções românticas de filosofia biológica tenham animado a pesquisa de sábios que permaneceram fiéis a uma doutrina científica e materialista incontestavelmente surgida do *Cours de Philosophie positive*?

Klein mostrou como Charles Robin, o primeiro titular da cadeira de histologia na Faculdade de Medicina de Paris, colaborador de Littré no célebre *Dictionnaire de Médecine* (1873), nunca dispensou à teoria celular uma hostilidade tenaz.[46] Robin admitia que a célula é um dos elementos anatômicos do ser organizado, mas não o único. Ele admitia que a célula pode derivar de uma célula preexistente, mas nem sempre, pois admitia a possibilidade de formação das células em um blastema inicial. Discípulos de Robin, tais como Tourneux, professor de histologia na Faculdade de Medicina de Toulouse, continuaram a não ensinar a teoria celular até 1922.[47] Com base em qual critério nós nos fundamentaremos para separar os que recolhiam devotamente nas obras de Schwann e de Virchow os axiomas fundamentais da teoria celular e os que os recusavam? No futuro das pesquisas histológicas? Mas, hoje, os obstáculos à onivalência da teoria celular são quase tão importantes quanto os fatos que necessitamos explicar. Na eficácia comparada das técnicas médicas surgidas das diferentes teorias? Mas o ensino de Tourneux, se não determinou sua criação, tampouco impediu a Faculdade de Medicina de Toulouse de contar, hoje, com uma

---

46 Cf. os artigos Céllule e Organe, por Robin, no *Dictionnaire encyclopédique des sciences médicales*, por A. Dechambre.
47 Tourneux foi discípulo de Robin pela intermediação de Pouchet. Ele, no entanto, foi o preparador de Robin durante um ano, substituindo Hermann, que concluía seu voluntariado em Lille. O *Premier Traité d'Histologie*, de Tourneux, foi escrito em colaboração com Pouchet. No momento de sua morte, em 1922, Tourneux trabalhava na 3ª edição de seu *Précis d'Histologie humaine*. Na 2ª edição (1911), Tourneux distingue os elementos anatômicos e as matérias amorfas e, entre os elementos anatômicos, os celulares, ou tendo forma de células, e os não celulares. Assim, o conceito de elemento anatômico e o conceito de célula não se recobrem. (Devemos as informações biográficas acima à gentileza dos Drs. Jean-Paul e Geroges Tourneux, de Toulouse.)

escola de cancerologistas tão brilhante quanto qualquer outra que pôde receber, alhures, um ensino de patologia dos tumores rigorosamente inspirados nos trabalhos de Virchow. Há uma distância da teoria à técnica e, em matéria médica especialmente, não é fácil demonstrar que os efeitos obtidos são unicamente função das teorias às quais se referem, para justificar os gestos terapêuticos daqueles que os realizam.

Talvez sejamos criticados por haver citado, até o momento, mais pensadores do que pesquisadores, mais filósofos do que sábios, embora tenhamos mostrado que destes àqueles, de Schwann a Oken, de Robin a Comte, a filiação é incontestável e contínua. Examinemos, então, no que a questão se tornou nas mãos de biólogos submissos ao ensino dos fatos, se é verdade que houve um.

Lembremos o que se entende por teoria celular. Ela compreende dois princípios fundamentais considerados suficientes para a solução de dois problemas:

1) Um problema de composição *de organismos*: todo organismo vivo é um composto de células, sendo a célula considerada como o elemento vital portador de todos os caracteres da vida. Esse primeiro princípio responde a esta exigência de explicação analítica que, segundo Jean Perrin,[48] leva a ciência a "explicar o visível complicado pelo invisível simples".

2) Um problema de *gênese dos organismos*: toda célula deriva de uma célula anterior. "*Omnis cellula e cellula*", diz Virchow. Esse segundo princípio responde a uma exigência de explicação genética. Aqui, não se trata mais de elemento, mas de causa.

As duas peças dessa teoria foram reunidas, pela primeira vez, por Virchow.[49] Ele reconhece que a primeira cabe a Schwann e reivindica para si mesmo a segunda, condenando formalmente a concepção de Schwann, segundo a qual as células poderiam nascer no seio de um blastema primitivo. A partir de Virchow e de Kölliker o estudo da célula se tornou uma ciência especial, a citologia,

---

48   *Les atomes*, prefácio.
49   *Pathologie cellulaire*, cap. I, 1849.

distinta do que se chamava, depois de Heusinger, a histologia, a ciência dos tecidos.[50]

É preciso acrescentar aos princípios precedentes dois complementos:

1) Os viventes não compostos são unicelulares. Os trabalhos de Dujardin, já citados, e os trabalhos de Haeckel forneceram à teoria celular o apoio da protistologia. Haeckel foi o primeiro a separar nitidamente os animais em Protozoários, ou unicelulares, e Metazoários, ou pluricelulares.[51]

2) O ovo de onde nascem os organismos vivos sexuados é uma célula cujo desenvolvimento se explica unicamente pela divisão. Schwann foi o primeiro a considerar o ovo como uma célula germinativa. Nessa via, ele foi seguido por Ktilliker, que é verdadeiramente o embriologista cujos trabalhos contribuíram para o império da teoria celular.

Podemos fixar a consagração desse império no ano de 1874, no qual Haeckel acabava de começar suas publicações sobre a *gastraea*,[52] nas quais Claude Bernard, estudando do ponto de vista fisiológico os fenômenos de nutrição e de geração comuns aos animais e aos vegetais, escreve: "Na análise íntima de um fenômeno fisiológico, chega-se sempre ao mesmo ponto, chega-se ao mesmo agente elementar, irredutível, o elemento organizado, a célula".[53] Segundo Claude Bernard, a célula é o "átomo vital". Mas notemos que, no mesmo ano, Robin publica seu tratado de *Anatomie et Physiologie cellulaire*, no qual a célula não é admitida a título de *único* elemento dos viventes complexos. Mesmo no momento de sua proclamação quase oficial, o império da teoria celular não é integral.

---

50 Segundo o *Dictionnaire de Médecine* (13. ed., 1873) de Littré e Robin, o termo *histologia* foi criado em 1819 por Mayer; o termo *histonomia*, criado em 1821 por Heusinger para designar o estudo das leis que presidem à geração e à organização dos tecidos orgânicos.
51 *Études sur la Gastraea*, 1873-1877.
52 Sobre a relação entre os *Studien zur Gastraetheorie* e a teoria celular, ver Haeckel, *Ges. Werke*, 1924. 11, p. 131: *Natürliche Schöpfungs-geschichte*, 2º Teil, 20º Vortrag, *Phylogen*etische *Klassifikation des Tierreichs, Gastraea Theorie*.
53 *Revue scientifique*, 26 de setembro de 1874.

As concepções relativas à individualidade, que inspiravam as especulações precedentemente examinadas concernindo à composição dos organismos, teriam desaparecido por completo junto aos biólogos aos quais o nome de sábios cabe autenticamente? Não parece.

Em *Leçons sur les phénomènes de la vie communs aux animaux et aux végétaux*, publicadas depois de sua morte por Dastre, Claude Bernard, descrevendo o organismo como "um agregado de células ou de organismos elementares", afirma o princípio da autonomia dos elementos anatômicos. Isso equivale a admitir que as células se comportam na associação tal como se comportariam isoladamente em um meio idêntico àquele que a ação das células vizinhas lhes cria no organismo; em suma, que as células *viveriam em liberdade exatamente como em sociedade*. Notar-se-á, *en passant*, que, se o meio de cultura de células livres contém as mesmas substâncias reguladoras da vida celular, por inibição ou estimulação, contidas no meio interior de um organismo, não se pode dizer que a célula vive em liberdade. A verdade é que Claude Bernard, querendo se fazer melhor entender, valendo-se de uma comparação, engaja-nos a considerar o ser vivo complexo como "uma cidade tendo seu carimbo especial", na qual os indivíduos se alimentam identicamente e exercem as mesmas faculdades gerais, as do homem, mas onde cada um participa de modo diferente da vida social, por meio de seu trabalho e de suas aptidões.

Em 1899, Haeckel escreve: "As células são verdadeiros cidadãos autônomos que, reunidos aos milhares, constituem nosso corpo, o estado celular".[54] Assembleia de cidadãos autônomos, estado, são talvez mais do que imagens e metáforas. Uma filosofia política domina uma teoria biológica. Quem poderia dizer se somos republicanos por sermos partidários da teoria celular, ou então partidários da teoria celular por sermos republicanos?

---

54 Die *Welträtzel* (*Les énigmes de l'univers*), 2. cap.: Unser Körperbau (*Ges. Werke*, 1924. IV, p. 33).

Concedamos, se assim o pedem, que Claude Bernard e Haeckel não são puros de toda tentação ou de todo pecado filosófico. No *Traité d'Histologie*, de Prenant, Bouin e Maillart (1904), sobre o qual Klein diz ser, juntamente com as *Leçons sur la cellule*, de Henneguy (1896), a primeira obra clássica que fez penetrar a teoria celular.[55] No ensino da histologia, na França, o capítulo II relativo à célula foi redigido por A. Prenant. As simpatias do autor pela teoria celular não lhe dissimulam os fatos que podem limitar seu alcance. Com uma nitidez admirável, ele escreve: "*É o caráter de individualidade que domina na noção de célula*, ele basta inclusive para a definição desta". Mas, também, toda experiência revelando que células aparentemente fechadas sobre si mesmas são, na realidade, segundo as palavras de His, "células abertas" umas nas outras vem desvalorizar a teoria celular. De onde resulta esta conclusão:

> As unidades individuais podem, por sua vez, ser de tal ou tal grau. Um ser vivo nasce como célula, indivíduo-célula; depois, a individualidade celular desaparece no indivíduo ou pessoa, formado de uma pluralidade de células, em detrimento da individualidade pessoal; esta, por sua vez, numa sociedade de pessoas, pode ser apagada por uma individualidade social. O que acontece quando se examina a série ascendente dos múltiplos da célula, que são a pessoa e a sociedade, é reencontrado para os submúltiplos celulares: as partes da célula, por sua vez, possuem um certo grau de individualidade em parte absorvida por aquela mais elevada e mais potente da célula. De alto a baixo existe a individualidade. A vida não é possível sem individuação daquilo que vive.[56]

Estamos tão distantes dos pontos de vista de Oken? Não é a ocasião de se dizer de novo que o problema da individualidade não se divide? Talvez não se tenha suficientemente destacado que

---

55 Klein publicou recentemente um complemento de informação sobre esse ponto, num precioso artigo, Sur les débuts de la théorie cellulaire em France. In: *Thalès*. Paris, 1951. t. VI, p. 26-36.
56 O texto de Prenant tem sua réplica num texto de Haeckel do mesmo ano, 1904: *Die Lebenswunder* (*Les merveilles de la vie*), VIII Kapitel: Lebenseinheiten. Organische Individuen und Associazionen. Zellen, Personen Stöcke. Organelle und Organe. *Ges. Werke*, 1924. IV, p. 172.

a etimologia da palavra faz do conceito de indivíduo uma negação. O indivíduo é um ser no limite do não ser, sendo que não pode mais ser fragmentado sem perder seus caracteres próprios. É um mínimo de ser. Mas nenhum ser em si é um mínimo. O indivíduo supõe necessariamente em si sua relação com um ser mais amplo, ele convoca, exige (no sentido em que Hamelin dá a esses termos em sua teoria da oposição dos conceitos) um fundo de continuidade sobre o qual sua descontinuidade se destaca. Nesse sentido, não há nenhuma razão de parar, nos limites da célula, o poder da individualidade. Em 1904, ao reconhecer nas partes da célula um certo grau de individualidade absorvido por aquela da célula, A. Prenant antecipava as concepções recentes concernindo à estrutura e à fisiologia ultramicroscópicas do protoplasma. Os vírus-proteínas são vivos ou não vivos?, perguntam-se os biólogos. Isso equivale a se perguntar se cristais núcleo-proteínicos são ou não individualizados. "Se estão vivos", diz Jean Rostand, "eles representam a vida no estado mais simples que se possa conceber. Se não estão, eles representam um estado de complexidade química que já anuncia a vida".[57] Mas por que querer que os vírus-proteínas sejam a um só tempo vivos e simples, já que sua descoberta vem precisamente atacar a concepção, sob o nome de célula, de um elemento ao mesmo tempo simples e vivo? Por que querer que eles sejam a um só tempo vivos e simples, quando se reconhece que se há neles um anúncio da vida isto se deve à sua complexidade? Em suma, a individualidade não é um termo, caso entendamos com isso uma demarcação; ela é um termo numa relação. Não se deve tomar como termo da relação o termo da pesquisa que visa a representar esse termo como um ser.

Por fim, haverá menos filosofia biológica no texto de A. Prenant, citado por nós, do que em algumas passagens de uma obra do conde de Gobineau, tão pouco conhecido quanto desconcer-

---

57 Les virus proteins. In: *Biologie et Médecine*. Paris: Gallimard, 1939. Cf. uma boa atualização, pelo mesmo autor, sobre La conception particulaire de la cellule, na obra *Les grands courants de la biologie*. Paris: Gallimard, 1951.

tante por sua mistura de linguística, com frequência fantasista, e de pontos de vista por vezes penetrantes, *Mémoire sur diverses manifestations de la vie individuelle* (1868)?[58] Gobineau conhece a teoria celular e a admite. Ele escreve, enumerando às avessas, os estágios de desenvolvimento do ser organizado:

> *Depois do entozoário espermático, há a célula, último termo até aqui descoberto em estágio genésico, e a célula é igualmente o princípio formador do reino vegetal tanto quanto do reino animal.*

Gobineau, porém, não concebe a individualidade como uma realidade sempre idêntica a si mesma. Ele a concebe como um dos termos de uma relação móvel ligando realidades diferentes em escalas de observação diferentes. Ele chama de "meio" o outro termo da relação.

> *Não basta que um ser individual seja provido do conjunto bem completo dos elementos que a ele chegam para que lhe seja permitido subsistir. Sem um meio especial, não é, e, se fosse, ele não poderia durar um segundo. Portanto, há necessidade absoluta de que tudo o que vive viva em um meio que lhe convém. Consequentemente, nada é mais importante para a manutenção dos seres, isto é, para a perpetuidade da vida, do que os meios. Acabo de dizer que a terra, as esferas celestes, o espírito constituíam outros tantos envelopes dessa natureza. Mas, do mesmo modo, o corpo humano, o de todos os seres são também meios nos quais funciona o mecanismo sempre complexo das existências. E o fato é tão incontestável que somente com grande dificuldade, e fazendo abstração de uma multidão de condições da vida, chega-se a desprender, a isolar, a considerar a célula à parte, parente tão próxima da mônada, para ali poder assinalar a primeira forma vital, certamente bem rudimentar, e que, contudo, apresentando ainda a dualidade, deve ser assinalada como sendo ela própria um meio.*

A obra de Gobineau não pôde ter nenhuma influência no pensamento dos biólogos. O original francês permaneceu desconhecido até os últimos anos. Uma versão alemã foi lançada em 1868, em *Zeitschrift für Philosophie und philosophische Kritik*, pu-

---

58   Publicado por A. B. Duif, Paris: Desclée de Brouwer, 1935.

blicada em Halle por Immanuel Hermann von Fichte, sem produzir nenhum eco. Mas parece interessante ressaltar, por meio de uma aproximação, que o problema da individualidade, sob o aspecto do problema da célula, sugere hipóteses análogas a espíritos tão diferentes quanto os de um histologista puro e um antropólogo mais preocupado com as generalizações metafísicas do que com humildes e pacientes observações.

O que é hoje a teoria celular? Lembremos, inicialmente, apenas as críticas já antigas de Sachs, substituindo a noção de *enérgide* pela de célula, ou seja, a de uma área citoplásmica representando, sem delimitação topográfica estrita, a zona de influência de um dado núcleo; em seguida, as pesquisas de Heidenhein, em 1902, sobre os *metaplasmas*, ou seja, as substâncias intercelulares, tais como as substâncias de base de cartilagens, ossos ou tendões, substâncias tendo perdido, de modo irreversível, toda relação com formações nucleares; por fim, os trabalhos de Dobell, a partir de 1913, e sua recusa de considerar como equivalentes, do ponto de vista anatômico e fisiológico, a célula do metazoário, o protista e o ovo, pois o protista deve ser considerado como um verdadeiro organismo, nas dimensões da célula, e o ovo como uma entidade original, diferente da célula e do organismo, de modo que "a teoria celular deve desaparecer; ela não cessou apenas de ser válida, ela é realmente perigosa". Assinalemos, rapidamente, a importância atribuída cada vez mais aos líquidos do meio interior e às substâncias em solução, nem todos produtos de secreção celular, embora todos sejam, no entanto, "elementos" indispensáveis à estrutura e à vida do organismo.

Queremos nos deter, inicialmente, em alguns trabalhos do "entre duas guerras", atribuídos a três autores diferentes, tanto por seu espírito quanto por sua especialidade de pesquisas, o artigo de Rémy Collin, em 1929, sobre a *Théorie cellulaire et la Vie*,[59] as considerações sobre a célula de Hans Petersen, em 1935, nos pri-

---

59 Em *La Biologie médicale*, n. de abril de 1929. O mesmo autor retomou depois a questão em seu *Panorama de la biologie*. Éditions de la Revue des Jeunes, 1945. p. 73 e segs.

meiros capítulos de sua *Histologie und Mikoskopische Anatomie*,[60] a conferência de Duboscq, em 1939, no lugar da teoria celular em protistologia.[61] A partir de argumentos diferentes, ou diferentemente ressaltados, essas exposições convergem para uma solução análoga que deixamos a Duboscq o cuidado de formular: "Tomamos um caminho errado ao considerar a célula como uma unidade necessária à constituição dos seres vivos". Em primeiro lugar, o organismo dos metazoários dificilmente se deixa assimilar a uma república de células ou a uma construção por somação das células individualizadas, quando se observa o lugar mantido na constituição de sistemas essenciais, tais como o sistema muscular, pelas formações plasmodiais ou sinciciais, ou seja, camadas de citoplasma contínuo salpicado de núcleos. No fundo, no corpo humano, apenas os epitélios são nitidamente celulados. Entre uma célula livre, como o leucócito, e um sincício, como é o músculo cardíaco ou a camada superficial das vilosidades coriais da placenta fetal, todas as formas intermediárias podem se encontrar, notadamente as células gigantes plurinucleadas (policariócitos), sem que se possa dizer com precisão se as camadas sinciciais nascem da fusão de células *previamente independentes ou se é o contrário que se produz*. Com efeito, os dois mecanismos podem ser observados. Mesmo no decorrer do desenvolvimento do ovo, não é certo que toda célula derive da divisão de uma célula preexistente. Émile Rhode pôde demonstrar, em 1923, que com muita frequência, tanto nos vegetais como nos animais, células individualizadas provêm da subdivisão de um plasmódio primitivo.

Mas os aspectos anatômico e ontogenético do problema não são o todo da questão. Mesmo os autores que, tal como Hans Petersen, admitem ser o desenvolvimento do corpo metazoário que constitui o verdadeiro fundamento da teoria celular e que veem na fabricação das *quimeras,* isto é, viventes criados pela coalescência artificialmente obtida de células saídas de ovos de espécies diferentes, um argumento em favor da composição "aditiva" dos

---

60 Munique: Bergmann.
61 *Bulletin de la société zoologique de France*, t. LXIV, n. 2.

viventes complexos, são obrigados a confessar que *a explicação das funções desses organismos contradiz a explicação de sua gênese*. Se o corpo é realmente uma soma de células independentes, como explicar o fato de ele formar um todo funcionando de maneira uniforme? Se as células são sistemas fechados, como o organismo pode viver e agir como um todo? Podemos tentar resolver a dificuldade buscando no sistema nervoso ou nas secreções hormonais o mecanismo dessa totalização. Mas, no que concerne ao sistema nervoso, devemos reconhecer que a maioria das células lhes são atadas de maneira unilateral, não recíproca. E, para o que cabe aos hormônios, devemos confessar que muitos fenômenos vitais, notadamente os de regeneração, são bastante mal explicados por esse modo de regulação, seja qual for a difícil complicação que se lhe atribua. Isso leva Petersen a escrever:

> *Talvez possamos dizer, de um modo geral, que todos os processos nos quais o corpo intervém como um todo – e em patologia há, por exemplo, poucos processos nos quais não é o caso – só dificilmente são tornados inteligíveis pela teoria do estado celular ou teoria das células como organismos independentes... Pela maneira como o organismo celular se comporta, vive, trabalha, mantém-se contra os ataques de seu ambiente e se restabelece, as células são os órgãos de um corpo uniforme.*

Vemos reaparecer, aqui, o problema da individualidade vivente e como o aspecto de uma totalidade, inicialmente rebelde a toda divisão, prevalece sobre o aspecto de atomicidade, termo último suposto de uma divisão iniciada. Portanto, é com muita pertinência que Petersen cita as palavras de Julius Sachs, em 1887, concernindo aos vegetais pluricelulares: "Depende por completo de nossa *maneira de ver*, de olhar as células como organismos independentes elementares ou somente como partes".

Nos anos mais recentes, vimos intensificar as reticências e as críticas relativas à teoria celular em seu aspecto clássico, ou seja, sob a forma dogmática e enrijecida que lhe deram os manuais de ensino, mesmo superior.[62] A consideração, na ordem das substân-

---

62   As linhas que se seguem foram acrescentadas a nosso artigo de 1945. Elas aqui se inserem naturalmente. Não as indicamos tendo em vista pretender

cias constitutivas do organismo, de elementos não celulares e da atenção dada aos modos possíveis de formação de células a partir de massas protoplásmicas contínuas encontra, hoje, muito menos objeções que no tempo em que Virchow, na Alemanha, criticava Schwann por admitir a existência de um citoblastema inicial, e Charles Robin, na França, bancava o retrógrado rabugento. Em 1941, em seu livro *Zwischen Zellen Organisation*, Huzella mostrou que as relações intercelulares e as substâncias extracelulares (por exemplo, a linfa intersticial, ou, então, o que no tecido conjuntivo não se reúne às células) soam pelo menos tão importantes, biologicamente falando, como as próprias células, de tal forma que o vazio intercelular, observado nas preparações microscópicas, está muito longe de ser um nada histológico e funcional. Em 1946, P. Busse Grawitz, em suas *Experimentelle Grundlagen der modernen Pathologie*,[63] pensa poder concluir de suas observações que as células são suscetíveis de aparecer no seio de substâncias fundamentais acelulares. Segundo a teoria celular, devemos admitir que as substâncias fundamentais (por exemplo, o colágeno dos tendões) são secretadas pelas células, sem que se possa estabelecer precisamente como se faz essa secreção. Aqui, o relatório é invertido. Naturalmente, o argumento experimental numa tal teoria é de ordem negativa. Ele confia nas precauções tomadas para impedir a imigração de células na substância acelular onde as vemos progressivamente aparecer. Nageotte, na França, observara com clareza, no decorrer do desenvolvimento do embrião de coelho, que a córnea do olho se apresenta, primeiro, como uma substância homogênea que, durante os três primeiros dias, não contém células, mas pensava, em virtude do axioma de Virchow, que as células posterior-

---

algum dom profético, mas, antes, ao contrário, para enfatizar que algumas novidades são um tanto mais velhas do que o dizem alguns turiferários mais preocupados em explorá-las do que em compreendê-las.

63 Essa obra, publicada em Bâle, tem como subtítulo *Von Cellular zur Molecular-pathologie*. É a versão alemã de uma obra publicada originalmente em espanhol.

mente aparecidas provinham de migrações. No entanto, nunca se pôde constatar o fato dessas migrações.

Por fim, é preciso mencionar que a memória e a reputação de Virchow sofreram, nesses últimos anos e ainda hoje, por parte dos biólogos russos, ataques aos quais a publicidade comumente dada às descobertas inspiradas na dialética marxista-leninista conferiu uma importância um tanto desproporcional à sua significação efetiva, mensurada pelos ensinamentos da história da biologia escrita, é verdade, por burgueses. Desde 1933, Olga Lepechinskaia dedica suas pesquisas ao fenômeno do nascimento de células a partir de matérias vivas acelulares. Sua obra, *Origine des cellules à partir de la matière vivante*, publicada em 1945, foi reeditada em 1950, e deu origem, nessa última ocasião, ao exame e à aprovação das teses que ela contém pela seção de biologia da Academia das Ciências da URSS e à publicação de inúmeros artigos nas revistas.[64] As concepções "idealistas" de Virchow ali foram violentamente criticadas em nome dos fatos de observação e em nome de uma dupla autoridade, a da ciência russa – o fisiologista Setchenow havia, desde 1860, combatido as ideias de Virchow –, e a do materialismo dialético – Engels fizera reservas quanto ao aspecto onivalente da teoria celular em *Anti-Dühring* e em *Dialética da natureza*.[65] Os fatos evocados por Olga Lepechinskaia referem-

---

64 Tomamos emprestada nossa informação de um artigo de Joukov-Berejnikov, Maiski e Kalinitchenko, Des formes acellulaires de vie et de développement des cellules, publicado na compilação de documentos intitulada *Orientation des théories médicales en U.R.S.S.* Paris: Éditions du Centre Culturel et Économique France-U.R.S.S., 1950. Encontraremos, num artigo de André Pierre (*Le Monde*, 18 de agosto de 1950), as referências dos artigos de revistas aos quais aludimos.
65 *Anti-Dühring*. Trad. de Bracke-Desrousseaux, Costes. t. I, p. 105-109.
    Nessa passagem, Engels admite, como todos os partidários da teoria celular, que "em todos os seres orgânicos celulares, da ameba ao homem, as células apenas se multiplicam de uma só e mesma maneira, por cissiparidade" (p. 106). Mas ele pensa que existe uma multidão de seres vivos, dentre os mais elevados, com organização inferior à célula: "Todos os seres têm apenas um ponto comum com os organismos superiores: o fato de

se às observações sobre o desenvolvimento do embrião de frango. O amarelo do ovo fecundado conteriam grãos proteínicos, visíveis no microscópio, capazes de se agregar em esférulas não tendo estrutura celular. Ulteriormente, essas esférulas evoluiriam para a forma típica da célula nucleada, independentemente, é claro, de toda imigração, na massa do amarelo do ovo, de células nascidas, em seu limite, da divisão das células embrionárias. Podemos nos perguntar o que está em jogo numa tal polêmica da qual a história da teoria da teoria celular oferece, nós o vimos, muitos exemplos. Ele consiste essencialmente na aquisição de um argumento novo, e aparentemente maciço, contra a continuidade obrigada das linhagens celulares e, por conseguinte, contra a teoria da continuidade e da independência do plasma germinativo. É um argumento contra Weissmann e, portanto, uma sustentação para as teses de Lyssenko sobre a transmissão hereditária dos caracteres adquiridos pelo organismo individual sob a influência do meio. Se somos incompetentes para examinar, de um ponto de vista científico, a solidez das experiências evocadas das técnicas utilizadas, cabe-nos, contudo, enfatizar que, aqui também, a teoria biológica se prolonga, sem ambiguidade, em tese sociológica e política, e que o retorno a antigas hipóteses de trabalho se legitima, bastante paradoxalmente,

---

que seu elemento essencial é a albumina e que, consequentemente, eles realizam as funções albumínicas, quer dizer, viver e morrer". Entre esses seres, Engels cita "o protamibo, simples grumo albuminoide sem nenhuma diferenciação, toda uma série de outros moneres e todos os sifonados" (ibidem). Ver, também, p. 113-116: "A vida é o modo de existência dos corpos albuminoides etc.". Não se têm dificuldades em reconhecer, aqui, as ideias de Haeckel, e até mesmo sua terminologia própria.

Em *Dialética da natureza* (pelo menos se nos mantivermos nos trechos elogiosamente reproduzidos no artigo citado na nota precedente), as ideias de Engels, para afirmar mais nitidamente a possibilidade de um nascimento de células a partir da albumina viva, e de uma formação da albumina viva a partir de compostos químicos, não nos parecem fundamentalmente diferentes das teses de *Anti-Dühring*.

Sob uma ou outra de suas formas, essas antecipações à maneira de Haeckel não nos dão a impressão – nós o confessamos humildemente – da novidade revolucionária.

numa linguagem progressista. Se as experiências de Olga Lepechinskaia e as teorias que elas suportam resistissem à crítica bem armada e bem informada dos biólogos, nelas veríamos menos a prova do fato "de haver sobre a Terra um país que é o sustentáculo da verdadeira ciência: esse país é a União Soviética",[66] do que uma razão para verificar novamente, sobre a teoria celular e as ideias de Virchow, que, segundo uma palavra célebre, "uma teoria não vale nada quando não se pode demonstrar que ela é falsa".[67]

Quando Haeckel escrevia, em 1904:

> Desde a metade do século XIX, a teoria celular é considerada geralmente, e com justa razão, como uma das teorias biológicas de maior peso. Todo trabalho anatômico e histológico, fisiológico e ontogenético deve se apoiar no conceito de célula tanto quanto no do organismo elementar,[68]

ele acrescentava que nem tudo já estava claro nesse conceito e que todos os biólogos ainda não o tinham adquirido. Mas o que parecia a Haeckel como a última resistência de espíritos estreitos ou retrógrados parece-nos mais, hoje, como uma atenção meritória à própria estreiteza de uma teoria. Certamente, o sentido da teoria celular é bastante claro: é o sentido de uma extensão do método analítico à totalidade dos problemas teóricos formulados pela experiência. Mas o valor dessa mesma teoria reside tanto nos obstáculos suscitados por ela quanto nas soluções que ela permite, notadamente no rejuvenescimento provocado por ela no terreno biológico do velho debate concernente às relações do contínuo e do descontínuo. Sob o nome de célula, é a individualidade biológi-

---

66 Artigo citado, p. 151. Não resistimos à tentação de citar outras afirmações peremptórias extraídas do mesmo artigo: "Foi na Rússia que se começou, pela primeira vez, a estudar a questão da passagem do não vivente ao vivente" (p. 148); "As questões como a origem da vida interessam muito pouco aos sábios servidores do capital; eles não procuram de modo algum desenvolver a biologia no interesse do gênero humano. Os lacaios do imperialismo provam que a vida sobre a Terra deve ser destruída [...]" (p. 150).
67 Essa palavra de Schuster é citada por Léon Brunschvig, L'expérience humaine et la causalité physique, p. 147.
68 Die Lebenswunder, VII Kap: "Lebenseinheiten", Ges. Werke, 1924. IV, p. 173.

ca que está em questão. O indivíduo é uma realidade? Uma ilusão? Um ideal? Não é *uma* ciência, mesmo a biologia, que pode responder a essa questão. E, se *todas* as ciências podem e devem trazer sua contribuição a esse esclarecimento, é duvidoso que o problema seja propriamente científico, no sentido usual desta palavra.[69]

No que concerne à biologia, não é absurdo pensar que, no que toca à estrutura dos organismos, ela caminha para uma fusão de representações e de princípios, análoga àquela realizada pela mecânica ondulatória entre os dois conceitos, aparentemente contraditórios, de onda e de corpúsculo. A célula e o plasmídeo são uma das duas últimas encarnações das duas exigências intelectuais de descontinuidade e de continuidade, incessantemente confrontadas ao longo da elucidação teórica que prossegue desde que os homens pensam. Talvez seja verdade dizer que as teorias científicas, no que concerne aos conceitos fundamentais que elas fazem sustentar em seus princípios de explicação, enxertam-se em antigas imagens e, diríamos nós, em mitos, se esse termo não fosse hoje desvalorizado, com alguma razão, em seguida ao uso que dele foi feito nas filosofias manifestamente edificadas para fins de propaganda e de mistificação. Pois, afinal, esse plasma inicial contínuo, cuja consideração sob nomes diversos forneceu aos biólogos, desde a formulação do problema de uma estrutura comum aos seres vivos, o princípio de explicação evocado pelas insuficiências, em suas opiniões, de uma explicação corpuscular, esse plasma inicial seria outra coisa que não um avatar lógico do fluido mitológico gerador de toda vida, da onda espumante de onde emergiu Vênus? Charles Naudin, o biólogo francês que deixou de descobrir, antes de Mendel, as leis matemáticas da hereditariedade, dizia que o blastema primordial era o lodo da Bíblia.[70] Eis a razão de termos proposto que as teorias não nascem dos fatos que coordenam e que são supostos de tê-las suscitado. Ou,

---

69   Depois de essas linhas terem sido escritas, a tese de Gilbert Simondon, *L'individu et sa génèse physico-biologique*. Paris: PUF, 1964, felizmente contribuiu para o esclarecimento dessas questões.
70   Les espèces affines et la théorie de l'évolution. In: *Revue scientifique de la France et de l'étranger*, 2. série, tomo III, 1875.

mais exatamente, os fatos suscitam as teorias, mas não engendram os conceitos que as unificam interiormente, nem as intenções intelectuais desenvolvidas por elas. Essas intenções vêm de longe, esses conceitos são em número pequeno e, por essa razão, os temas teóricos sobrevivem à sua destruição aparente que uma polêmica e uma refutação se gabam de haver obtido.[71]

Seria absurdo concluir disso que não há nenhuma diferença entre ciência e mitologia, entre uma mensuração e um devaneio. Mas, inversamente, ao querer desvalorizar radicalmente, sob o pretexto de ultrapassagem teórica, antigas intuições, chega-se, insensível mas inevitavelmente, a não mais poder compreender como uma humanidade estúpida teria, um belo dia, se tornado inteligente. Nem sempre se caça o milagre tão facilmente quanto se crê e, para suprimi-lo nas coisas, nós o reintegramos, por vezes, ao pensamento, onde ele não é menos chocante e, no fundo, inútil. Seríamos, portanto, mal-vindos ao concluir, de nosso estudo, que encontramos mais valor teórico no mito de Vênus ou no relato do Gênesis do que na teoria celular. Quisemos simplesmente mostrar que os obstáculos e os limites dessa teoria não escaparam a muitos sábios e filósofos contemporâneos de nascimento, mesmo entre os que mais autenticamente contribuíram para sua elaboração. De modo que a necessidade atual de uma teoria mais maleável e mais compreensiva surpreende apenas os espíritos incapazes de buscar na história das ciências o sentimento de possibilidades teóricas diferentes daquelas com as quais unicamente o ensino dos últimos resultados do saber os tornou familiarizados, sentimento sem o qual não há nem crítica científica, nem futuro da ciência.

---

71 "Mesmo a atividade mais livre do espírito, a imaginação, nunca pode divagar na aventura (embora o poeta tenha a impressão disso), ela permanece ligada às possibilidades performáticas, prototípicas, arquetípicas, ou imagens originais. Os contos dos povos mais longínquos desvelam, pela semelhança de seus temas, essa sujeição a algumas imagens primordiais. Mesmo as imagens que servem de base às teorias científicas se mantêm nos mesmos limites: éter, energia, suas transformações e sua constância, teoria dos átomos, afinidades etc." (C. G. Jung. *Types psychologiques*. Trad. de Le Lay. Genebra, 1950. p. 310).

III

FILOSOFIA

O conhecimento biológico é o ato criador sempre repetido pelo qual a Ideia do organismo se torna para nós cada vez mais um acontecimento vivido, uma espécie de visão, no sentido que lhe dá Goethe, visão que nunca perde o contato com os fatos muito empíricos.

K. Goldstein. *La structure de l'organisme*, p. 318.

Capítulo I

ASPECTOS DO VITALISMO

É muito difícil para o filósofo exercitar-se na filosofia biológica sem correr o risco de comprometer os biólogos utilizados ou citados por ele. Uma biologia utilizada por um filósofo já não é uma biologia filosófica, portanto fantasista? Mas seria possível, sem torná-la suspeita, pedir eventualmente à biologia, apenas a permissão para repensar ou retificar conceitos filosóficos fundamentais, tais como o de vida? E podemos mostrar ressentimento para com o filósofo que se dirige à escola dos biólogos para escolher, nos ensinamentos recebidos, aquele que melhor ampliou e ordenou sua visão?

Disso segue imediatamente que, para esse propósito, devemos esperar pouco de uma biologia fascinada pelo prestígio das ciências físico-químicas, reduzida ou se reduzindo ao papel de satélite dessas ciências. Uma biologia reduzida tem como corolário o objeto biológico anulado como tal, ou seja, desvalorizado em sua especificidade. Ora, uma biologia autônoma quanto ao seu assunto e à sua maneira de apreendê-lo – o que não quer dizer uma biologia ignorando ou desconhecendo as ciências da matéria – arrisca-se sempre, em algum grau, à qualificação, quando não à acusação, de vitalismo. Mas esse termo serviu de etiqueta a tantas extravagâncias que, em um momento no qual a prática da ciência impôs um estilo da pesquisa e, por assim dizer, um código e uma deontologia da vida científica, parece provido de um valor pejorativo no próprio julgamento dos biólogos menos dados a alinhar seu objeto de estudo àquele dos físicos e dos químicos. Há poucos biólogos classificados por suas críticas entre os vitalistas que aceitam de bom grado essa assimilação. Na França, pelo menos, evocar o nome e a fama de Paracelso e de Von Helmont não é fazer um grande cumprimento.

No entanto, é fato que a designação de vitalismo convém, a título aproximativo e em razão da significação que tomou no século XVIII, a toda biologia preocupada com sua independência, no que concerne às ambições anexionistas das ciências da matéria. Importa, aqui, considerar a história da biologia tanto quanto o estado atual das aquisições e dos problemas. Uma filosofia que pede à ciência esclarecimentos de conceitos não pode se desinteressar da construção da ciência. É assim que uma orientação do pensamento biológico, por mais que o nome que lhe damos tenha ressonância histórica limitada, evidencia-se mais significativa do que uma etapa de sua *démarche*.

Não se trata de defender o vitalismo de um ponto de vista científico; o debate só concerne autenticamente aos biólogos. Trata-se de compreendê-lo de um ponto de vista filosófico. Pode ser que para alguns biólogos de hoje, tanto quanto de ontem, o vitalismo se apresente como uma ilusão do pensamento. Mas essa denúncia de seu caráter ilusório convoca, longe de interditá-la ou fechá-la, a reflexão filosófica. Pois a necessidade, ainda hoje, de refutar o vitalismo significa, de duas coisas, uma. Ou trata-se da confissão implícita de que a ilusão em questão não é da mesma ordem que o geocentrismo ou o flogístico, que ela tem uma vitalidade própria. E é preciso, então, dar conta filosoficamente da vitalidade dessa ilusão. Ou trata-se da confissão de que a resistência da ilusão obrigou seus críticos a reforjar seus argumentos e suas armas, e é reconhecer no ganho teórico ou experimental correspondente um benefício cuja importância não pode ser absolutamente sem relação com aquela da ocasião em que ele procede, já que ele deve se voltar para ela e contra ela. Assim, um biólogo marxista diz sobre o bergsonismo, classificado como uma espécie filosófica do gênero vitalismo:

> Disso resulta (da finalidade bergsoniana) uma dialética da vida que, em seu aspecto de conjunto, não é desprovida da analogia com a

III. Filosofia & Aspectos do Vitalismo

> *dialética marxista, no sentido em que as duas são criadoras de fatos e seres novos... Em biologia, do bergsonismo só apresentaria um interesse a crítica do mecanismo, se ela não tivesse sido feita bem antes por Marx e Engels. Quanto à sua parte construtiva, ela é sem valor; o bergsonismo é, em vão, o molde do materialismo dialético.*[1]

O primeiro aspecto do vitalismo, sobre o qual a reflexão filosófica é levada a se interrogar, é, então, em nossa opinião, a vitalidade do vitalismo.

Atesta essa vitalidade a série de nomes que vai de Hipócrates e Aristóteles a Driesch, Von Monakow, Goldstein, passando por Van Helmont, Basthez, Blumenbach, Bichat, Lamark e J. Müller, Von Baer, sem evitar Claude Bernard.

Podemos observar que a teoria biológica se revela, através de sua história, como um pensamento dividido e oscilante. Mecanicismo e Vitalismo se defrontam com o problema das estruturas e das funções; Descontinuidade e Continuidade, com o problema da sucessão das formas; Pré-formação e Epigênese, com o problema do desenvolvimento do ser; Atomicidade e Totalidade, com o problema da individualidade.

Essa oscilação permanente, esse retorno pendular a posições das quais o pensamento parecia estar definitivamente afastado podem ser interpretados de diferentes modos. Num certo sentido, podemos nos perguntar se há verdadeiramente um progresso teórico, à parte da descoberta de fatos experimentais novos, cuja certeza de sua realidade, afinal, não nos consola por completo da

---

[1] Prenant, *Biologie et Marxisme*, p. 230-231. Posteriormente, Prenant formulou a mesma opinião: "O que fez Bergson, em *A evolução criadora*? Duas coisas: de um lado, uma crítica do materialismo mecânico que é, em nossa opinião, uma crítica excelente, tendo se enganado apenas em não a levar mais longe por tê-la aplicado simplesmente à vida. Ao passo que nós pensamos ser ela aplicável também, em outras condições, ao próprio mundo inanimado. Por conseguinte, nesse ponto, estamos de acordo. Censuramo-lo gravemente em Bergson, e o que faz seu misticismo, é que o senhor busca em vão uma conclusão positiva transformável em uma experiência qualquer" (Progrès téchnique et progrès moral. In: *Rencontres Internationales de Génève*, 1947, p. 431; Neuchâtel: Éd. La Baconnière, 1948).

incerteza de sua significação. Num outro sentido, podemos considerar essa oscilação teórica aparente como a expressão de uma dialética desconhecida, o retorno à mesma posição só tendo sentido pelo erro de ótica que leva a confundir um ponto no espaço sempre diferentemente situado sobre uma mesma vertical com sua projeção idêntica sobre um mesmo plano. Mas podemos sustentar, transpondo o processo dialético do pensamento para o real, que o próprio objeto de estudo, a vida, é a essência dialética, e que o pensamento deve se unir à sua estrutura. A oposição Mecanicismo e Vitalismo, Pré-formação e Epigênese é transcendida pela própria vida se prolongando em teoria da vida.

Compreender a vitalidade do vitalismo é engajar-se em uma pesquisa do sentido das relações entre a vida e a ciência em geral, a vida e a ciência da vida mais especialmente.

O vitalismo, tal como definido por Barthez, médico da Escola de Montpellier, no século XVIII, reivindica explicitamente sua tradição hipocrática e essa filiação é, sem dúvida, mais importante do que a filiação aristotélica, pois, se o vitalismo com frequência toma emprestado do aristotelismo muitos termos, do hipocratismo, porém, ele retém, sempre, o espírito.

> Chamo de princípio vital do homem a causa que produz todos os fenômenos da vida no corpo humano. O nome dessa causa é bastante indiferente e pode ser escolhido à vontade. Se prefiro o de princípio vital, é por ele apresentar uma ideia menos limitada que o nome impetum faciens (τὸ ἐνορμών), que lhe dava Hipócrates, ou outros nomes pelos quais se designou a causa das funções da vida.[2]

Não é desprovido de interesse ver no vitalismo uma biologia de médico cético em relação ao poder coercitivo dos remédios. A teoria hipocrática da *natura medicatrix* confere, em patologia, mais importância à reação do organismo e à sua defesa do que à causa mórbida. A arte do prognóstico prevalece sobre a do diagnóstico do qual ele depende. É tão importante prever o desenrolar

---

2 *Nouveaux éléments de la science de l'homme*, 1778.

III. Filosofia ⁊ Aspectos do Vitalismo

da doença quanto determinar sua causa. A terapêutica é feita de prudência tanto quanto de audácia, pois o primeiro dos remédios é a natureza. Assim, vitalismo e naturalismo são indissociáveis. O vitalismo médico é, portanto, a expressão de uma desconfiança, vale dizer instintiva, em relação ao poder da técnica sobre a vida. Aqui, há analogia com a oposição aristotélica entre o movimento natural e o movimento violento. O vitalismo é a expressão da confiança do vivente na vida, da identidade da vida consigo mesma no vivente humano, consciente de viver.

Podemos, então, propor que o vitalismo traduz uma exigência permanente da vida no vivente, a identidade consigo mesma da vida imanente no vivente. Desse modo, explica-se um dos caracteres que os biólogos mecanicistas e os filósofos racionalistas criticam no vitalismo: sua nebulosidade, sua imprecisão. Se o vitalismo é antes de tudo uma exigência, é normal que ele tenha alguma dificuldade para se formular em determinações.

Isso será mais bem realçado em uma comparação com o mecanicismo. Se o vitalismo traduz uma exigência permanente da vida no vivente, o mecanicismo traduz uma atitude permanente do vivente humano diante da vida. O homem é o vivente separado da vida pela ciência, tentando unir-se à vida através da ciência. Se o vitalismo é vago e não formulado como uma exigência, o mecanicismo é estrito e imperioso como um método.

Mecanicismo, nós o sabemos, vem de μηχανή, cujo sentido de *engenho* reúne, por outro lado, sentidos: de astúcia e estratagema, de um lado, e de máquina, de outro. Podemos no perguntar se os dois sentidos não fazem apenas um. A invenção e utilização de máquinas pelo homem, a atividade técnica em geral, não é o que Hegel chama de astúcia da razão? A astúcia da razão consiste em realizar seus próprios fins por intermédio de objetos agindo uns sobre os outros em conformidade com sua própria natureza. O essencial de uma máquina é, de fato, ser uma mediação ou, como dizem os mecânicos, um relé. Um mecanismo não cria nada e é nisso que consiste seu mérito (*in-ars*), mas ele só pode ser construído pela arte e é uma astúcia. O mecanismo, como método científico e como filosofia, é, portanto, o postulado implícito de todo uso das máquinas. A astúcia humana só pode ser bem-sucedida se a natureza não tiver a mesma astúcia. A natureza não pode ser submetida pela arte a não ser que ela própria seja uma arte. Só podemos fazer o cavalo entrar em Troia se nos chamarmos Ulisses e se tivermos de nos haver com inimigos que são melhores forças da natureza do que engenheiros astuciosos. À teoria cartesiana do animal-máquina, sempre opusemos as astúcias do animal para evitar as armadilhas.[3] Leibniz, adotando no prólogo de *Nouveaux Essais* a tese cartesiana dos animais somente capazes de consecuções empíricas (diríamos, hoje, de reflexos condicionados), dá, como prova disso, a facilidade que o homem tem de pegar animais com armadilhas. Reciprocamente, a hipótese do Deus enganador, ou do gênio mau, formulada por Descartes em *Méditations*, equivale a transformar o homem em animal cercado de armadilhas. É impossível atribuir a Deus, no que concerne ao homem, a astúcia do homem para com o animal sem anular o homem como vivente, reduzindo-o à inércia.[4] Mas não estaríamos, então, fundamentados para concluir que a teoria do vivente-máquina é uma astúcia humana que, tomada literalmente, anularia o vivente? Se o animal não é nada mais do que uma máquina, e assim também a natureza inteira, por que tantos esforços humanos para reduzi-los a ela?

Que o vitalismo seja uma exigência mais do que um método e talvez uma moral mais do que uma teoria foi bem percebido por Radl, que disso falava, parece, com conhecimento de causa.[5]

O homem, diz ele, pode considerar a natureza de duas maneiras. Em primeiro lugar, ele *se sente* um filho da natureza e experi-

---

[3] Cf. Morus, *Lettre à Descartes,* 11 de dezembro de 1648; Adam-Tannery. *Correspondance de Descartes.* Paris: Vrin. t. V, p. 244; La Fontaine. *Les deux rats, le renard et l'oeuf.*

[4] "(...) Não poderia, hoje, concordar demasiado com minha desconfiança, já que agora não se trata de agir, mas apenas de meditar e de conhecer", *Primeira Meditação.*

[5] *Geschichte der biologischen Theorien in der Neuzeit.* 2. ed. Leipzig, 1913. I, cap. IV, § 1: "*Der Untergang der biologischen Weltan-schauung*".

menta para com ela um sentimento de pertinência e de subordinação; ele se vê na natureza e vê a natureza nele. Ou, então, ele se põe, diante da natureza como diante de um objeto estranho, indefinível. Um sábio que experimenta em relação à natureza um sentimento filial, um sentimento de simpatia, não considera os fenômenos naturais como estranhos e estrangeiros, mas, de modo muito natural, ele encontra neles vida, alma e sentido. Um tal homem é fundamentalmente um vitalista. Platão, Aristóteles, Galileu, todos os homens da Idade Média e grande parte dos homens do Renascimento foram, nesse sentido, vitalistas. Eles consideravam o universo como um organismo, quer dizer, um sistema harmonioso regulado a um só tempo segundo leis e fins. Eles concebiam a si mesmos como uma parte organizada do universo, uma espécie de célula do universo organismo. Todas as células eram unificadas por uma simpatia interna, de modo que o destino do órgão parcial lhes parecia ter, naturalmente, a ver com os movimentos dos céus.

Se essa interpretação, na qual a psicanálise do conhecimento deve, sem dúvida, encontrar matéria, merece ser mantida, é pelo fato de ela ser recortada pelos comentários de W. Riese concernentes às teorias biológicas de Von Monakow: "Na neurobiologia de Von Monakow, o homem é um filho da natureza que nunca abandona o seio de sua mãe".[6] É certo que o fenômeno fundamental para os vitalistas é o da geração, cujas imagens que suscita tanto quanto os problemas que levanta repercutem em algum grau sobre a significação dos outros fenômenos biológicos. Um vitalista, proporíamos, é um homem induzido a meditar sobre os problemas da vida mais por meio da contemplação de um ovo do que pelo manejo de um guincho ou de um fole de forja (p. 112).

Essa confiança vitalista na espontaneidade da vida, essa reticência – e, até mesmo para alguns, esse horror – em fazer surgir a vida de uma natureza decomposta em mecanismos, ou seja, reduzida paradoxalmente a nada conter de diferente senão uma soma de

---

6   *L'idée de l'homme dans la neurobiologie contemporaine.* Paris: Alcan, 1938. p. 8 (ver também p. 9).

máquinas análogas àquelas criadas pela vontade humana de lutar contra a natureza como contra um obstáculo, encarnam-se tipicamente em um homem como Van Helmont. Ele é um dos três médicos vitalistas que a história da filosofia não pode ignorar. Willis, por causa de Berkeley (*Siris*); Van Helmont, por causa de Leibniz (*Monadologie*); Blumenbach, por causa de Kant (*Crítica do juízo*).

Radl apresenta Van Helmont como um místico, revoltado em Louvain contra a ciência e a pedagogia dos jesuítas (notar-se-á que Descartes foi aluno destes), retornando deliberadamente a Aristóteles e a Hipócrates, mais além de Descartes, Harvey, Bacon, Galileu que ele desdenha ou ignora. Van Helmont crê na potência do mundo, na astrologia, nas feiticeiras, no diabo. Ele considera a ciência experimental e o mecanicismo como obra jesuítica e diabólica ao mesmo tempo. Ele recusa o mecanicismo porque é uma hipótese, ou seja, uma astúcia da inteligência para com o real. A Verdade, segundo ele, é realidade, ela existe. E o pensamento não passa de um reflexo. A Verdade trespassa o homem tal como o raio. Em matéria de conhecimento, Van Helmont é um realista integral.

Ele está longe de admitir, como Descartes, a unidade das forças naturais. Cada ser tem sua força e uma força específica. A natureza é uma infinidade de forças e de formas hierarquizadas. Essa hierarquia comporta as sementes, os fermentos, as Arqueias, as Ideias. O corpo vivo é organizado por uma hierarquia de Arqueias. Esse termo, retomado de Paracelso, designa uma força diretriz e organizadora que tem mais de chefe de exército do que de operário. É um retorno à ideia aristotélica do corpo submetido à alma, tal como o soldado ao chefe, o escravo ao senhor.[7] A esse respeito, notemos ainda uma vez que a hostilidade do vitalismo para com o mecanicismo visa a este último tanto e talvez mais em sua forma tecnológica do que em sua forma teórica.

Como não há vitalidade autêntica que não seja fecunda, o segundo aspecto do vitalismo no qual somos obrigados a nos interessar é sua fecundidade.

---

7   *Politique*, I, II, § 11.

O vitalismo tem, junto a seus críticos, a reputação de ser quimérico. E este termo é, no caso, tanto mais duro quanto o sabem hoje os biólogos fabricar *quimeras* por meio da conjunção de células obtidas pela divisão de ovos de espécies diferentes. Speman fabricou as primeiras quimeras animais por transplante, um sobre o outro, de tecidos de jovens embriões de tritões diferentes pela espécie. Essa fabricação de quimeras foi um argumento preciso contra o vitalismo. Já que se forma um vivente de espécie equívoca, qual é o princípio vital ou entelequia que rege e dirige a cooperação das duas espécies de células? Uma questão de precedência ou de competência se formula entre as duas entelequias específicas? É incontestável que as experiências de Speman e sua teoria do organizador levaram a interpretar o fato das localizações germinais num sentido primeiro aparentemente favorável, do ponto de vista mecanicista.[8] A dinâmica do desenvolvimento do embrião é comandada por uma zona localizada. Por exemplo, no caso do tritão, é o ambiente imediato da boca primitiva. Ora, de um lado, o organizador pode estimular e reger o desenvolvimento de um embrião de espécie diferente sobre o qual foi enxertado; do outro, para fazê-lo, não é necessário que ele esteja vivo – a destruição pelo calor não anula o poder de organização do organizador – e, por fim, é possível assimilar à ação do organizador aquelas substâncias químicas

---

8   O próprio Speman deu o exemplo da maior liberdade de espírito na interpretação desses fatos: "Servimo-nos continuamente de expressões indicando analogias psicológicas e não físicas, o que implica que sua significação ultrapasse a imagem poética. Deve-se então dizer que as reações de um fragmento dado de embrião, provido de suas diversas potencialidades, em conformidade com o 'campo' embrionário no qual está situado, que seu comportamento em uma 'situação' determinada não são reações químicas, ordinárias, simples ou complexas. Isso quer dizer que esses processos de desenvolvimento poderão, um dia, tal como todos os processos vitais, ser analisados em processos químicos ou físicos ou se deixar construir a partir deles – ou então que não poderão sê-lo, segundo a natureza de sua relação com uma outra realidade bem facilmente acessível, tal como os processos vitais, dos quais possuímos o conhecimento mais íntimo, os processos psíquicos" (*Experimentelle Beiträge zur Theorie der Entwicklung*. Springer Ed., 1936. p. 268).

da família dos esteróis preparadas *in vitro* (trabalhos de Needham). Contudo, um fato subsiste – e, aqui, a interpretação mecanicista triunfante por um momento encontra um novo obstáculo: se a ação do organizador não é específica, seu efeito, porém, é específico. Um organizador de rã enxertado em um tritão induz a formação de um eixo nervoso de tritão. Causas diferentes obtêm um mesmo efeito, efeitos diferentes dependem de uma mesma causa. O organizador reduzido a uma estrutura química é, se quisermos, uma causa, mas uma causa sem causalidade necessária. A causalidade pertence ao sistema constituído pelo organizador e pelo tecido no qual o implantamos. A causalidade é a de um todo sobre si mesmo e não de uma parte sobre outra. Aqui está, então, um caso preciso no qual a interpretação quimérica renasce de suas cinzas.

No entanto, é bem verdade que as noções teóricas suscitadas pela exigência vitalista, na presença dos obstáculos encontrados pelas noções teóricas de tipo mecanicista, são noções verbais. Falar de *princípio vital*, como Barthez, de *força vital*, como Bichat, de *entéléquia*, como Driesch, de *hormè*, como Von Monakow, é alojar a questão na resposta muito mais do que fornecer uma resposta.[9] Sobre este ponto, há unanimidade mesmo entre os filósofos mais simpatizantes do espírito do vitalismo. Citemos apenas Cournot (*Matérialisme, Vitalisme, Rationalisme*), Claude Bernard (*Leçons sur les phénomènes de la vie communs aux animaux et aux végétaux*, 1878-1897), Ruyer (*Éléments de psychobiologie*).

A fecundidade do vitalismo se apresenta, à primeira vista, tanto mais contestável quanto, como ele próprio o mostra ingenuamente, tomando frequentemente emprestado do grego a denominação das entidades bastante obscuras que se crê obrigado a invocar, sempre que ele se apresenta como um retorno ao antigo. O vitalismo do Renascimento é um retorno a Platão contra um Aristóteles não muito logicizado. O vitalismo de Van Helmont, de Stahl, de Barthez

---

9   Encontraremos, em Cuénot, *Invention et finalité en biologie* (p. 223), uma lista bastante completa dessas noções verbais forjadas pelos biólogos vitalistas.

é, como se disse, um retorno para além de Descartes ao Aristóteles do *Tratado da Alma*. Para Driesch, o fato é notório. Mas que sentido dar a esse retorno ao antigo? Será uma revalorização dos conceitos cronologicamente mais velhos e, portanto, mais usados, ou uma nostalgia de intuições ontologicamente mais originais e mais próximas de seu objeto? A arqueologia tanto é retorno às fontes quanto amor pelas velharias. Por exemplo, estamos mais perto, sem dúvida, de apreender o sentido biológico e humano da ferramenta e da máquina diante de um sílex talhado ou de um enxó do que diante de uma minuteria de iluminação elétrica ou diante de uma câmera. Ademais, na ordem das teorias, seria preciso estar seguro das origens e do sentido do movimento para interpretar um retorno como um recuo e um abandono como uma reação ou uma traição. O vitalismo de Aristóteles já não era uma reação contra o mecanicismo de Demócrito, assim como o finalismo de Platão, em Fédon, uma reação contra o mecanicismo de Anaxágoras? De todo modo, é certo que o olho do vitalismo busca uma certa ingenuidade de visão antetecnológica, antelógica, uma visão da vida anterior aos instrumentos criados pelo homem para estender e consolidar a vida: a ferramenta e a linguagem. É nesse sentido que Bordeu (1722-1776), o primeiro grande teórico da Escola de Montpellier, chamava Von Helmont de "um desses entusiastas tal como deveria haver um, em cada século, para manter os escolásticos atentos".[10]

Caberia aos fatos e à história se pronunciarem quanto ao problema da fecundidade no vitalismo. É preciso cuidar, primeiro, para não se versarem no ativo do vitalismo aquisições devidas, sem dúvida, a pesquisadores qualificados, mas, *depois* e não *antes* da descoberta desses fatos, dos quais, por conseguinte, as concepções vitalistas procedem, bem longe de elas os terem ali condu-

---

10   *Recherches anatomiques sur les positions des glandes*, § 64, citado por Daremberg em *Histoire des doctrines médicales*, 1870. II, p. 1.157, nota 2.
Auguste Comte viu com clareza que o vitalismo de Barthez responde "em seu pensamento primeiro a uma intenção evidentemente progressiva", quer dizer, a uma reação contra o mecanicismo de Descartes e de Boerhaave (*Cours de Philosophie positive*. XLIII. lição Ed. Schleicher. III, p. 340-342).

zido. Driesch, por exemplo, foi levado ao vitalismo e à doutrina da enteléquia por suas descobertas sobre a totipotencialidade dos primeiros blastômeros do ovo de ouriço marinho fecundado em via de divisão. Mas, nos primeiros tempos (1891-1895), ele conduzira suas pesquisas com a intenção de confirmar os trabalhos de W. Roux sobre o ovo de rã e a doutrina do *Entwicklungsmechanik*.[11]

Dito isso, uma história da ciência bastante sistemática, para não privilegiar nenhum ponto de vista, nenhum preconceito, nos ensinaria, talvez, que a fecundidade do vitalismo como tal está longe de ser nula, que, em particular, tal é a função de circunstâncias históricas e nacionais, bastante difíceis de apreciar quanto à sua significação e entrando, aliás, bem desajeitadamente nos enquadres rígidos da teoria da raça, do meio e do momento ou naqueles mais maleáveis do materialismo histórico.[12]

Sua adesão a concepções vitalistas não impediu G. F. Wolf (1733-1794) de fundar autenticamente a embriologia moderna, graças a observações microscópicas hábeis e precisas, de introduzir a história e a dinâmica na explicação dos momentos sucessivos do *desenvolvimento do ovo*. Coube a um outro vitalista, Von Baer, depois de ter descoberto, em 1827, o ovo dos mamíferos, formular, em 1828, na teoria dos folhetos, o resultado de observações notáveis sobre a produção das primeiras formações embrionárias. Nessa época, ser vitalista não era necessariamente frear o movimento da pesquisa científica.

A história da formação e da teoria celular mostra, entre os precursores e os fundadores, tanto vitalistas quanto mecanicistas.[13]

---

11   Cf. *La Philosophie de l'organisme*. Tradução francesa. Rivière, 1921. p. 41 e segs.
12   Temos um exemplo da exploração nacionalista de uma interpretação racista desses fatos no biólogo alemão Adolf Meyer. Os vitalistas são naturalmente nórdicos. Os latinos, com Baglivi, Descartes e Auguste Comte, são naturalmente mecanicistas, *Fourriérs* do bolchevismo! Isso é tornar a Escola de Montpellier muito barata. Quanto a Comte, ele mantinha, precisamente de Bichat, uma concepção vitalista da vida que o tornou hostil, como se sabe, à teoria celular. Ver Cuénot. *Invention et finalité em biologie*, p. 152.
13   Ver o capítulo precedente sobre "A teoria celular".

Vitalistas na Alemanha (Oken e J. Müller), mecanicistas na França (Brisseau-Mirbel, Dutrochet)? Os fatos são muito mais complexos. Para citar apenas um exemplo, Schwann, considerado a justo título como tendo estabelecido as leis gerais da formação celular (1838), poderia também ser considerado como favorável a algumas concepções antimecanicistas, devido à sua crença na existência de um blastoma formador no qual apareceriam, secundariamente, as células. Se existe um blastoma formador, o vivente não é apenas um mosaico ou uma coalizão de células. Inversamente, Virchow, defensor dogmático da onivalência explicativa do conceito de célula, hostil à teoria do blastoma formador, autor do aforismo *Omnis cellulae cellula*, passa, em geral, por um mecanicista convicto. Mas, na apreciação de J. S. Haldane, a verdade é o inverso disso.[14] Schwann, católico ortodoxo, professor na Universidade Católica de Louvain, era um mecanicista estrito: ele pensava que as células apareciam por precipitação na substância fundamental. A afirmação de que toda célula provém de uma célula preexistente apareceu, diante disso, como uma declaração de vitalismo.

Há um outro domínio geralmente pouco conhecido, no qual os biólogos vitalistas podem reivindicar descobertas tão autênticas quanto inesperadas: é o da neurologia. A teoria do reflexo – não dizemos a descrição experimental ou clínica dos movimentos automáticos – deve, provavelmente, quanto à sua formação, mais aos vitalistas do que aos mecanicistas do século XVII (Willis) ao começo do século XIX (Pflüger). É certo que Prochaska – para citar apenas ele – participa dessa tradição de biólogos que foram levados à noção de reflexo por suas teorias vitalistas sobre o *sensorium commune* e a alma medular. A mecanização ulterior da teoria reflexa não muda nada em suas origens.[15]

---

14   *The Philosophy of a biologist*. Oxford, 1935. p. 36.
15   Depois da redação da presente passagem, tratamos essa questão em toda sua extensão. Cf. nossa tese de *Doctorat às lettres*: *La Formation du concept de réflexe aux XVIIe et XVIIIe siècles*. Paris: PUF, 1955 ; 2. ed. Paris: Vrin, 1977.

Mas a história mostraria também que, com muita frequência, o biólogo vitalista, mesmo que em sua juventude tenha participado do avanço das ciências por meio de trabalhos experimentais confirmados, acaba, numa idade mais avançada, pela especulação filosófica e prolonga a biologia pura por meio de uma biologia filosófica. Ele é livre, em suma. Todavia, o que estamos fundamentados para lhe criticar é o fato de ele se prevalecer, no terreno filosófico, de sua qualidade de biólogo. O biólogo vitalista que se tornou filósofo da biologia acredita levar para a filosofia esses capitais, que, na realidade, só lhe trouxeram *rendimentos* que não cessam de baixar na bolsa dos valores científicos, pelo simples fato de que se prossegue a pesquisa da qual ele não mais participa. Esse foi o caso de Driesch, que abandonou a pesquisa científica em prol da especulação e até mesmo do ensino da filosofia. Aqui, há uma espécie de abuso de confiança sem premeditação. O prestígio do trabalho científico lhe chega primeiro de seu dinamismo interno. O antigo cientista se vê privado desse prestígio junto aos cientistas militantes. Ele acredita conservá-lo junto aos filósofos. Não deve ser nada disso. Sendo a filosofia uma empreitada autônoma de reflexão, ela não admite nenhum prestígio, nem mesmo o do erudito, com mais razão ainda de um ex-erudito.

Podemos reconhecer esses fatos sem buscar sua justificação na exigência vitalista? A confiança vitalista na vida não se traduz numa tendência a se deixar levar à preguiça, numa falta de ardor para com a pesquisa biológica? Não haveria, nesses postulados do vitalismo, uma razão interna de esterilidade intelectual, tal como desconfiam e até mesmo afirmam energicamente seus adversários?

O vitalismo não passaria da transposição em proibições dogmáticas dos limites do mecanicismo e da explicação físico-química da vida? Estaríamos nós na presença de uma falsa concepção da noção de fronteira epistemológica, para retomar a expressão de G. Bachelard?[16] O vitalismo é outra coisa que a recusa dos prazos

---

16 *Critique préliminaire du concept de frontière épistémologique.* Congresso Internacional de Filosofia de Praga, 1934.

demandados pelo mecanicismo para concluir sua obra? É a essa recusa que Jean Rostand o reconduz:

> *O mecanicismo tem, no momento atual, uma posição extremamente sólida e não vemos quase nada que podemos lhe responder quando, fortalecido por seus sucessos cotidianos, ele pede simplesmente prazos para concluir sua obra, a saber: para explicar completamente a vida sem a vida.*[17]

Como observa G. Bachelard:

> *Toda fronteira absoluta proposta à ciência é a marca de um problema mal formulado... Devemos temer que o pensamento científico guarde traços das limitações filosóficas... As fronteiras oprimentes são fronteiras ilusórias.*

Essas considerações, muito justas em si e perfeitamente adaptadas ao nosso problema valem, com efeito, para o vitalismo, uma vez que podemos identificá-lo com uma doutrina de partilha da experiência a ser explicada, tal como ela se apresenta em um biólogo como Bichat. De acordo com este, os atos da vida opõem à invariabilidade leis físicas sua instabilidade, sua irregularidade, como um "obstáculo no qual vieram fracassar todos os cálculos dos físico-médicos do século passado".

> *A física, a química, acrescenta ele, se tocam porque as mesmas leis presidem a seus fenômenos. Mas um imenso intervalo as separa da ciência dos corpos organizados, porque uma enorme diferença existe entre suas leis e as da vida. Dizer que a fisiologia é a física dos animais é dar sobre ela uma ideia extremamente inexata. Gostaria também de dizer que a astronomia é a fisiologia dos astros.*[18]

Em suma, o vitalista clássico admite a inserção do vivente em um meio físico de cujas leis ele constitui uma exceção. A nosso ver, essa é a falta filosoficamente indesculpável. Não pode haver império em um império, caso contrário não há mais nenhum império, nem como continente nem como conteúdo. Só há uma filosofia do

---

17 *La vie et ses problèmes*. Paris: Flammarion, 1939. p. 155 (destaque nosso).
18 *Recherches physiologiques sur la vie et la mort*, 1800; artigo 7, § 1, "Différence des forces vitales d'avec les lois physiques". Paris: Vrin, 1982.

império, a que recusa a divisão, o imperialismo. O imperialismo dos físicos ou dos químicos é, portanto, perfeitamente lógico, estendendo ao máximo a expansão da lógica ou a lógica da expansão. Não se pode defender a originalidade do fenômeno biológico e, por conseguinte, a originalidade da biologia, delimitando no território físico-químico, num ambiente de inércia ou de movimentos determinados do exterior, enclaves de indeterminação, zonas de dissidência, lares de heresia. Se a originalidade do biológico deve ser reivindicada é como originalidade de um reino sobre o todo da experiência e não sobre ilhotas na experiência. Por fim, o vitalismo clássico só pecaria, paradoxalmente, por excesso de modéstia, por sua reticência a universalizar sua concepção da experiência.

Quando se reconhece a originalidade da vida, deve-se "compreender" a matéria na vida e a ciência da matéria, que é a ciência simplesmente, na atividade do vivente. A física e a química, buscando reduzir a especificidade do vivente, apenas permanecem, em suma, fiéis à sua intenção profunda de determinar leis entre objetos, válidas fora de qualquer referência a um centro absoluto de referência. Finalmente, essa determinação as levou a reconhecer, hoje, a imanência do mensurador ao mensurado e o conteúdo dos protocolos de observação relativo ao próprio ato de observação. O meio no qual se quer ver aparecer a vida só tem, então, algum sentido de meio, pela operação do vivente humano que ali efetua medidas com as quais sua relação com os aparelhos e com os procedimentos técnicos é essencial. Depois de três séculos de física experimental e matemática, meio que, para a física, primeiro significava meio ambiente, passa a significar, para a física e para a biologia, centro. Ele passa a significar o que significa originalmente. A física é uma ciência dos campos, dos meios. Mas acabou-se descobrindo que, para haver meio ambiente, é preciso haver centro. É a posição de um vivo referindo-se à experiência que ele vive em sua totalidade que dá, ao meio, o sentido de condições de existência. Só um vivente, *infra-humano,* pode coordenar um meio. Explicar o centro pelo meio ambiente pode parecer um paradoxo.

Essa interpretação não retira nada de uma física tão determinista quanto ela quiser e puder; não lhe retira nenhum de seus objetos. Mas ela inclui a interpretação física em uma outra, mais ampla e mais compreensiva, já que o sentido da física ali é justificado e a atividade do físico integralmente garantida.

Mas, uma teoria geral do meio, de um ponto de vista autenticamente biológico, ainda está para ser feito para o homem técnico e cientista, no sentido tentado por Von Uexküll, para o animal, e Goldstein, para o doente.[19]

Assim compreendido, um ponto de vista biológico sobre a totalidade da experiência aparece como perfeitamente honesto, no que concerne ao homem cientista, especialmente o físico, e ao homem vivo. Ora, acontece que esse caráter de honestidade é contestado por seus adversários, mecanicistas ou materialistas, junto a uma biologia ciosa de sua autonomia metódica e doutrinal. Aqui está, portanto, o terceiro aspecto do vitalismo que nos propomos a examinar.

O vitalismo é considerado, por seus críticos, como cientificamente retrógrado – e já dissemos qual sentido, em nossa opinião, deve ser dado a esse retorno – mas, também, como politicamente reacionário ou contrarrevolucionário.

O vitalismo clássico (séculos XVII e XVIII) propicia essa acusação pela relação que ele sustenta com o animismo (Stahl), ou seja, a teoria segundo a qual a vida do corpo animal depende da existência e da atividade de uma alma provida de todos os atributos da inteligência – "Esse princípio vital, ativo e vivificante, do homem, dotado da faculdade de raciocinar, quero dizer, a alma sensata tal como ela é..."[20] – e agindo sobre o corpo como uma substância sobre uma outra da qual ela é ontologicamente distinta. A vida é, aqui, para o corpo vivo, o que a alma cartesiana é para

---

19 Ver mais adiante o capítulo "Le vivant et son milieu". Sobre esse mesmo problema, encontraremos indicações sugestivas na obra citada de J. S. Haldane, cap. II.
20 Stahl, citado por Daremberg. *Histoire des doctrines médicales*. II, p. 1.029. Na mesma obra, Daremberg diz muito justamente (p. 1.022): "Se o espírito de partido religioso ou a teologia pura não tivessem se apossado do animismo, essa doutrina não teria sobrevivido a seu autor".

o corpo humano, que ela não anima, mas cujos movimentos ela rege voluntariamente. Assim também, a alma cartesiana não deixaria de ser tudo o que ela é, mesmo que os corpos não fossem vivos. O vitalismo contaminado pelo animismo sucumbe, então, às mesmas críticas, a um só tempo filosóficas e políticas, que o espiritualismo dualista. As mesmas razões que fazem ver no espiritualismo uma filosofia reacionária fazem considerar a biologia vitalista como uma biologia reacionária.

Hoje, sobretudo, a utilização pela ideologia nazista de uma biologia vitalista, a mistificação que consistiu em utilizar as teorias da *Ganzheit* contra o liberalismo individualista, atomicista e mecanicista, exaltando forças e formas sociais totalitárias e a conversão bastante facilitada de biólogos vitalistas ao nazismo vieram confirmar essa acusação, que foi formulada por filósofos positivistas como Philipp Frank[21] e pelos marxistas.

É certo que o pensamento de Driesch oferece a considerar um caso típico de transplante do conceito biológico de totalidade orgânica para o terreno político. Depois de 1933, a entelequia se tornou um *Führer*[22] do organismo. Seria o vitalismo ou o caráter de Driesch o responsável dessa justificação pseudocientífica do *Führerprinzip*? Seria o darwinismo ou o caráter de Paul Bourget o responsável da exploração do conceito de seleção natural no plano da política em certa resposta à *Enquête sur la Monarchie* de Maurras? Trata-se de biologia ou de parasitismo da biologia? Não se poderia pensar que a política retira da biologia o que ela lhe havia primeiramente emprestado? A noção aristotélica de uma alma, que é para o corpo o que o chefe político ou doméstico é para a cidade ou para a família, a noção de arqueia, em Van Helmont, como general do exército, são prefigurações das teorias de Driesch. Ora, em Aristóteles, a estrutura e as funções do organismo são expostas por meio de analogias com uma ferramenta inteligentemente diri-

---

21 *Le principe de causalité et ses limites*. Paris: Flammarion, 1937, cap. III.
22 *Die Ueberwindung des Materialismus*, 1935: "Eine Maschine als Werkzeug für den Führer – aber der Führer ist die Hauptsache", p. 59.

gida e com a sociedade humana unificada pelo comando.[23] O que está em questão, no caso da exploração pelos sociólogos nazistas de conceitos biológicos antimecanicistas, é o problema das relações entre o organismo e a sociedade. Nenhum biólogo, como tal, pode dar a esse problema uma resposta que encontre uma garantia de autoridade nos fatos biológicos isolados. É tão absurdo buscar na biologia uma justificação para uma política e uma economia de exploração do homem pelo homem quanto seria absurdo negar ao organismo vivo todo caráter autêntico de hierarquia funcional e de integração das funções de relação com níveis ascendentes (Scherrington), porque se é partidário, por razões de justiça social, de uma sociedade de classes.

Ademais, não foi apenas a biologia vitalista que os nazistas anexaram para orientá-la em direção às suas conclusões interessadas. Eles também trouxeram para si tanto a genética a fim de justificar uma eugênica racista, técnicas de esterilização e de inseminação artificial quanto o darwinismo para a justificação de seu imperialismo, de sua política do *Lebensraum*. Não se pode censurar uma biologia, preocupada com sua autonomia, por sua utilização pelos nazistas, tanto quanto não se pode censurar a aritmética e o cálculo dos interesses compostos por sua utilização pelos banqueiros ou atuários capitalistas. A conversão interessada de alguns biólogos ao nazismo não prova nada contra a qualidade dos fatos experimentais e das suposições consideradas racionais para dar conta destes aos quais esses biólogos, antes de sua conversão, acreditaram dever aderir como cientistas. Não se é obrigado a alojar, na biologia, sob a forma de consequências logicamente inevitáveis, a atitude que, por falta de caráter e por falta de solidez filosófica, alguns filósofos adotaram.

Se buscarmos o sentido do vitalismo em suas origens e sua pureza em sua fonte, não teremos a tentação de recriminar Hipócrates ou os humanistas do Renascimento pela desonestidade de seu vitalismo.

---

23   Cf. *Du mouvement des animaux*.

Devemos, no entanto, reconhecer que não é sem interesse e não é inteiramente falso apresentar os retornos ofensivos ou defensivos do vitalismo como ligados a crises de confiança da sociedade burguesa na eficácia das instituições capitalistas. Mas essa interpretação do fenômeno pode parecer demasiado fraca, mais do que demasiado forte, no sentido epistemológico, é claro. Ela pode parecer demasiado fraca uma vez que ela apresenta, como fenômeno de crise social e política, um fenômeno de crise biológica na espécie humana, um fenômeno que decorre de uma filosofia tecnológica e não apenas de uma filosofia política. Os renascimentos do vitalismo traduzem, talvez, de maneira descontínua, a desconfiança permanente da vida diante da mecanização da vida. É a vida buscando recolocar o mecanicismo em seu lugar na vida.

Por fim, a interpretação dialética dos fenômenos biológicos defendida pelos filósofos marxistas é justificada, mas ela o é por haver na vida rebeldia à sua mecanização.[24] Se a dialética em biologia é justificável é por haver, na vida, o que suscitou o vitalismo, sob a forma de exigência mais do que de doutrina, e que explica sua vitalidade, a saber, sua espontaneidade própria, o que Claude Bernard exprimia, dizendo: "A vida é a criação".[25]

No entanto, é mais fácil denunciar por meio das palavras o mecanicismo e o cientificismo em biologia do que renunciar, de fato, a seus postulados e às atitudes que eles comandam. Atentos ao que a vida apresenta de invenção e de irredutibilidade, os biólogos marxistas deveriam louvar, no vitalismo, sua objetividade diante de algumas características da vida. E, sem dúvida, um biólogo inglês, J. B. S. Haldane, filho de J. B. Haldane, escreve, em seu livro *La Philisophie marxiste et les sciences*, que uma teoria como a de Samuel Butler, que situa, numa perspectiva lamarckiana, a consciência no princípio da vida[26], não contém, *a priori*, nada com que

---

24 Portanto, não é surpreendente ver um positivista como Ph. Frank tão reticente diante da dialética marxista em biologia quanto diante do vitalismo. Ver a obra citada, p. 116, 117, 120.
25 *Introduction à la Médecine expérimentale*, II parte, cap. II.
26 Cf. *La vie et l'habitude*.

o materialismo dialético não pudesse eventualmente se acomodar. Mas, nesse sentido, ainda não lemos nada disso na França.[27]

Em compensação, Jean Wahl, em seu *Tableau de la Philosophie française*,[28] felizmente esclareceu a parte considerável de vitalismo que subsiste na obra de tais filósofos do século XVIII, em geral considerados como materialistas. Ali, Diderot nos é apresentado como um filósofo tendo o sentido de unidade da vida, situando-se "no caminho que vai de Leibniz a Bergson"; sua doutrina é caracterizada como um "materialismo vitalista", como um "retorno ao Renascimento".[29]

Restituir justiça ao vitalismo, afinal, é tão somente restituir-lhe a vida.

---

27   Cf. nossa Note sur la situation faite en France à la philosophie biologique. In: *Revue de Métaphysique et de Morale*, outubro de 1947.
28   Éditions de la *Revue Fontaine*. Paris, 1946.
29   Cf. p. 75-82.

Capítulo II

MÁQUINA E ORGANISMO

Depois de ter sido por muito tempo admitida como um dogma para os biólogos, a teoria mecânica do organismo é hoje considerada como uma visão estreita e insuficiente pelos biólogos que se reconhecem partidários do materialismo dialético. O fato de ainda ocupar-se com um ponto de vista filosófico pode então tender a confirmar a ideia, bastante difundida, de que a filosofia não tem domínio próprio, que ela é um parente pobre da especulação e que ela é obrigada a se valer das vestimentas usadas e abandonadas pelos doutos. Gostaríamos de tentar mostrar que o assunto é muito mais amplo, muito mais complexo e filosoficamente mais importante do que se supõe, ao reduzi-lo a uma questão de doutrina e de método em biologia.

Esse problema é bem do tipo daqueles dos quais se pode dizer que a ciência que deles se apropriaria é, ela própria, também um problema, pois, se já existem bons trabalhos de tecnologia, a própria noção e os métodos de uma "organologia" são ainda muito vagos. De modo que, paradoxalmente, a filosofia indicaria para a ciência um lugar a ser tomado, muito longe de vir ocupar, com atraso, uma posição desertada. É que o problema das relações da máquina com o organismo, em geral, só foi estudado num sentido único. A partir da estrutura e do funcionamento da máquina já construída, quase sempre se buscou explicar a estrutura e o funcionamento do organismo. Mas raramente se procurou compreender a própria construção da máquina a partir da estrutura e do funcionamento do organismo.

Os filósofos e os biólogos mecanicistas consideraram a máquina como dada ou, se estudaram sua construção, eles resolveram o problema invocando o cálculo humano. Eles apelaram para o engenheiro, ou seja, no fundo, apelaram para o sábio. Excedidos pela ambiguidade do termo mecânica, viram, nas máquinas, apenas teoremas solidificados, exibidos *in concreto* por meio de uma operação de construção inteiramente secundária, simples aplicação de um saber consciente de seu alcance e seguro de seus efeitos. Ora, pensamos não ser possível tratar o problema biológico do organismo-máquina separando-o do problema tecnológico que ele supõe resolvido: o das relações entre a técnica e a ciência. Geralmente, esse problema é resolvido no sentido da anterioridade a um só tempo lógica e cronológica do saber sobre suas aplicações. Mas gostaríamos de tentar mostrar que não se pode compreender o fenômeno de construção das máquinas mediante recorrência a noções de natureza autenticamente biológica sem se engajar, ao mesmo tempo, no exame do problema da originalidade do fenômeno técnico em relação ao fenômeno científico.

Portanto, estudaremos sucessivamente: o sentido de assimilação do organismo a uma máquina; as relações do mecanicismo e da finalidade; a reviravolta da relação tradicional entre máquina e organismo; as consequências filosóficas dessa reviravolta.

Para um observador escrupuloso, os seres vivos e suas formas apresentam raramente, com exceção dos vertebrados, dispositivos que possam dar a ideia de um mecanismo, no sentido que os sábios dão a esse termo.

Em *La pensée technique*,[1] por exemplo, Julien Pacotte observa que as articulações dos membros e os movimentos do globo ocular respondem, no organismo vivo, ao que os matemáticos chamam de mecanismo. Podemos definir a máquina como uma construção artificial, obra do homem, cuja função essencial depende de mecanismos. Um mecanismo é uma configuração de sólidos em movimento, de tal forma que o movimento não abole a configuração.

---

1   Paris: Alcan, 1931.

III. Filosofia ⁊ Máquina e Organismo

O mecanismo é, então, um agrupamento de partes deformáveis com restauração periódica das mesmas relações entre partes. O agrupamento consiste em um sistema de ligações comportando graus de liberdade determinados: por exemplo, um pêndulo, uma válvula articulada a um dente (*une soupape sur came*), comportam um grau de liberdade; uma porca em um eixo filetado comporta dois graus. A realização material desses graus de liberdade consiste em guias, ou seja, em limitações de movimentos de sólidos ao contato. Em toda máquina, o movimento é, portanto, função do agrupamento, e o mecanismo, função da configuração. Encontrar-se-á, por exemplo, na obra bastante conhecida, *La Cinématique*, de Reuleaux,[2] os princípios fundamentais de uma teoria geral dos mecanismos assim compreendidos.

Os movimentos produzidos, mas não criados pelas máquinas, são deslocamentos geométricos e mensuráveis. O mecanismo regula e transforma um movimento cuja impulsão lhe é comunicada. Mecanismo não é motor. Um dos exemplos mais simples dessas transformações de movimentos consiste em recolher, sob a forma de rotação, um movimento inicial de translação, por intermédio de dispositivos técnicos, tais como a manivela ou o excêntrico.

Naturalmente, os mecanismos podem ser combinados por superposição ou por composição. Podemos construir mecanismos que modificam a configuração de um mecanismo primitivo e tornam uma máquina alternativamente capaz de muitos mecanismos. É o caso das modificações operadas por desencadeamento e encadeamento. Por exemplo: o dispositivo de roda livre em uma bicicleta.[3]

Já foi dito que o que constitui a regra na indústria humana é a exceção na estrutura dos organismos e a exceção na natureza. E, aqui, devemos acrescentar que, na história das técnicas, das invenções do homem, as configurações por agrupamento não são primitivas. As mais antigas ferramentas conhecidas são de uma

---
2   Traduzida do alemão para o francês em 1877.
3   Sobre tudo o que concerne às máquinas e aos mecanismos, cf. Pacotte. *La pensée technique*, cap. III.

peça. Por outro lado, a construção de machados ou de flechas pela junção de um sílex e de um cabo, a construção de redes ou de tecidos não são feitos primitivos. Sua aparição é geralmente datada do final do quaternário.

Esse breve lembrete de noções elementares de cinemática não nos parece inútil para permitir formular, em toda sua significação paradoxal, o seguinte problema: como explicar que se tenha buscado nas máquinas e nos mecanismos, tal como definidos precedentemente, um modelo para a inteligência da estrutura e das funções do organismo?

A essa questão, parece ser possível responder, porque a representação de um modelo mecânico do ser vivo não recorre unicamente a mecanismos de tipo cinemático. Uma máquina, no sentido já definido, não se basta a si própria, pois deve receber, aliás, um movimento que ela transforma. Por conseguinte, só a representamos em movimento em sua associação com uma fonte de energia.[4]

Durante muito tempo, os mecanismos cinemáticos receberam seu movimento do esforço muscular humano ou animal. Naquele estágio, era evidentemente tautológico explicar o movimento do vivente por assimilação ao movimento de uma máquina, dependendo, quanto a esse próprio movimento, do esforço muscular do vivente. Por conseguinte, a explicação mecânica das funções da vida supõe historicamente – o que é mostrado com muita frequência – a construção de autômatos cujo nome significa, a um só tempo, o caráter miraculoso e a aparência de autossuficiência de um mecanismo transformando uma energia que não é, pelo menos de imediato, o efeito de um esforço muscular humano ou animal.

É o que se destaca da leitura de um texto muito conhecido:

> *Examinem com alguma atenção a economia física do homem: o que vocês encontram ali? As mandíbulas armadas de dentes, o que são elas senão pinças? O estômago não passa de uma retorta; as veias, as*

---

4   Segundo Marx, a ferramenta é movida pela força humana, ao passo que a máquina é movida por força natural. Cf. *Le capital*. Tradução de Molitor. tomo II, p. 8.

III. Filosofia ▩ Máquina e Organismo   111

artérias, o sistema inteiro de vasos são tubos hidráulicos; o coração é uma mola; as vísceras não passam de filtros, peneiras, crivos; o pulmão é apenas um fole. O que são os músculos senão cordas? O que é o ângulo ocular senão uma roldana? E assim por diante. Deixemos os químicos com suas grandes palavras como "fusão", "sublimação", "precipitação" quererem explicar a natureza e buscar, assim, estabelecer uma filosofia à parte. É também incontestável que todos esses fenômenos devem se reportar às leis do equilíbrio, do ângulo, da corda, da mola e dos outros elementos da mecânica.

Esse é um texto que não vem de quem se poderia acreditar, pois é tomado emprestado de *Praxix Medica*, obra publicada em 1696, escrita por Baglivi (1668-1706), médico italiano da escola dos iatromecanicistas. Essa escola, fundada por Borelli, sofreu, parece, de modo incontestável, a influência de Descartes, embora na Itália ela seja ligada mais de bom grado a Galileu, por razões de prestígio nacional.[5] Esse texto é interessante por situar no mesmo plano, como princípios de explicação, o ângulo, a corda, a mola. No entanto, é claro que, do ponto de vista mecânico, há uma diferença entre esses instrumentos, pois se a corda é um mecanismo de transmissão e o ângulo um mecanismo de transformação para um movimento dado, a mola é um motor. Sem dúvida, é um motor que restitui o que lhe foi emprestado, mas, aparentemente, no momento da ação ele é provido de independência. No texto de Baglivi, o coração – o *primum movens* – é assimilado a uma mola. Nele reside o motor de todo o organismo.

Portanto, para a formação de uma explicação mecânica dos fenômenos orgânicos, é indispensável que, ao lado das máquinas no sentido de dispositivos cinemáticos, existam máquinas no sentido de motores, retirando sua energia, no momento em que esta é utilizada, de uma outra fonte que não o músculo animal. Essa é a razão, embora esse texto de Baglivi deva nos remeter a Descartes, pela qual devemos, na realidade, fazer remontar a Aristóteles a assimilação de um organismo a uma máquina. Quando tratamos

---
5   Sobre isso, ver *Histoire des doctrines médicales*, de Daremberg, Paris, 1870. tomo II, p. 876.

da teoria cartesiana do animal-máquina, nós nos vemos bastante embaraçados para elucidar se Descartes, nessa matéria, teve, ou não, precursores. Os que procuram os ancestrais de Descartes citam, em geral, Gomez Pereira, médico espanhol da segunda metade do século XVI. É bem verdade que Pereira, antes de Descartes, pensa em poder demonstrar que os animais são puras máquinas e que, de todo modo, eles não têm essa alma sensitiva que com tanta frequência lhes foi atribuída.[6] Todavia, por outro lado, é incontestável ter sido Aristóteles que encontrou, na construção de máquinas para o cerco de cidades, como as catapultas, a permissão de assimilar os movimentos dos animais aos movimentos mecânicos automáticos. Esse fato foi bastante esclarecido por Alfred Espinas, no artigo L'Organisme ou la machine vivante en Grèce au IVe siècle avant J. C.[7] Espinas ressalta o parentesco dos problemas tratados por Aristóteles em seu tratado *De motu animalium* e em sua compilação das *Quaestiones mechanicae*. Aristóteles assimila efetivamente os órgãos do movimento animal aos *organa*, ou seja, a partes de máquina de guerra, por exemplo, ao braço de uma catapulta que lançará um projétil, e o desenrolar desse movimento ao das máquinas capazes de restituir, depois da liberação por desencadeamento, uma energia estocada, máquinas automáticas das quais as catapultas eram o tipo, na época. Aristóteles, na mesma obra, assimila o movimento dos membros a mecanismos no sentido que lhes foi dado mais acima. De resto, sobre esse ponto, era fiel a Platão que, no *Timeu*, define o movimento das vértebras como o de dobradiças e gonzos.

É verdade que, em Aristóteles, a teoria do movimento é bem diferente do que ela será em Descartes. Segundo Aristóteles, o princípio de todo movimento é a alma. Todo movimento requer um primeiro motor. O movimento supõe o imóvel. O que move o corpo é o desejo e o que explica o desejo é a alma, assim como o que explica a

---

6   *Antonia Margarita; opus physicis, medicis ac theologies non minus utile quam necessarium*, Medina del Campo, 1555-1558.
7   *Revue de Métaphysique et de Morale*, 1903.

potência é o ato. Apesar dessa diferença de explicação do movimento, resta que, em Aristóteles, tal como mais tarde em Descartes, a assimilação do organismo a uma máquina pressupõe a construção, pelo homem, de dispositivos nos quais o mecanismo automático está ligado a uma fonte de energia cujos efeitos motores se desenvolvem no tempo, longo tempo depois da cessação do esforço humano ou animal que restituem. É essa diferença entre o momento da restituição e o da estocagem da energia restituída pelo mecanismo que permite o esquecimento da relação de dependência entre os efeitos do mecanismo e a ação de um vivente. Quando Descartes procura analogias valendo-se das máquinas para a explicação do organismo, ele invoca autômatos de mola, autômatos hidráulicos. Consequentemente, ele se torna tributário, intelectualmente falando, das formas da técnica de sua época, da existência de grandes relógios e dos relógios de algibeira, dos moinhos de água, das fontes artificiais, órgãos etc. Podemos, então, dizer que, enquanto o vivente humano ou animal estiver "colado" à máquina, a explicação do organismo pela máquina não pode nascer. Essa explicação só pôde ser concebida no dia em que a engenhosidade humana construiu aparelhos imitando movimentos orgânicos, por exemplo, o jato de um projétil, o vaivém de uma serra, cuja ação, pondo-se à parte a construção e o desencadeamento, prescinde do homem.

Acabamos de repetir por duas vezes: *pode* nascer. Isso equivaleria a dizer que essa explicação *deve* nascer? Como então dar conta da aparição, em Descartes, com uma nitidez e até mesmo uma brutalidade que não deixam nada a desejar, de uma interpretação mecanicista dos fenômenos biológicos? Essa teoria está evidentemente relacionada com uma modificação da estrutura econômica e política das sociedades ocidentais, mas a natureza dessa relação é obscura.

Esse problema foi abordado por P.-M. Schuhl em seu livro *Machinisme et Philosophie*.[8] Schuhl mostrou que na filosofia antiga a oposição entre a ciência e a técnica recobre a oposição entre o li-

---

8   Paris: Alcan, 1938.

beral e o servil e, mais profundamente, a oposição entre a natureza e a arte. Schuhl se refere à oposição aristotélica entre o movimento natural e o movimento violento. Este é engendrado pelos mecanismos para contrariar a natureza e tem como características: 1) esgotar-se rapidamente; 2) nunca engendrar um hábito, ou seja, uma disposição permanente a se reproduzir.

Temos aqui um problema, por certo muito difícil, da história da civilização e da filosofia da história. Em Aristóteles, a hierarquia do liberal e do servil, da teoria e da prática, da natureza e da arte, é paralela a uma hierarquia econômica e política, a hierarquia na cidade do homem livre e dos escravos. O escravo, diz Aristóteles em *A Política*,[9] é uma máquina animada. Disso decorre o problema apenas indicado por Schuhl: será a concepção grega da dignidade da ciência que engendra o desdém da técnica e, por conseguinte, a indigência das invenções e, assim, num certo sentido, a dificuldade de transpor para a explicação da natureza os resultados da atividade técnica? Ou será a ausência de invenções técnicas, que se traduz pela concepção da eminente dignidade de uma ciência puramente especulativa, de um saber contemplativo desinteressado? É o desdém para com o trabalho que é a causa da escravidão ou a abundância de escravos em relação com a supremacia militar que engendra o desdém para com o trabalho? Será que se deve explicar aqui a ideologia pela estrutura da sociedade econômica, ou a estrutura pela orientação das ideias? Será a facilidade da exploração do homem pelo homem que faz desdenhar as técnicas de exploração da natureza pelo homem? É a dificuldade de exploração da natureza pelo homem que obriga a justificar a exploração do homem pelo homem? Estamos nós diante de uma relação de causalidade, em que sentido? Ou estamos diante de uma estrutura global com relações de influências recíprocas?

Um problema análogo foi formulado em *Les Études sur Descartes*,[10] do Padre Laberthonnière e, notadamente, no apêndice

---

9   Livro I, cap. II, § 4, 5, 6, 7.
10 Paris: Vrin, 1935.

do tomo III: *La Physique de Descartes et la Physique d'Aristote*, que opõe uma física de artista, de esteta, a uma física de engenheiro e de artesão. O Padre Laberthonnière parece pensar que, aqui, o determinante é a ideia, já que a revolução cartesiana, em matéria de filosofia das técnicas, supõe a revolução cristã. Seria necessário, primeiro, que o homem tivesse sido concebido como um ser transcendente à natureza e à matéria para que seu direito e seu dever de explorar a matéria, sem levá-la em consideração, fosse afirmado. Em outras palavras, seria preciso que o homem fosse valorizado para que a natureza fosse desvalorizada. Seria preciso, em seguida, que os homens fossem concebidos como radical e originalmente iguais para que, uma vez condenada a técnica política de exploração do homem pelo homem, a possibilidade e o dever de uma técnica de exploração da natureza pelo homem aparecesse. Isso, então, permite ao Padre Laberthonnière falar de uma origem cristã da física cartesiana. Ademais, ele próprio se faz as seguintes objeções: a física, a técnica tornadas possíveis pelo cristianismo, em suma, chegaram a Descartes bem depois da fundação do cristianismo como religião; além disso, não há antinomia entre a filosofia humanista que vê o homem senhor e possuidor da natureza e o cristianismo, considerado pelos humanistas como uma religião de salvação, de fuga para o mais além, e tornado responsável pelo desdém para com os valores vitais e técnicos no que concerne a todo arranjo técnico do aquém da vida humana? O Padre Laberthonnière diz: "O tempo não interfere em nada na questão". Não é certo que o tempo nada interfira. De todo modo, não se pode negar que algumas invenções técnicas, tais como a ferradura, os arreios que modificaram a utilização da força motriz animal tenham feito para a emancipação dos escravos o que uma certa predicação não foi suficiente para obter.

O problema do qual dissemos há pouco que poderia ser resolvido por uma solução buscada em dois sentidos, relação de causalidade ou estrutura global, o problema das relações da filosofia mecanicista com o conjunto das condições econômicas e sociais nas quais ela se esclarece é resolvido no sentido de uma relação de causalidade por Franz Borkenau em seu livro *Der Uebergang vom feudalem zum bürgerlichen Weltbild* (1933). O autor afirma que, no começo do século XVII, a concepção mecanicista eclipsou a filosofia qualitativa da Antiguidade e da Idade Média. O sucesso dessa concepção traduz, na esfera da ideologia, o fato econômico constituído pela organização e difusão das manufaturas. A divisão do trabalho artesanal em atos produtivos segmentares, uniformes e não qualificados, teria imposto a concepção de um trabalho social abstrato. O trabalho decomposto em movimentos simples, idênticos e repetidos teria exigido a comparação, para fins de cálculo do preço de custo e do salário, das horas de trabalho e, consequentemente, teria chegado à quantificação de um processo antes considerado como qualitativo.[11] O cálculo do trabalho como pura quantidade suscetível de tratamento matemático seria a base e o ponto de partida de uma concepção mecanicista do universo da vida. Foi então pela redução de todo valor ao valor econômico, "ao frio dinheiro sonante", como diz Marx em *O manifesto comunista*, que a concepção mecanicista do universo seria fundamentalmente uma *Weltanschaung* burguesa. Por fim, atrás da teoria do animal-máquina, dever-se-ia perceber as normas da economia capitalista nascente. Descartes, Galileu e Hobbes seriam os arautos inconscientes dessa revolução econômica.

Essas concepções de Borkenau foram expostas e criticadas, com muito vigor, em um artigo de Henryk Grossman.[12] Segundo ele, Borkenau anula 150 anos da história econômica e ideológica, situando a concepção mecanicista contemporânea no surgimento da manufatura, no começo do século XVII. Borkenau escreve como se Leonardo da Vinci não tivesse existido. Referindo-se aos trabalhos de Duhem sobre *Les Origines de la Statique* (1905), à publicação dos manuscritos de Leonardo da Vinci (Herzfeld, 1904 – Gabriel Séailles, 1906 – Péladan, 1907), Grossman afirma com Séailles que a publicação dos manuscritos de Leonardo recua em mais de um século as origens da ciência moderna. A quantificação das noções

---

11 A fábula de La Fontaine, *O sapateiro e o financista*, ilustra muito bem o conflito das duas concepções do trabalho e de sua remuneração.
12 Die Gesellchaftlichen Grundlagen der mechanistichen Philosophie und die Manufaktur. In: *Zeitschift für Sozialforschung*, 1935, n. 2.

de trabalho é, em primeiro lugar, matemática e precede sua quantificação econômica. Além disso, as normas da avaliação capitalista da produção haviam sido definidas pelos banqueiros italianos desde o século XIII. Apoiando-se em Marx, Grossman lembra que, em regra geral, não havia nas manufaturas, para falar com propriedade, divisão de trabalho, pois a manufatura foi originalmente a reunião num mesmo local de artesãos qualificados antes dispersados. Portanto, segundo ele, não foi o cálculo do preço de custo por hora do trabalho, foi a evolução do maquinismo a causa autêntica da concepção mecanicista do universo. A evolução do maquinismo tem suas origens no período do Renascimento. Descartes, portanto, racionalizou conscientemente uma técnica maquinista bem mais do que traduziu inconscientemente as práticas de uma economia capitalista. Para Descartes, a mecânica é *uma teoria das máquinas,* o que supõe, primeiro, uma invenção espontânea que a ciência deve, em seguida, consciente e explicitamente promover.

Quais são essas máquinas cuja invenção modificou, antes de Descartes, as relações do homem com a natureza, e que, fazendo nascer uma esperança desconhecida dos antigos, evocaram a justificação e, de modo mais preciso, a racionalização dessa esperança? Foram, em primeiro lugar, as armas de fogo pelas quais Descartes só se interessara em função do problema do projétil.[13] Em contrapartida, Descartes se interessou muito pelos relógios de parede e de algibeira, pelas máquinas de levantamento, máquinas à água etc.

---

13   Algumas passagens de *Principes de la Philosophie* (IV, §§ 109-113) mostram que Descartes se interessou também pela pólvora de canhão, mas não buscou, na explosão desta como fonte de energia, um princípio de explicação analógica para o organismo animal. Foi um médico inglês, Willis (1621-1675), que expressamente construiu uma teoria do movimento muscular fundamentado na analogia com o que acontece quando a pólvora explode em um arcabuz. No século XVII, Willis comparou, de forma ainda considerada válida por alguns – pensamos notadamente em W. M. Bayliss –, os nervos a cordões de pólvora. Os nervos são espécies de cordões de Bickford. Eles propagam um fogo que desencadeará, no músculo, a explosão que, aos olhos de Willis, é a única capaz de dar conta dos fenômenos de espasmo e de tetanização observados pelo médico.

Por conseguinte, diremos que Descartes integrou à sua filosofia um fenômeno humano, a construção das máquinas, mais do que transpôs para a ideologia um fenômeno social, a produção capitalista.

Quais são, hoje, na teoria cartesiana, as relações entre o mecanicismo e a finalidade no interior dessa assimilação do organismo à máquina?

A teoria dos animais-máquinas é inseparável do "Eu penso, logo, eu sou". A distinção radical da alma e do corpo, do pensamento e da extensão, acarreta a afirmação da unidade substancial da matéria, seja qual for a forma afetada por ela, e do pensamento, seja qual for a função exercida por ele.[14] Tendo a alma apenas uma função que é o julgamento, é impossível admitir uma alma animal, já que não temos nenhum sinal de que os animais julguem, pois são incapazes de linguagem e de invenção.[15]

A recusa da alma, ou seja, da razão, aos animais nem por isso acarreta, segundo Descartes, a recusa da vida, que consiste apenas no calor do coração, nem a recusa da sensibilidade, uma vez que ela depende da disposição dos órgãos.[16]

Na mesma carta, aparece um fundamento moral da teoria do animal-máquina. Descartes faz para o animal o que Aristóteles fizera para o escravo: ele o desvaloriza a fim de justificar o homem por utilizá-lo como instrumento.

> *Minha opinião é tão cruel, no que concerne aos bichos, quanto piedosa, no que concerne aos homens libertos das superstições pitagóricas, pois ela os absolve da suspeita de erro, a cada vez que comem ou matam animais.*

---

14 "Há em nós uma só alma, e essa alma não tem em si nenhuma diversidade de partes: a mesma que é sensitiva é racional, e todos os seus apetites são vontades" (*Les passions de l'âme*, art. 47).

15 *Discours de la Méthode*, Vª parte. Carta ao Marquês de Newcastle, 23 de novembro de 1646.

16 Carta a Morus de 21 de fevereiro de 1649. Para bem compreender a relação da sensibilidade com a disposição dos órgãos, é preciso conhecer a teoria cartesiana dos graus do sentido. Sobre isso, ver *Réponses aux sixièmes objections*, § 9.

III. Filosofia ⁊ Máquina e Organismo   119

E nos parece bastante notável encontrar o mesmo argumento revirado em um texto de Leibniz:[17] se somos forçados a ver no animal mais do que uma máquina, é preciso se fazer pitagórico e renunciar à dominação sobre o animal.[18] Encontramo-nos, aqui, diante de uma atitude típica do homem ocidental. A mecanização da vida, do ponto de vista teórico, e a utilização técnica do animal são inseparáveis. O homem só pode se tornar senhor e possuidor da natureza se ele negar toda finalidade natural e se puder sustentar toda a natureza, inclusive a natureza aparentemente animada, fora dele mesmo, para um meio.

É desse modo que se legitima a construção de um modelo mecânico do corpo vivo, inclusive do corpo humano, pois, já em Descartes, o corpo humano, quando não o homem, é uma máquina. Como já dissemos, Descartes encontra esse modelo mecânico nos autômatos, ou seja, nas máquinas de movimento.[19]

---

17   Carta a Conting de 19 de março de 1678.
18   Encontraremos facilmente esse admirável texto em *Oeuvres choisies*, de Leibniz, publicado por L. Prennant (Paris: Garnier. p. 52). Aproximaremos, em particular, a indicação dos critérios que permitiriam, segundo Leibniz, distinguir o animal de um autômato, argumentos análogos invocados por Descartes nos textos citados na nota 2, e também profundas reflexões de Edgar Poe sobre a mesma questão em *Le joueur d'échecs de Maelzel*. Sobre a distinção de Leibniz entre a máquina e o organismo, ver *Le système nouveau de la nature*, § 10, e a *Monadologie*, §§ 63, 64, 65, 66.
19   Parece-nos importante ressaltar que Leibniz não era menos interessado do que Descartes na invenção e na construção de máquinas, assim como no problema dos autômatos. Ver notadamente a correspondência com o duque Jean de Hanovre (1676-1679) em *Sämtliche Schriften und Briefe*, Darmstadt 1927, Reihe I, Band II. Em um texto de 1671, *Bedenken von Aufrichtung einer Academie oder Societät in Deutschland zu Aufnehmen der KÜnste und Wissenschaften*, Leibniz exalta a superioridade da arte alemã, que sempre se aplica a fazer obras que se movem (relógios de algibeira, de parede, máquinas hidráulicas etc.), em relação à arte italiana que se dedicou quase exclusivamente a fabricar objetos sem vida, imóveis e feitos para serem contemplados de fora (ibidem, Darmstadt, 1931, Reihe IV, Band I, p. 544). Essa passagem é citada por J. Maritain em *Art et scholastique*, p. 123.

A fim de dar à teoria de Descartes todo o seu sentido, propomos ler, agora, o começo do *Tratado do Homem*, ou seja, dessa obra publicada pela primeira vez em Leyde, segundo uma cópia em latim, de 1662, e pela primeira vez em francês, em 1664.

> *Esses homens – diz Descartes – serão como nós, compostos de uma alma e de um corpo. E é preciso que eu lhes descreva, primeiro, o corpo em separado, depois a alma, também de modo separado e, por fim, que eu lhes mostre como essas duas naturezas devem estar juntas e unidas para compor homens que se assemelham a nós. Suponho que o corpo seja tão somente uma estátua ou máquina de terra que Deus forma expressamente para torná-la o mais semelhante possível a nós. De modo que ele lhe dá não somente a cor e a forma de todos os nossos membros, como também lhe insira todas as peças requeridas para fazer com que ela ande, coma, respire e, enfim, imite todas aquelas de nossas funções que podem ser imaginadas procedendo da matéria e só dependendo da disposição dos órgãos. Vemos relógios, fontes artificiais, moinhos e outras máquinas semelhantes que, por só terem sido feitas pelos homens, não deixam de ter a forma de se mover por si mesmas de muitas e diversas maneiras, e me parece que eu não poderia imaginar tantos tipos de movimentos naquelas que suponho terem sido feitas pelas mãos de Deus, nem lhe atribuir tantos artifícios que vocês não teriam como pensar poder haver ainda outros mais.*

Ao ler esse texto com um espírito tão ingênuo quanto possível, parece que a teoria do animal-máquina só tome um sentido graças ao enunciado dos dois postulados que se esquece, com frequência, de ressaltar claramente. O primeiro, é que existe um Deus fabricador; o segundo, é que o vivente seja dado como tal, previamente à construção da máquina. Em outras palavras, para compreender a máquina-animal, é preciso considerá-la como precedida, no sentido lógico e cronológico, a um só tempo por Deus, como causa eficiente, e por um vivente preexistente a ser imitado, como causa formal e final. Em suma, proporíamos ler que na teoria do animal-máquina, em que se vê geralmente uma ruptura com a concepção aristotélica da causalidade, todos os tipos de causalidade invocados por Aristóteles se encontram, mas não no mesmo local nem simultaneamente.

III. Filosofia ~ Máquina e Organismo

A construção da máquina viva implica, se soubermos ler o texto como convém, uma obrigação de imitar um dado orgânico prévio. A construção de um modelo mecânico supõe um original vital. Por fim, podemos nos perguntar se Descartes não estaria, aqui, mais próximo de Aristóteles do que de Platão. O demiurgo platônico copia Ideias. A Ideia é um modelo cujo objeto natural é uma cópia. O Deus cartesiano, o *Artifex Maximus,* trabalha para igualar o próprio vivente. O modelo do vivente-máquina é o próprio vivente. A ideia do vivente, que a arte divina imita, é o vivente. E, tal como um polígono regular está inscrito num círculo e, para concluir de um ao outro, é preciso a passagem ao infinito, assim também o artifício mecânico está inscrito na vida e, para concluir de um ao outro, é preciso a passagem ao infinito, quer dizer, Deus. É o que parece ser destacado no final do texto:

> *Parece-me que eu não poderia imaginar tantos tipos de movimentos naquelas que suponho terem sido feitas pelas mãos de Deus, nem lhe atribuir tantos artifícios que vocês não teriam como pensar poder haver ainda outros mais.*

A teoria do animal-máquina seria, então, para a vida, o que um axioma é para a geometria, ou seja, apenas uma reconstrução racional, que só por meio de um ardil ignora a existência daquilo que deve representar e a anterioridade da produção sobre a legitimação racional.

De resto, esse aspecto da teoria cartesiana foi bem percebido por um anatomista da época, o célebre Sténom, em *Discours sur l'anatomie du cerveau,* pronunciado em Paris, em 1665, isto é, um ano depois da publicação do *Tratado do Homem.* Sténon, ao mesmo tempo em que presta a Descartes uma homenagem ainda mais notável pelo fato de os anatomistas nem sempre terem sido afetuosos para com a anatomia proferida por ele, constata que o homem de Descartes é o homem reconstruído por Descartes sob o abrigo de Deus, mas não é o homem do anatomista.[20]

---

20 Ver o Apêndice III, p. 243.

Podemos então dizer que, substituindo o organismo pelo mecanismo, Descartes faz desaparecer a teleologia da vida, mas só a faz desaparecer aparentemente porque a reúne por completo no ponto de partida. Há substituição de uma forma anatômica por uma forma dinâmica, mas, como essa forma é um produto técnico, toda a teleologia possível fica circunscrita à técnica de produção. Não se pode, parece, opor mecanismo e finalidade, mecanismo e antropomorfismo à verdade, pois, se o funcionamento de uma máquina *se explica* por relações de pura causalidade, a construção de uma máquina não *se compreende* nem sem a finalidade, nem sem o homem. Uma máquina é feita pelo o homem e para o homem, visando a obter alguns fins, sob a forma de efeitos a serem produzidos.[21]

Assim, o que é positivo em Descartes, no projeto de explicar mecanicamente a vida, é a eliminação da finalidade em seu aspecto antropomórfico. Só que, na realização desse projeto, um antropomorfismo se substitui por um outro. Um antropomorfismo político é substituído por um antropomorfismo tecnológico.

Em *Description du corps humain*, pequeno tratado escrito em 1648, Descartes aborda a explicação do movimento voluntário no homem e formula, com uma nitidez que dominou toda a teoria dos movimentos automáticos e dos movimentos reflexos até o século XIX, o fato de que o corpo só obedece à alma sob condição de ali estar, primeiro, mecanicamente disposto. A decisão da alma não é uma condição suficiente para o movimento do corpo.

> A alma – diz Descartes – não pode excitar nenhum movimento no corpo, a não ser que todos os órgãos corporais requeridos para esse movimento estejam bem dispostos, mas, muito ao contrário, quando o corpo tem todos os seus órgãos dispostos para algum movimento, não há necessidade da alma para produzi-los.

Descartes quer dizer que, quando a alma move o corpo, ela não o faz como um rei ou um general, segundo a representação popular,

---

21 De resto, Descartes só pode enunciar em termos de finalidade o sentido da construção dos animais-máquinas por Deus: "... Considerando a máquina do corpo humano como tendo sido formada por Deus para ter em si todos os movimentos que costumam ali estar" (VIᵉ *Méditation*).

que comanda sujeitos ou soldados. Mas, pela assimilação do corpo a um mecanismo de relojoaria, ele quer dizer que os movimentos dos órgãos se comandam uns aos outros como engrenagens encadeadas. Portanto, em Descartes, há a substituição da imagem política do comando, a substituição de um tipo de causalidade mágica – causalidade pela fala ou pelo signo –, a substituição da imagem tecnológica de "comando", de um tipo de causalidade positiva, por um dispositivo ou por um jogo de ligações mecânicas.

Aqui, Descartes procede ao inverso de Claude Bernard quando este, criticando o vitalismo em *Leçons sur les Phénomènes de la vie communs aux animaux et aux végétaux* (1878-1879), recusa admitir a existência separada da força vital porque ela "não poderia fazer nada", admitindo, porém, o que é surpreendente, que ela possa "dirigir fenômenos que não produz". Em outras palavras, Claude Bernard substitui a noção de uma força vital concebida como um operário por uma noção de força vital concebida como um legislador ou um guia. É uma maneira de admitir que se pode dirigir sem agir, o que se pode chamar de concepção mágica da direção, implicando o fato de a direção ser transcendente à execução. Ao contrário, segundo Descartes, um dispositivo mecânico de execução substitui um poder de direção e de comando, mas Deus fixou a direção de uma vez por todas. A direção do movimento está incluída pelo construtor no dispositivo mecânico de execução.

Em suma, com a explicação cartesiana e apesar das aparências, pode parecer não termos dado sequer um passo fora da finalidade. A razão disso é que o mecanismo pode tudo explicar, caso produzamos máquinas, mas o mecanismo não pode dar conta da construção das máquinas. Não há máquinas construindo máquinas e diríamos até que, em certo sentido, explicar os órgãos ou os organismos por modelos mecânicos é explicar o órgão pelo órgão. No fundo, isso é uma tautologia, pois as máquinas podem ser – e gostaríamos de tentar justificar essa interpretação – consideradas como órgãos da espécie humana.[22] Uma ferramenta, uma máqui-

---

22 Cf. Raymond Ruyer. *Éléments de psycho-biologie*, p. 46-47.

na são órgãos e os órgãos são ferramentas ou máquinas. Por conseguinte, temos dificuldade em ver onde se encontra a oposição entre o mecanismo e a finalidade. Ninguém duvida ser preciso um mecanismo para garantir o sucesso de uma finalidade e, inversamente, todo mecanismo deve ter um sentido, pois um mecanismo não é uma dependência fortuita ou qualquer de movimento. Na realidade, a oposição seria, então, entre os mecanismos cujo sentido é patente e aqueles cujo sentido é latente. O sentido de uma fechadura, de um relógio, é patente. O sentido do sistema de pressão (*bouton-pression*) do caranguejo, com frequência evocado como um exemplo maravilhoso de adaptação, é latente. Por conseguinte, não parece possível negar a finalidade de alguns mecanismos biológicos. Para dar um exemplo quase sempre citado e que é um argumento em alguns biólogos mecanicistas, quando se nega a finalidade do aumento da bacia feminina antes do parto, basta reverter a questão: uma vez que a maior dimensão do feto é superior em 1 cm ou em 1,5 cm à maior dimensão da bacia, se, devido a uma espécie de relaxamento das sínfises e um movimento de báscula para trás do osso sacro-coccígeo, o diâmetro mais largo não aumentasse um pouco, o parto se tornaria impossível. É permitido recusar a pensar que um ato cujo sentido biológico é tão nítido só seja possível porque um mecanismo sem nenhum sentido biológico o teria permitido. E cabe dizer "teria permitido" já que a ausência desse mecanismo o interditaria. É bem conhecido o fato de que, diante de um mecanismo insólito, somos obrigados, a fim de verificar que se trata mesmo de um mecanismo, ou seja, de uma sequência necessária de operações, a tentar saber qual é o efeito que se espera disso, isto é, qual é o fim visado. Só podemos concluir sobre o uso, segundo a forma e a estrutura do aparelho, se já conhecermos o uso da máquina ou de máquinas análogas. Consequentemente, é preciso, primeiro, ver a máquina funcionar para poder, em seguida, parecer deduzir a função da estrutura.

Chegamos ao ponto em que a relação cartesiana entre a máquina e o organismo se inverte.

Em um organismo, observamos – o que é bastante conhecido para que insistamos nisto – fenômenos de autoconstrução, de autoconservação, de autorregulação, de autorreparação. No caso da máquina, a construção lhe é estranha e supõe a engenhosidade do mecânico. A conservação exige a vigilância e a fiscalização constantes do maquinista, e sabemos até que ponto algumas máquinas complicadas podem ficar irremediavelmente perdidas por uma falta de atenção ou de vigilância. Quanto à regulação e à reparação, elas também supõem a intervenção periódica da ação humana. Há, sem dúvida, dispositivos de autorregulação, mas são superposições, pelo homem, de uma máquina a outra. A construção de servomecanismos ou de autômatos eletrônicos desloca a relação do homem com a máquina sem alterar seu sentido.

Na máquina, há a verificação estrita das regras de uma contabilidade racional. O todo é rigorosamente a soma das partes. O efeito é dependente da ordem das causas. Ademais, uma máquina apresenta uma rigidez funcional nítida, rigidez cada vez mais acusada pela prática da normalização. A normalização é a simplificação dos modelos de objetos e das peças de substituição, a unificação das características métricas e qualitativas permitindo o intercâmbio das peças. Toda peça equivale a uma outra peça de mesma destinação, dentro, naturalmente, de uma margem de tolerância que define os limites de fabricação.

Estando assim definidas as propriedades de uma máquina, comparativamente às de um organismo, há mais ou menos finalidade na máquina que no organismo?

Diríamos, de bom grado, que há mais finalidade na máquina do que no organismo, porque, nela, a finalidade é rígida e unívoca, univalente. Uma máquina não pode substituir uma outra máquina. Quanto mais a finalidade é limitada, mais a margem de tolerância é reduzida, mais a finalidade parece ser enrijecida e acusada. No organismo, ao contrário – o que é também demasiado conhecido para que insistamos nisso –, observamos uma vicariância das funções, uma polivalência dos órgãos. Sem dúvida, essa vicariância das funções, essa polivalência dos órgãos não são absolutas, mas, em relação às da máquina, são tão mais consideradas que, para dizer a verdade, a comparação não se pode sustentar.[23] Como exemplo da vicariância das funções, podemos citar um caso muito simples, bem conhecido, o da afasia na criança. Uma hemiplegia direita na criança quase nunca é acompanhada de afasia, porque outras regiões do cérebro garantem a função da linguagem. Na criança com menos de nove anos de idade, a afasia, quando ela existe, dissipa-se muito rapidamente.[24] Quanto ao problema da polivalência dos órgãos, citaremos muito simplesmente o fato de que, para a maioria dos órgãos que cremos tradicionalmente servirem a alguma função definida, na realidade, ignoramos para quais outras funções eles podem muito bem servir. Assim, o estômago é chamado, em princípio, de órgão de digestão. Ora, é fato que, depois de uma gastrectomia instituída para o tratamento de uma úlcera, observamos menos distúrbios da digestão do que distúrbios da hematopoese. Acabou-se por descobrir que o estômago se comporta como uma glândula de secreção interna. Citaremos igualmente, e de modo algum a título de exibição de maravilhas, o exemplo recente de uma experiência feita por Courrier, professor de biologia no Colégio de França. Courrier pratica no útero de uma coelha grávida uma incisão, extrai do útero uma placenta e a deposita na cavidade peritoneal. Essa placenta se enxerta no intestino e se alimenta normalmente. Quando o enxerto é operado, pratica-se a ablação dos ovários da coelha, isto é, suprime-se, assim, a função do corpo lúteo de gravidez. Nesse momento, todas as placentas que estão no

---

23 "Artificial quer dizer que tende a um objetivo definido. Por isso, opõe-se a *vivo*. Artificial, humano ou antropomorfo se distinguem do que é somente vivo ou vital. Tudo o que chega a aparecer sob a forma de um objetivo nítido e acabado se torna artificial, e é a tendência crescente da consciência. É também o trabalho do homem quando este se aplica em *imitar* o mais exatamente possível um objeto ou um fenômeno espontâneo. O pensamento consciente de si mesmo se faz por si mesmo um sistema artificial. Se a vida tivesse um objetivo, ela não seria mais a vida" (P. Valéry, *Cahier B*, 1910).

24 Cf. Ed. Pichon. *Le développement psychique de l'enfant et de l'adolescent*. Paris: Masson, 1936. p. 126; P. Cossa. *Physiopathologie du système nerveux*. Paris: Masson, 1942. p. 845.

útero abortam e apenas a placenta situada na cavidade peritoneal chega a termo. Eis um exemplo no qual o intestino se comportou como um útero e, poder-se-ia mesmo dizer, mais vitoriosamente. Sobre esse ponto, somos então tentados a reverter uma proposição de Aristóteles:

> *A natureza – diz ele em A Política – não procede mesquinhamente tal como os cuteleiros de Delfos cujas facas servem para muitos usos, mas, peça por peça, o mais perfeito de seus instrumentos não é aquele que serve a muitos trabalhos, mas apenas a um.*

Parece, ao contrário, que essa definição da finalidade convém mais à máquina do que ao organismo. No limite, devemos reconhecer que, no organismo, a pluralidade de funções pode se acomodar com a unicidade de um órgão. Portanto, um organismo tem mais latitude do que uma máquina. Ele tem menos finalidades e mais potencialidades.[25] A máquina, produto de um cálculo, verifica as normas do cálculo, normas racionais de identidade, de constância e de previsão, ao passo que o organismo vivo age segundo o empirismo. A vida é experiência, ou seja, improvisação, utilização das ocorrências. Ela é tentativa em todos os sentidos. Disso decorre o fato, a um só tempo maciço e com muita frequência desconhecido, segundo o qual a vida tolera monstruosidades. Não há máquina monstro. Não há patologia mecânica, Bichat já o havia ressaltado em sua *Anatomie générale appliquée à la physiologie et à la médecine* (1801). Embora os monstros estejam ainda bem vivos, não há distinção entre o normal e o patológico em física e em mecânica. Há uma distinção entre o normal e o patológico no interior dos seres vivos.

---

25 Max Scheler observou que os viventes menos especializados, contrariamente à crença dos mecanicistas, são os mais difíceis de explicar do ponto de vista mecânico, pois, neles, todas as funções são assumidas pelo conjunto do organismo. Foi apenas com a diferença crescente das funções e com a complicação do sistema nervoso que apareceram estruturas aproximativamente semelhantes a uma máquina. (*La situation de l'homme dans le monde*. Tradução de Dupuy. Paris: Aubier, 1951. p. 29 e 35.) A situação do homem no cosmos. Há edição brasileira da Forense Universitária. Trad. – Casa Nova.

Foram principalmente os trabalhos de embriologia experimental que levaram ao abandono das representações de tipo mecânico na interpretação dos fenômenos vivos, mostrando que o germe não contém uma espécie de "maquinaria específica" (Cuénot), que seria, uma vez em posta em ação, destinada a produzir automaticamente tal ou tal órgão. Que essa tenha sido a concepção de Descartes não há dúvidas. Em *Description du corps humain*, ele escrevia:

> Se conhecêssemos bem quais são todas as partes do sêmen de alguma espécie de animal em particular, por exemplo, do homem, só disso poderíamos deduzir, por razões certas e matemáticas, toda a figura e conformação de cada um de seus membros tal como, também reciprocamente, conhecendo muitas particularidades dessa conformação, podemos daí deduzir qual é seu sêmen.

Ora, como ressaltou Guillaume,[26] quanto mais comparamos os seres vivos com máquinas automáticas parece que melhor compreendemos a função, embora compreendamos menos a gênese. Se a concepção cartesiana era verdadeira, quer dizer, se havia nela a um só tempo pré-formação no germe e mecanismo no desenvolvimento, uma alteração no começo acarretaria um distúrbio no desenvolvimento do ovo, ou então o impediria.

De fato, está muito longe de ser assim e foi o estudo das potencialidades do ovo que fez aparecer, em seguida aos trabalhos de Driesch, de Hörstadius, de Spellman e de Mangold, que o desenvolvimento embriológico se deixa dificilmente reduzir a um modelo mecânico. Tomemos, por exemplo, as experiências de Hörstadius em um ovo de ouriço-do-mar. Ele corta um ovo de ouriço, A, no estágio 16, segundo um plano de simetria horizontal, e um outro ovo, B, segundo um plano de simetria vertical. Ele une uma metade A a uma metade B e o ovo se desenvolve normalmente. Driesch se vale de um ovo de ouriço no estágio 16 e comprime esse ovo entre duas lâminas modificando a posição recíproca das células nos dois polos. O ovo se desenvolve normalmente. Por conseguinte, essas duas experiências nos permitem concluir pela indiferen-

---

26 *La Psychologie de la forme*. Paris. p. 131. Há tradução brasileira.

ça do efeito em relação à ordem de suas causas. Há também uma outra experiência ainda mais surpreendente. É a de Driesch, que consiste em utilizar os blastômeros do ovo de ouriço no estágio 2. A dissociação dos blastômeros obtida seja mecanicamente, seja quimicamente na água do mar privada de sais de cálcio, desemboca no fato segundo o qual cada um dos blastômeros origina uma larva normal, excetuando-se as dimensões. Aqui, por conseguinte, há indiferença do efeito em relação à quantidade da causa. A redução quantitativa da causa não acarreta uma alteração qualitativa do efeito. Inversamente, quando se conjugam dois ovos de ouriço, obtém-se uma só larva maior do que a larva normal. Trata-se de uma nova confirmação da indiferença do efeito em relação à quantidade da causa. A experiência por multiplicação da causa confirma a experiência por divisão da causa.

Cabe dizer que nem todos os ovos deixam seu desenvolvimento ser reduzido a esse esquema. Por muito tempo, formulou-se o problema de saber se tínhamos de lidar com dois tipos de ovos, ovos de regulação do tipo ovo de ouriço, e ovos em mosaico do tipo ovo de rã, nos quais o futuro celular dos primeiros blastômeros é idêntico, sejam eles dissociados ou permaneçam solidários. Atualmente, a maioria dos biólogos admite haver simplesmente, entre os dois fenômenos, uma diferença de precocidade na aparição da determinação nos ovos ditos "em mosaico". Por um lado, o ovo de regulação se comporta, a partir de um certo estágio, tal como o ovo em mosaico; por outro, o blastômero do ovo de rã no estágio 2 produz um embrião completo, tal como um ovo de regulação, se o invertemos.[27]

Parece-nos, então, que nos iludimos ao pensarmos expulsar a finalidade do organismo por assimilação deste último a uma composição de automatismos tão complexos quanto queiramos. Enquanto a construção da máquina não for uma função da própria máquina, enquanto a totalidade do organismo não for equivalente à soma das partes descobertas por uma análise, uma vez

---

27 Aron; Grassé. *Précis de biologie animale*. 2ª ed. 1947. p. 647 e segs.

que esse organismo é dado, poderá parecer legítimo considerar a anterioridade da organização biológica como uma das condições necessárias à existência e ao sentido das construções mecânicas. Do ponto de vista filosófico, importa menos explicar a máquina do que compreendê-la. E compreendê-la é inscrevê-la na história humana, inscrevendo a história humana na vida, sem desconhecer, contudo, a aparição, com o homem, de uma cultura irredutível à simples natureza.

Eis que chegamos ao ponto de ver na máquina *um fato de cultura* se expressando em mecanismos que não passam de um *fato de natureza a ser explicado*. Em um texto célebre dos *Princípios*, Descartes escreve:

> *É certo que todas as regras das mecânicas pertencem à física, de modo que todas as coisas artificiais são com isso naturais. Pois, por exemplo, quando um relógio de algibeira marca as horas, por meio das engrenagens das quais ele é feito, isso não lhe é menos natural do que o é para uma árvore produzir frutos.*[28]

Mas, de nosso ponto de vista, podemos e devemos inverter a relação do relógio de algibeira e da árvore e dizer que as engrenagens das quais um relógio de pulso é feito a fim de mostrar as horas, e, de um modo geral, todas as peças dos mecanismos montados para a produção de um efeito, primeiro apenas sonhado ou desejado, são produtos imediatos ou derivados de uma atividade técnica tão autenticamente orgânica quanto a da frutificação das árvores, e, primitivamente, tão pouco consciente de suas regras e das leis que garantem sua eficácia quanto o pode ser a vida vegetal. A anterioridade lógica do conhecimento da física sobre a construção das máquinas, num dado momento, não pode e não deve fazer esquecer a anterioridade cronológica e biológica absoluta da construção das máquinas em relação ao conhecimento da física.

Ora, um mesmo autor afirmou, contrariamente a Descartes, a irredutibilidade do organismo à máquina e, simetricamente, a

---

28 IV, 203. Cf. nosso estudo *Descartes et la technique*. Trabalhos do IX Congresso Internacional de Filosofia, II Paris: Hermann, 1937. p. 77 e segs.

irredutibilidade da arte à ciência. Foi Kant, em *Crítica do Juízo*. É verdade que, na França não se tem o hábito de buscar, em Kant, uma filosofia da técnica, mas também é verdade que os autores alemães que abundantemente se interessaram por esses problemas, sobretudo a partir de 1870, não deixaram de fazê-lo.

No § 65 da *Crítica do juízo teleológico*, Kant distingue, servindo-se do exemplo do relógio de algibeira, tão caro a Descartes, máquina e organismo. Em uma máquina, diz ele, cada parte existe para a outra, mas não pela outra. Nenhuma peça é produzida por uma outra, nenhuma peça é produzida pelo todo, nem tampouco nenhum todo por um outro todo da mesma espécie. Não há relógio de algibeira fazendo relógios de algibeira. Neles, nenhuma parte substitui a si mesma. Nenhum todo substitui uma parte da qual é privado. Portanto, a máquina possui a força motriz, mas não a energia formadora capaz de se comunicar com uma matéria exterior e de se propagar. No § 75, Kant distingue a técnica intencional do homem da técnica inintencional da vida. Mas, no § 43 de *Crítica do juízo estético*, Kant definiu a originalidade dessa técnica intencional humana relativamente ao saber, valendo-se de um texto importante:

> *A arte, habilidade do homem, distingue-se também da ciência como poder de saber, como a faculdade prática da faculdade teórica, como a técnica da teoria. O que se pode, desde que se saiba somente o que deve ser feito, e que se conhece suficientemente o efeito pesquisado, não se chama arte. O que não se tem a habilidade de executar de imediato, mesmo quando se possui por completo a sua ciência, eis apenas o que, nessa medida, é a arte. Camper descreve com exatidão como deveria ser feito o melhor calçado, mas ele, por certo, era incapaz de fazer um.*

Esse texto é citado por Krannhals em sua obra *Der Weltsinn der Tecknik*. Ele ali vê, com razão, parece, o reconhecimento do fato de que toda técnica comporta essencial e positivamente uma originalidade vital irredutível à racionalização.[29]

---

29   Munich-Berlin: Oldenbourg Verlag, 1932. p. 68.

Consideremos, com efeito, que a destreza no ajuste, a síntese na produção, o que se costuma chamar de engenhosidade e cuja responsabilidade é por vezes delegada a um instinto, tudo isso é tão inexplicável em seu movimento formador quanto o pode ser a produção de um ovo de mamífero fora do ovário, anda que se queira supor inteiramente conhecida a composição físico-química do protoplasma e a dos hormônios sexuais.

Essa é a razão pela qual encontramos mais luz, embora ainda fraca, sobre a construção das máquinas nos trabalhos dos etnógrafos do que nos dos engenheiros.[30] Atualmente, na França, os etnógrafos são os que estão mais perto da constituição de uma filosofia da técnica da qual os filósofos se desinteressaram, atentos que foram, em primeiro lugar, à filosofia das ciências. Ao contrário, os etnógrafos estiveram, antes de tudo, atentos à relação entre a produção das primeiras ferramentas, dos primeiros dispositivos de ação sobre a natureza e a própria vontade orgânica. Até onde saibamos, o único filósofo na França que formulou questões dessa ordem foi Alfred Espinas e nos remetemos à sua obra clássica *Les origines de la technologie* (1897). Essa obra comporta um apêndice, o plano de um curso proferido na Faculdade das Letras de Bordeaux, por volta de 1890, que tratava da sob o nome da Vontade, *et ou Espinas traitait, sous le nom de volonté,* da atividade prática humana e, notadamente, da invenção das ferramentas. Sabemos que Espinas toma emprestada sua teoria da projeção orgânica, que lhe serve para explicar a construção das primeiras ferramentas, de um autor alemão, Ernst Kapp (1808-1896), que a expôs, pela primeira vez, em 1877, em sua obra *Grundlinien einer Philosophie der Technik*. Essa obra, clássica na Alemanha, é, sobre esse ponto, desconhecida na França, onde alguns dos psicólogos que retomaram o problema da utilização das ferramentas pelos animais e da

---

30 O ponto de partida desses estudos deve ser buscado em Darwin. *La descendance de l'homme:* instruments et armes employés par les animaux. Tradução de Fr. Schleicher ed.. Marx viu com clareza a importância das ideias de Darwin. Cf. *Le capital.* Tradução de Molitor. tomo III, p. 9, nota. *O capital.* Há tradução brasileira da Editora Civilização Brasileira.

inteligência animal, a partir dos estudos de Köhler e de Guillaume, atribuem essa teoria da projeção ao próprio Espinas, sem se darem conta de que este declara muito explicitamente e por repetidas vezes tê-la tomado emprestado de Kapp.[31] Segundo a teoria da projeção, cujos fundamentos filosóficos remontam, mediante Von Hartmann e *A filosofia do inconsciente*, até Schopenhauer, as primeiras ferramentas são apenas prolongamentos dos órgãos humanos em movimento. O sílex, a clava, a alavanca prolongam e estendem o movimento orgânico de percussão do braço. Essa teoria, como toda teoria, tem seus limites e encontra um obstáculo notadamente na explicação de invenções como a do fogo ou como a da roda, que são tão características da técnica humana. Nesse caso, buscam-se, aqui, em vão, os gestos e os órgãos dos quais o fogo ou a roda seriam o prolongamento ou a extensão. É certo, porém, que para instrumentos derivados do martelo ou da alavanca, para todas essas famílias de instrumentos, a explicação é aceitável. Na França, foram então os etnógrafos que reuniram não apenas os fatos, mas também as hipóteses sobre as quais se poderia constituir uma filosofia biológica da técnica. O que os alemães constituíram pela via filosófica,[32] por exemplo, uma teoria do desenvolvimento das invenções fundamentada nas noções darwinianas de variação e de seleção natural, como o fez Alard Du Bois-Reymond (1860-1922) em sua obra *Erfindung uns Erfinder* (1906),[33] ou ainda uma teoria da construção das máquinas como "tática da vida", como o fez O. Spengler em seu livro *Der Mensch und die Technik* (1931), nós o vemos retomado, tanto quanto podemos saber, sem derivação

---

31   Aludimos, aqui, ao excelente pequeno livro de Viaud. *L'intelligende*. Collection "Que sais-je?". Paris: PUF, 1945.
32   Cf. a obra de E. Zschimmer. *Deutsche Philosophen der Technik*. Stuttgart, 1937.
33   Alain esboçou uma interpretação darwiniana das construções técnicas em uma proposição muito bela (*Propos d'Alain*, N.R.F., 1920. tomo I, p. 60) precedida e seguida de algumas outras, plenas de interesse para nosso problema. A mesma ideia é indicada muitas vezes no *Système des Beaux-Arts*, concernindo à fabricação do violino (IV, 5), dos móveis (VI, 5), das casas dos camponeses (VI, 3; VI, 8).

direta, por Leroi-Gouehan em seu livro *Milieu et Techniques*. Foi por meio da assimilação ao movimento de uma ameba estendendo para fora de sua massa uma expansão que apreende e capta, a fim de digeri-lo, o objeto exterior de sua cobiça, que Leroi-Gourham busca compreender o fenômeno da construção da ferramenta.

> *Se a percussão – diz ele – foi proposta como a ação técnica fundamental é por haver, na quase totalidade dos atos técnicos, a busca do contato do tocar, mas enquanto a expansão da ameba conduz sempre sua presa para o mesmo processo digestivo, entre a matéria a ser tratada e o pensamento técnico que a envolve se criam, para cada circunstância, órgãos de percussão particulares.*[34]

E, atualmente, os últimos capítulos dessa obra constituem o exemplo mais cativante de uma tentativa de aproximação sistemática e devidamente circunstanciada entre biologia e tecnologia. A partir desses pontos de vista, o problema da construção das máquinas recebe uma solução inteiramente diferente da solução tradicional, na perspectiva que se chamará, na falta de outra melhor, cartesiana, perspectiva segundo a qual a invenção técnica consiste na aplicação de um saber.

É clássico apresentar-se a construção da locomotiva como uma "maravilha da ciência". No entanto, a construção da máquina a vapor é ininteligível se não se souber que ela não é a aplicação de conhecimentos teóricos prévios, mas sim a solução de um problema milenar, propriamente técnico, a saber, o da drenagem das minas. É preciso conhecer a história natural das formas da bomba, conhecer a existência das bombas de incêndio nas quais o vapor não desempenhou primeiro o papel de motor, mas serviu para produzir, por condensação sob o pistão da bomba, um vazio que permitia à pressão atmosférica, agindo como motor, baixar o pis-

---

34 Cf. p. 499. Alain esboçou uma interpretação darwiniana das construções técnicas numa elocução muito bela (*Propos d'Alain*, N.R.F., 1920, tomo I, p. 60) precedida e seguida de algumas outras, plenas de interesse para nosso problema. A mesma ideia é indicada muitas vezes em *Système des Beaux-Arts*, concernindo à fabricação do violino (IV, 5), dos móveis (VI, 5), das casas dos camponeses (VI, 3; VI, 8).

tão, é preciso conhecê-la para compreender que os órgãos essenciais numa locomotiva são um cilindro e um pistão.[35]

Numa tal ordem de ideias, Leroi-Gourhan vai mais longe ainda e foi na roda de fiar que ele buscou um dos ancestrais, no sentido biológico do termo, da locomotiva.

> *Foi de máquinas como a roda de fiar – diz ele – que surgiram as máquinas a vapor e os motores atuais. Em torno do movimento circular se reúne tudo o que o espírito inventivo de nossos tempos descobriu de mais elevado nas técnicas: a manivela, o pedal, a correia de transmissão.*[36]

E ainda: "A influência recíproca das invenções não foi suficientemente esclarecida e se ignora que, sem a roda de fiar, não teríamos tido a locomotiva".[37] Mais adiante:

> *O começo do século XIX não conhecia formas que fossem os embriões, materialmente utilizáveis, da locomotiva, do automóvel e do avião. Descobriu-se seus princípios mecânicos dispersos em vinte anos de aplicações conhecidas há muitos séculos. Esse é o primeiro*

---

35   A máquina motriz de duplo efeito alternativo do vapor sobre o pistão foi aprimorada por Watt em 1784. *Réflexions sur la puissance motrice du feu*, de Sadi-Carnot, é de 1824, e sabemos que essa obra permanecerá ignorada até a metade do século XIX. A esse respeito, a obra de P. Ducassé, *Histoire des Techniques*. Collection "Que sais-je?". Paris: PUF, 1945, destaca a anterioridade da técnica sobre a teoria.
Sobre a sucessão empírica dos diversos órgãos e dos diversos usos da máquina a vapor, consultar *Esquisse d'une histoire de la téchnique*, de A. Vierendeel, Bruxelas-Paris, 1921, que resume, em particular, a espessa obra de Thurston. *Histoire de la machine à vapeur*. Tradução de Hirsch. Sobre a história dos trabalhos de Watt, ler o capítulo "James Watt ou Ariel ingénieur", em *Les aventures de la science*, de Pierre Devaux. Paris: Gallimard, 1943.
36   Cf. p. 100.
37   Cf. p. 104. Do mesmo modo, lê-se em um artigo de A. Haudricourt. Les moteurs animés en agriculture: "Não se deve esquecer que devemos à irrigação os motores animados: a nória está na origem do moinho hidráulico, assim como a bomba está na origem da máquina a vapor", em *Revue de Botanique appliqué et d'Agriculture tropicale*, t. XX, p. 762,1940. Esse excelente estudo formula os princípios de uma explicação das ferramentas em suas relações com as comodidades orgânicas e com as tradições do uso.

fenômeno que explica a invenção, mas o próprio da invenção é de se materializar, de algum modo, instantaneamente.[38]

À luz dessas observações, vemos como Ciência e Tecnologia devem ser consideradas como dois tipos de atividades em que um não se enxerta no outro, mas cada um toma reciprocamente emprestado do outro ora soluções, ora seus problemas. É a racionalização das técnicas que faz esquecer a origem irracional das máquinas e parece que, nesse domínio, como em qualquer outro, seja preciso saber dar lugar ao irracional, mesmo e sobretudo quando se quer defender o racionalismo.[39]

A isso é preciso acrescentar que a inversão da relação entre a máquina e o organismo, operada por uma compreensão sistemática das invenções técnicas como comportamentos do vivente, encontra alguma confirmação na atitude que a utilização generalizada das máquinas impôs, pouco a pouco, aos homens das sociedades industriais contemporâneas. A importante obra de G. Friedmann, *Problèmes humains du machinisme industriel*, mostra com clareza quais foram as etapas da reação que reconduziu o organismo ao primeiro plano dos termos da relação máquina-organismo humano. Com Taylor e os primeiros técnicos da racionalização dos movimentos de trabalhadores, vemos o organismo humano alinhado, por assim dizer, com o funcionamento da máquina. A racionalização é propriamente uma mecanização do organismo,

---

38   Cf. p. 406.
39   Bergson, em *Deux sources de la morale et de la religion*, pensa muito explicitamente que o espírito de invenção mecânica, embora alimentado pela ciência, permanece distinto dela, e poderia, a rigor, separar-se dela (cf. p. 329-330). É que Bergson é também um dos raros filósofos franceses, senão o único, a considerar a invenção mecânica como uma função biológica, um aspecto da organização da matéria pela vida. *A evolução criadora* é, de algum modo, um tratado de organologia geral.
Sobre as relações entre o explicar e o fazer, ver também em *Variété V*, de P. Valéry, os dois primeiros textos: *L'homme et la coquille, discours aux chirurgiens*; e em *Eupalinos* a passagem sobre a construção dos barcos. Por fim, ler o admirável Éloge de la Main, de Henri Focillon, em *La vie des formes*. Paris: PUF, 1939.

uma vez que ela visa à eliminação dos movimentos inúteis, unicamente do ponto de vista do rendimento considerado como função matemática de um certo número de fatores. Mas a constatação de que os movimentos tecnicamente supérfluos são movimentos biologicamente necessários foi o primeiro obstáculo encontrado por essa assimilação exclusivamente tecnicista do organismo humano à máquina. A partir daí, o exame sistemático das condições fisiológicas, psicotécnicas e até mesmo psicológicas, no sentido mais geral da palavra (já que se acaba por alcançar, com a consideração dos valores, o núcleo mais original da personalidade), levou a uma inversão que conduziu Friedmann a chamar, como uma revolução irrefutável, a constituição de uma técnica de adaptação das máquinas ao organismo humano. De resto, essa técnica lhe parece ser a redescoberta erudita de procedimentos totalmente empíricos por meio dos quais as tribos primitivas sempre buscaram adaptar suas ferramentas às normas orgânicas de uma ação a um só tempo eficaz e biologicamente econômica, ou seja, uma ação em que o valor positivo de apreciação das normas técnicas é situado no organismo a trabalho, defendendo-se espontaneamente contra toda subordinação exclusiva do biológico ao mecânico.[40] De modo que Friedmann pode falar, sem ironia e sem paradoxo, da legitimidade de considerar, de um ponto de vista etnográfico, o desenvolvimento industrial do Ocidente.[41]

Em resumo, considerando a técnica como um fenômeno biológico universal,[42] e não mais apenas como uma operação intelec-

---

40   Cf. p. 96, nota.
41   Cf. p. 369.
42   Essa é uma atitude que começa a ser familiar aos biólogos. Ver notadamente L. Cuénot. *Invention et finalité en biologie*. Paris: Flammarion, 1941; A. Tétry. *Les outils chez les êtres vivants*. Paris: Gallimard, 1948; e A. Vandel. *L'homme et l'évolution*. Paris: Gallimard, 1949. Nessa obra, ver especialmente as considerações em *Adaptation et invention*, p. 120 e segs. Não se pode desconhecer o papel de fermento que as ideias do Padre Teilhard de Chardin tiveram para essas matérias.
       Sob o nome *Bionics*, uma recente disciplina, nascida nos Estados Unidos da América há uma dezena de anos, se aplica no estudo das estruturas e sis-

tual do homem, somos levados, de um lado, a afirmar a autonomia criadora das artes e dos ofícios em relação a todo conhecimento capaz de se os anexar para neles se aplicar ou de os informar para multiplicar-lhes os efeitos e, por conseguinte, de outro lado, inscrever o mecânico no orgânico. Nesse sentido, não mais se trata, naturalmente, de perguntar em que medida o organismo pode ou deve ser considerado como uma máquina, tanto do ponto de vista de sua estrutura quanto do ponto de vista de suas funções. Todavia, requer-se pesquisar por que razões a opinião inversa, a opinião cartesiana, pôde nascer. Tentamos esclarecer este problema. Propusemos que uma concepção mecanicista do organismo não era menos antropomórfica, apesar das aparências, do que uma concepção teleológica do mundo físico. A solução que tentamos justificar tem a vantagem de mostrar o homem em continuidade com a vida por meio da técnica, antes de insistir na ruptura cuja responsabilidade ele assume por intermédio da ciência. Ela, sem dúvida, tem o inconveniente de parecer reforçar os requisitórios nostálgicos que muitos escritores, pouco exigentes quanto à originalidade de seus temas, endereçam periodicamente contra a técnica e seus progressos. Não pretendemos voar para socorrê-los. Está bem claro que se o vivente humano se deu uma técnica de tipo mecânico, este fenômeno maciço tem um sentido não gratuito e, por conseguinte, não revogável sob demanda. Mas essa é uma questão inteiramente diferente da que acabamos de examinar.

---

temas biológicos, podendo ser utilizados como modelos ou análogos pela tecnologia, notadamente pelos construtores de aparelhos de detecção, de orientação, de equilíbrio, destinados ao equipamento de aviões ou de mísseis. A Biônica é a arte – muito sapiente – da informação que se introduz na escola da natureza viva. A rã, aos olhos seletivos de informação instantaneamente utilizável, o crótalo, de termoceptor sensível durante a noite à temperatura do sangue de suas presas, a mosca comum equilibrando seu voo por meio de dois cílios vibráteis forneceram modelos para uma nova espécie de Engenheiros. Existe, em muitas universidades dos Estados Unidos da América, um ensino especial de *Bio-engeneering* cuja sede inicial parece ter sido o Massachusetts Institute of Technology.
Cf. o artigo de J. Dufrenoy. Systèmes biologiques servant de modeles à la technologie. In: *Cahiers des ingenieurs agronomes*, p. 21, junho-julho 1962.

Capítulo III

❧

O VIVENTE E SEU MEIO

A noção de meio está se tornando um modo universal e obrigatório de apreensão e de existência dos seres vivos, e quase se poderia falar de sua constituição como categoria do pensamento contemporâneo. Mas as etapas históricas da formação do conceito e as diversas formas de sua utilização, assim como as sucessivas reviravoltas da relação de que ele é um dos termos, em geografia, em biologia, em psicologia, em tecnologia, em história econômica e social, tudo isso, até o momento, é bastante difícil de perceber em uma unidade sintética. Por essa razão, a filosofia deve, aqui, tomar a iniciativa de uma pesquisa sinótica do sentido e do valor do conceito, e, por iniciativa, não pretendemos apenas a aparência de uma iniciativa que consistiria em considerar na realidade a sequência das explorações científicas a fim de confrontar sua postura e seus resultados. Trata-se, mediante uma confrontação crítica de muitas abordagens, de encontrar, se possível, seu ponto de partida comum e de presumir sua fecundidade para uma filosofia da natureza centrada em relação ao problema da individualidade. Assim, convém examinar, alternadamente, os componentes simultâneos e sucessivos da noção de meio, as variedades de uso dessa noção, de 1800 aos nossos dias, as diversas inversões da relação organismo-meio e, por fim, o alcance filosófico geral dessas inversões.

Historicamente considerados, a noção e o termo *meio* foram importados da mecânica para a biologia, na segunda metade do século XVIII. A noção de mecânica, mas não o termo, aparece com Newton, e o termo *meio*, com sua significação mecânica, está presente na *Enciclopédia*, de d'Alembert e Diderot, no artigo Meio. Ele foi introduzido em biologia por Lamarck, inspirando-se em Buffon, mas só foi empregado por ele no plural. De Blainville consagra esse uso. Étienne Geoffroy Saint-Hilaire, em 1831, e Comte, em 1838, empregam o termo no singular, como termo abstrato. Balzac lhe deu cidadania na literatura, em 1842, no prefácio da *Comédia Humana*, e Taine o consagrou como um dos três princípios de explicação analítica da história, os dois outros sendo, como se sabe, a raça e o momento. Foi de Taine, mais do que de Lamarck, que os biólogos neolamarckianos franceses posteriores a 1870, Giard, Le Dantec, Houssay, Costantin, Gaston Bonnier, Roule, obtiveram esse termo. Foi, se quisermos, de Lamarck que eles obtiveram a ideia, mas o termo considerado como universal, como abstrato, foi-lhes transmitido por Taine.

Os mecanicistas franceses do século XVIII chamaram de meio o que Newton entendia por fluido e cujo tipo, senão o arquétipo único, é, na física de Newton, o éter. Na época de Newton, o problema a ser resolvido pela mecânica era o da ação a distância de indivíduos físicos distintos. Era o problema fundamental da física das forças centrais. Esse problema não se apresentava para Descartes. Para ele, há tão somente um modo de ação física, a saber, o choque em uma só situação física possível, o contato. Por essa razão, podemos dizer que, na física cartesiana, a noção de meio não encontra seu lugar. A matéria sutil não é, de modo algum, um meio. Mas havia dificuldades de se entender a teoria cartesiana do choque e da ação por contato, no caso de indivíduos físicos pontuais, pois, nesse caso, eles não podem agir sem confundir sua ação. Por conseguinte, concebe-se que Newton tenha sido levado a formular o problema do veículo da ação. O éter luminoso é, para ele, o fluido veículo de ação a distância. Desse modo, explica-se a passagem da noção de fluido veículo para sua designação com meio. O fluido é o intermediário entre dois corpos, ele é seu meio e, uma vez que ele penetra em todos esses corpos, estes se situam em seu meio. Segundo Newton e segundo a física das forças centrais, é por haver centros de forças que se pode falar de um ambiente, que se pode falar de um meio. A noção de meio é essencialmente relativa.

É pelo fato de se considerar separadamente o corpo sobre o qual se exerce a ação transmitida mediante o meio que nos esquecemos de que o meio é *um entre dois centros*, para manter apenas sua função de transmissão centrípeta e, podemos dizer, sua situação circundante. Assim, o meio tende a perder sua significação relativa e a tomar a de um absoluto e a de uma realidade em si.

Talvez Newton seja o responsável pela importação do termo da física para a biologia. O éter não lhe serviu apenas para resolver o fenômeno da iluminação, mas também para a explicação do fenômeno fisiológico da visão e, enfim, para a explicação dos efeitos fisiológicos da sensação luminosa, isto é, das reações musculares. Em sua *Ótica*, Newton considera o éter como estando em continuidade no ar, no olho, nos nervos e até mesmo nos músculos. Portanto, é pela ação de um meio que se garantiu a ligação de dependência entre o brilho da fonte luminosa percebida e o movimento dos músculos por meio dos quais o homem reage a essa sensação. Tal é, parece, o primeiro exemplo de explicação de uma reação orgânica pela ação de um meio, ou seja, de um fluido estritamente definido por propriedades físicas.[1] Ora o artigo de *Enciclopédia* já citado confirma essa maneira de ver. Foi da física de Newton que se tomaram emprestados todos os exemplos de meios dados por esse artigo. E é num sentido puramente mecânico que se diz que a água é um meio para os peixes que nela se deslocam. É também nesse sentido mecânico que Lamarck o entende inicialmente.

Lamarck fala sempre de meios, no plural, e entende com isso expressamente os fluidos como a água, o ar e a luz. Quando Lamarck quer designar o conjunto das ações que se exercem de fora sobre o vivente, isto é, o que hoje chamamos de meio, ele nunca diz o meio, mas sempre "circunstâncias influentes". Consequentemente, circunstâncias são, para Lamarck, um gênero cujas espécies são o clima, o lugar e o meio. Por essa razão, Brunschvicg, em *Les Étapes de la philosophie mathématique*,[2] pôde escrever que Lamarck

---

[1] Sobre todos esses pontos, cf. Léon Bloch. *Les origines de la théorie de l'éther et la phisyque de Newton*, 1908.
[2] Cf. p. 508.

tomara emprestado de Newton o modelo físico-matemático de explicação do vivente mediante um sistema de conexões com seu ambiente. As relações de Lamarck com Newton são diretas na ordem intelectual e indiretas na ordem histórica. Foi por Buffon que Lamarck foi ligado a Newton. Lembramos simplesmente que Lamarck foi aluno de Buffon e o preceptor de seu filho.

De fato, Buffon compõe, em sua concepção das relações entre o organismo e o meio, duas influências. A primeira é precisamente a da cosmologia, de Newton, da qual Buffon foi um constante admirador.[3] A segunda é a da tradição dos antropogeógrafos cuja vitalidade, antes dele e depois de Bodin, Machiavel e Arbuthnot, era mantida na França por Montesquieu.[4] O tratado hipocrático *Do Ar, das Águas, dos Lugares* pode ser considerado como a primeira obra a dar uma forma filosófica a essa concepção. Eis aqui as duas componentes reunidas por Buffon e seus princípios de etnologia animal, uma vez que os costumes dos animais são caracteres distintos e específicos, e que esses costumes podem ser explicados pelo mesmo método que servira aos geógrafos para explicar a variedade dos homens, a variedade das raças e dos povos sobre o solo terrestre.[5]

Portanto, como mestre e precursor de Lamarck em sua teoria do meio, Buffon nos aparece na convergência dos dois componentes da teoria: o componente mecânico e o componente antropogeográfico. Aqui se apresenta um problema de epistemologia e de psicologia histórica do conhecimento, cujo alcance ultrapassa amplamente o exemplo a propósito do qual ele se formula: o fato de que duas ou mais ideias diretrizes venham se compor em um momento dado numa mesma teoria não deve ser interpretado como o sinal de que elas tenham, no final da análise, por mais diferentes que elas possam parecer no momento em que a análise se apossa delas, uma origem comum cujo sentido e até mesmo com frequência a existência sejam

---

3   Cf. mais acima, p. 68.
4   *O espírito das leis*, XIV a XIX: relações das leis com o clima.
5   O capítulo sobre La dégénération des animaux (em *L'Histoire des Animaux*) estuda a ação do habitat e do alimento sobre o organismo animal.

esquecidos, ao se considerar separadamente seus membros disjuntos. Esse é o problema que reencontraremos no final.

As origens newtonianas da noção de meio bastam, assim, para dar conta da significação mecânica inicial dessa noção e do uso primeiro que dela foi feito. A origem comanda o sentido e o sentido comanda o uso. Isso é tão verdade que Auguste Comte, na XL lição de seu *Cours de Philosophie positive*, de 1838, ao propor uma teoria biológica geral do meio, tem o sentimento de empregar "meio" como um neologismo e reivindica a responsabilidade de erigi-lo em noção universal e abstrata da explicação em biologia. E Auguste Comte diz que, assim, ele entenderá doravante não apenas "o fluido no qual um corpo se encontra mergulhado" (o que bem confirma as origens mecânicas da noção), mas também "o conjunto total das circunstâncias exteriores necessárias à existência de cada organismo". Mas vemos também, em Comte, que tem o sentimento perfeitamente nítido das origens da noção assim como da importância que ele quer lhe conferir em biologia, que o uso da noção permanecerá dominado precisamente por essa origem mecânica da noção, senão do termo. Com efeito, é muito interessante observar que Auguste Comte estava prestes a formar uma concepção dialética das relações entre o organismo e o meio. Mencionamos, aqui, passagens em que Auguste Comte define a relação do "organismo apropriado" e do "meio favorável" como um "conflito de potências", cujo ato é constituído pela função. Ele afirma que "o sistema ambiente não poderia modificar o organismo sem que este, por sua vez, exercesse sobre ele uma influência correspondente". Mas, exceto no caso da espécie humana, Auguste Comte considera essa ação do organismo sobre o meio como insignificante. No caso da espécie humana, Comte, fiel à sua concepção filosófica da história, admite que, por intermédio da ação coletiva, a humanidade modifica seu meio. Mas, no que concerne ao vivente, em geral, Auguste Comte recusa considerar – estimando-o simplesmente insignificante – essa reação do organismo sobre o meio. É que, de modo muito explícito, ele busca uma garantia dessa ligação dialética, dessa relação de reciprocidade entre o meio e o organismo, no princípio newtoniano da ação e da reação. Com efeito, é evidente que, do ponto de vista mecânico, a ação do vivente sobre o meio é praticamente insignificante. E Auguste Comte termina por formular o problema biológico das relações entre o organismo e o meio sob a forma de um problema matemático: "Num meio dado, levando em conta o órgão, encontrar a função e reciprocamente". A ligação do organismo e do meio é, então, aquela de uma função a um conjunto de variáveis, ligação de igualdade que permite determinar a função pelas variáveis e as variáveis separadamente a partir da função; "todas as coisas são iguais, aliás".[6]

A análise das variáveis cujo meio é a função é feita por Auguste Comte na lição XLIII do *Curso de Filosofia positiva*. Essas variáveis são o peso, a pressão do ar e da água, o movimento, o calor, a eletricidade, as espécies químicas, todos fatores capazes de ser experimentalmente estudados e quantificados pela medida. A qualidade do organismo se encontra reduzida a um conjunto de quantidades, seja qual for; por outro lado, a desconfiança que Comte professe para com o tratamento matemático dos problemas biológicos, desconfiança que, sabemos, vem-lhe de Bichat.

Em resumo, o benefício de um histórico, mesmo sumário, da importação do termo meio para a biologia, nos primeiros anos do século XIX, é a de dar conta da acepção originariamente, e de modo estrito, mecanicista desse termo. Se em Comte aparece a desconfiança de uma acepção autenticamente biológica e de um uso mais maleável, ele, por outro lado, cede imediatamente diante do prestígio da mecânica, ciência exata fundamentando a previsão sobre o cálculo. Para Comte, a teoria do meio aparece nitidamente como uma variante do projeto fundamental que o *Curso de Filosofia positiva* se esforça em preencher: primeiro o mundo, o homem depois. Ir do mundo ao homem. A ideia de uma subordinação do mecânico ao vital, tal como o formularão mais tarde, sob a forma de mitos, *Le système de politique positive* e *La synthèse subjective*, se ela é presumida, ela é, contudo, deliberadamente recalcada.

---

6   É também sob a forma de uma relação de função com variável que Tolman concebe, em sua psicologia behaviorista, as relações do organismo e do meio. Cf. Tilquin. *Le Behaviorisme*. Paris: Vrin, 1944. p. 439.

Mas há, ainda, uma lição a extrair do emprego do termo *meio*, tal como ele foi definitivamente consagrado por Comte, de modo absoluto e sem qualificativo. O equivalente do que esse termo designará, doravante, eram, em Lamarck, as circunstâncias. Étienne Geoffroy Saint-Hilaire, em seu memorial para a Academia das Ciências, em 1831, dizia: o meio ambiente. Esses termos, *circunstância* e *ambiente*, referem-se a uma certa intuição de uma formação centrada. No sucesso do termo meio, a representação da reta ou do plano indefinidamente extensíveis, um e outro contínuos e homogêneos, sem figura definida e sem posição privilegiada, prevalece sobre a representação da esfera ou do círculo, formas que são ainda qualitativamente definidas e, se ousamos dizer, enganchadas a um centro de referência fixa. Circunstâncias e ambiência conservam ainda um valor simbólico, mas o termo meio recusa evocar qualquer outra relação que não seja a de uma posição negada pela exterioridade indefinidamente. O agora remete ao antes, o aqui remete ao seu mais além e assim por diante, sempre sem parar. O meio é verdadeiramente um puro sistema de relações sem suportes.

A partir daí, podemos compreender o prestígio da noção de meio para o pensamento científico analítico. O meio se torna um instrumento universal de dissolução das sínteses orgânicas individualizadas no anonimato dos elementos e dos movimentos universais. Quando os neolamarckianos franceses tomam emprestado de Lamarck, senão o termo no sentido absoluto e tomado no singular, pelo menos a ideia, eles só mantêm dos caracteres morfológicos e das funções do vivente sua formação por meio do condicionamento exterior e, por assim dizer, por deformação. Basta lembrar as experiências de Costantin sobre as formas da folha de sagitária; as experiências de Houssay sobre a forma, as nadadeiras e a metameria dos peixes. Louis Roule escreveu num pequeno livro, *La vie des rivières*:[7] "Os peixes não levam sua vida por si mesmos, é o rio que os faz levá-las; eles são pessoas sem personalidade". Temos aqui um exemplo daquilo a que deve chegar um uso estritamente mecanicista da

---

[7] Paris: Stock, 1930. p. 61.

noção de meio.[8] Retornamos à tese dos animais-máquinas. No fundo, Descartes não dizia outra coisa ao dizer, sobre os animais: "É a natureza que age neles por intermédio de seus órgãos".

A partir de 1859, isto é, da publicação de *Origem das espécies*, de Darwin, o problema das relações entre o organismo e o meio é dominado pela polêmica que opõe lamarckianos e darwinianos. A originalidade das posições de partida parece dever ser lembrada para se compreender o sentido e a importância da polêmica.

Em *Philosophie zoologique* (1809), Lamarck escreve que, se por ação das circunstâncias ou ação dos meios, entende-se uma ação direta do meio exterior sobre o vivente, fazemos com que ele diga o que não quis dizer.[9] É por intermédio da necessidade, noção subjetiva implicando a referência a um polo positivo dos valores vitais, que o meio domina e comanda a evolução dos viventes. As mudanças nas circunstâncias acarretam mudanças nas necessidades, as mudanças nas necessidades acarretam mudanças nas ações. Uma vez que essas ações são duráveis, o uso e o não uso de alguns órgãos os desenvolvem ou os atrofiam e essas aquisições ou essas perdas morfológicas obtidas pelo hábito individual são conservadas pelo mecanismo da hereditariedade, com a condição de que o caráter morfológico novo seja comum aos dois reprodutores.

Segundo Lamarck, a situação do vivente no meio é uma situação que se pode dizer desolante e desolada. A vida e o meio que a ignora são duas séries de acontecimentos assíncronos. A mudança das circunstâncias é inicial, mas é o próprio vivente que tem, no fundo, a iniciativa do esforço que faz para não ser deixado cair

---

8 Encontramos um resumo cativante da tese em *Force et cause*, de Houssay (Paris: Flammarion, 1920), quando ele fala de "alguns tipos de unidades que chamamos de seres vivos, que denominamos à parte como se eles tivessem verdadeiramente uma existência própria, independente, ao passo que eles não têm nenhuma realidade isolada, e só podem estar tão somente em ligação absoluta e permanente com o meio ambiente do qual eles são uma simples concentração local e momentânea (p. 47).

9 Trata-se sobretudo dos animais. Concernindo às plantas, Lamarck é mais reservado.

por seu meio. A adaptação é um esforço renovado da vida para continuar a se "colar" num meio indiferente. A adaptação, sendo o efeito de um esforço, não é, portanto, uma harmonia; ela não é uma providência, é obtida e nunca é garantida. O lamarckismo não é um mecanicismo. Seria inexato dizer que é um finalismo. Na realidade, é um vitalismo nu. Há uma originalidade da vida da qual o meio não dá conta, ele ignora. O meio é, aqui, verdadeiramente o exterior no sentido próprio da palavra, ele é estrangeiro, não faz nada pela vida. É, na verdade, um vitalismo por ser um dualismo. A vida, dizia Bichat, é conjunto das funções que resistem à morte. Na concepção de Lamarck, a vida resiste unicamente se deformando para sobreviver a si mesma. Até onde o saibamos, nenhum retrato de Lamarck, nenhum resumo de sua doutrina ultrapassa aquele dado por Saite-Beuve em seu romance *Volupté*.[10] Vê-se como há distância do vitalismo lamarckiano ao mecanicismo dos neolamarckianos franceses. Cope, neolamarckiano americano, era mais fiel ao espírito da doutrina.

Darwin tem uma ideia totalmente diferente do ambiente do vivente e da aparição das novas formas. Na introdução à *Origem das espécies*, ele escreve:

---

10 "Frequentei muitas vezes, por décadas, no Jardin des Plantes, o Curso de História Natural do Sr. de Lamarck... O Sr. de Lamarck era, desde então, o último representante desta grande escola de físicos e observadores gerais que reinaram depois de Thales e Demócrito até Buffon... Sua concepção das coisas tinha muita simplicidade, nudez e muita tristeza. Ele construía o mundo com o mínimo de elementos, de crises, e com a máxima duração possível... Uma longa paciência cega era seu gênio do Universo. Do mesmo modo, na ordem orgânica, uma vez admitido esse poder misterioso da vida, tão pequeno e tão elementar quanto possível, ele o supunha ele se desenvolvendo por si mesmo, confeccionando-se pouco a pouco com o tempo; a necessidade surda, unicamente o hábito nos meios diversos faziam nascer, no devido tempo, os órgãos, contrariamente ao poder constante da natureza que os destruía, pois o Sr. de Lamarck separava a vida da natureza. A seus olhos, a natureza era a pedra e a cinza, o granito da tumba, a morte. Ali, a vida só intervinha como um acidente estranho e singularmente industrioso, uma luta prolongada com mais ou menos sucesso ou equilíbrio aqui e ali, mas sempre, por fim, vencida; a imobilidade fria era reinante depois tanto quanto antes".

Os naturalistas se referem continuamente às condições exteriores tais como o clima, a alimentação, assim como às únicas causas possíveis de variações; eles só têm razão num sentido muito limitado.

Parece que Darwin lamentou, mais tarde, não ter atribuído à ação direta das forças físicas sobre o vivente senão um papel secundário. Isso se sobressai em sua correspondência. M. Prenant, na introdução dada por ele aos textos escolhidos de Darwin, publicou um certo número de passagens particularmente interessantes.[11] Darwin busca a aparição das formas novas na conjunção de dois mecanismos: um mecanismo de produção das diferenças, que é a variação, e um mecanismo de redução e de crítica dessas diferenças produzidas, que são a concorrência vital e a seleção natural. Aos olhos de Darwin, a relação biológica fundamental é a de um vivente com outros viventes. Ele privilegia a relação entre o vivente e o meio, concebida como conjunto de forças físicas. O primeiro meio no qual vive um organismo é um *entourage* de viventes que são para ele inimigos ou aliados, presas ou predadores. Entre os viventes, estabelecem-se relações de utilização, destruição e defesa. Nessa concorrência de forças, variações acidentais de ordem morfológica atuam como vantagens ou desvantagens. Ora, a variação, isto é, a aparição de pequenas diferenças morfológicas pelas quais um descendente não se parece exatamente com seus ascendentes, decorre de um mecanismo complexo: o uso ou o não uso dos órgãos (o fator lamarckiano só concerne aos adultos), as correlações ou compensações de crescimento (para os jovens), ou então a ação direta do meio (sobre os germes).

Nesse sentido, pode-se dizer que, segundo Darwin, contrariamente a Lamarck, a iniciativa da variação pertence, por vezes, mas apenas por vezes, ao meio. Conforme majoremos ou minoremos essa ação, conforme nos restrinjamos a suas obras clássicas ou, ao contrário, ao conjunto de seu pensamento tal como sua correspondência o apresenta, faremos de Darwin uma ideia um tanto diferente. Seja como for, para Darwin, viver é submeter ao

---

11   *Darwin*. Paris: E.S.I., 1938. p. 145-149.

conjunto dos viventes uma diferença individual. Essa apreciação só comporta duas sanções: morrer, ou então fazer, por sua vez e por algum tempo, parte do júri. Mas, enquanto vivemos, sempre se é juiz e julgado. Por conseguinte, vemos que na obra de Darwin, tal como ele a deixou para nós, o fio que religa a formação dos viventes ao meio físico-químico pode parecer bastante tênue. E o dia em que uma nova explicação da evolução das espécies, o mutacionismo, vir na genética a explicação de fenômenos (que Darwin conhecia, mas subestimou) de aparição de variações específicas, imediatamente hereditárias, o papel do meio se encontrará reduzido a eliminar o pior sem participar da produção dos novos seres, normalizados por sua adaptação não premeditada às novas condições de existência, a monstruosidade se tornando regra e a originalidade, banalidade provisória.

Na polêmica que opôs lamarckianos e darwinianos é instrutivo observar que os argumentos e objeções têm duplo sentido e dupla entrada, que o finalismo é denunciado e o mecanicismo celebrado, ora por um, ora por outro. Sem dúvida, isso é sinal de que a questão foi mal formulada. Podemos dizer que, em Darwin, o finalismo está nas palavras (o termo seleção lhe foi muito censurado), não está nas coisas. Em Lamarck, há menos finalismo do que vitalismo. Um e outro são autênticos biólogos, para os quais a vida parece um dado que eles buscam caracterizar sem muito se preocupar de dar conta disso analiticamente. Esses dois autênticos biólogos são complementares. Lamarck pensa a vida segundo a duração e Darwin a pensa mais segundo a interdependência. Uma forma viva supõe uma pluralidade de outras formas com as quais ela está em relação. A visão sinóptica que constitui o essencial do gênio de Darwin falta a Lamarck. Darwin aparenta-se mais com os geógrafos e sabemos o que ele deve às suas viagens e às suas explorações. O meio no qual Darwin representa a vida do vivente é um meio biogeográfico.

No começo do século XIX, dois nomes resumem o advento da geografia como ciência consciente de seu método e de sua dignidade: Ritter e Humboldt.

Em 1817, Carl Ritter publicou sua *Géographie générale comparée, ou Science de la Terre dans ses rapports avec la nature et l'histoire de l'homme*. Alexandre de Humboldt publica, a partir de 1845, e durante uma dezena de anos, o livro cujo título *Kosmos* resume precisamente o espírito. Neles se unem as tradições da geografia grega, ou seja, a ciência do ecúmeno humano depois de Aristóteles e Estrabão, e a ciência da coordenação do espaço humano em relação com as configurações e movimentos celestes, isto é, a geografia matemática da qual Erastótenes, Hiparco e Ptolomeu são considerados fundadores.

Segundo Ritter, a história humana é ininteligível sem ligação do homem ao solo e a todo o solo. A Terra, considerada em seu conjunto, é o suporte estável das vicissitudes da história. O espaço terrestre, sua configuração, por conseguinte, são objetos de conhecimento não apenas geométrico, não apenas geológico, mas sociológico e biológico.

Humboldt é um naturalista viajante que percorreu muitas vezes o que se poderia percorrer do mundo em sua época e que aplicou a suas investigações todo um sistema de medidas barométricas, termométricas etc. O interesse de Humboldt incidiu, sobretudo, na repartição das plantas segundo os climas: ele é o fundador da geografia botânica e da geografia zoológica. O *Kosmos* é uma síntese dos conhecimentos tendo por objeto a vida sobre a Terra e as relações da vida com o meio físico. Essa síntese não pretende ser uma enciclopédia, mas quer chegar a uma intuição do universo e começa por uma história da *Weltanschauung*, por uma história do Cosmos cujo equivalente dificilmente se buscará numa obra de filosofia. Há nela uma recensão absolutamente notável.

É essencial notar que Ritter e Humboldt aplicam a seu objeto, às relações do homem histórico e do meio, a categoria de totalidade. Seu objeto é toda a humanidade sobre toda a Terra. A partir deles, a ideia de uma determinação das relações históricas pelo suporte geográfico se consolida em geografia, para chegar, na Alemanha, primeiro a Ratzel e à antropogeografia, depois à geopolítica e, por contágio, invade a história, a partir de Michelet. Lembremo-nos do *Tableau de la France*.[12] Por fim, Taine, como

---

12   Ver em *La Terre et l'évolution humaine*, de Lucien Febvre, uma explanação histórica do desenvolvimento da ideia e uma crítica de seus exageros.

já se disse, contribuirá para a difusão da ideia em todos os meios, inclusive o meio literário. Podemos resumir o espírito dessa teoria das relações entre o meio geográfico e o homem dizendo que fazer história consiste em ler um mapa, entendendo por mapa a figuração de um conjunto de dados métricos, geodésicos, geológicos, climatológicos e de dados descritivos biogeográficos.

O tratamento – cada vez mais determinista ou, mais precisamente, mecanicista, à medida que se afasta do espírito dos fundadores – dos problemas de antropologia e de etologia humana se duplica de um tratamento paralelo, quando não exatamente síncrono, em matéria de etologia animal. À interpretação mecanicista da formação das formas orgânicas sucede a explicação mecanicista dos movimentos do organismo no meio. Lembremos apenas os trabalhos de Jacques Loeb e de Watson. Generalizando as conclusões de suas pesquisas sobre os fototropismos nos animais, Loeb considera todo movimento do organismo no meio como um movimento ao qual o organismo é forçado pelo meio. O reflexo, considerado como resposta elementar de um segmento do corpo a um estímulo físico elementar, é o mecanismo simples cuja composição permite explicar todas as condutas do vivente. Esse cartesianismo exorbitante está incontestavelmente, tanto quanto o darwinismo, na origem dos postulados da psicologia behaviorista.[13]

Watson atribuía como programa para a psicologia a pesquisa analítica das condições da adaptação do vivente ao meio, mediante a produção experimental das relações entre a excitação e a resposta (o par estímulo-resposta). O determinismo da relação entre excitação e resposta é físico. A biologia do comportamento se reduz a uma neurologia e esta se resume a uma energética. A evolução de seu pensamento conduz Watson a passar de uma concepção, na qual ele negligencia simplesmente a consciência como inútil, para uma concepção na qual pura e simplesmente ele a anula como ilusória. O meio se encontra investido de todos os poderes em rela-

---

13 Tilquin. Op. cit. p. 34-35. Naturalmente, foi dessa tese tão solidamente documentada que tomamos emprestado o essencial das informações abaixo utilizadas.

ção aos indivíduos. Sua potência domina e até mesmo abole o poder da hereditariedade e o poder da constituição genética. O meio sendo dado, o organismo se dá tão somente o que, na realidade, ele recebe. A situação do vivente, seu ser no mundo, é uma condição ou, mais exatamente, um condicionamento.

Albert Weiss pretendia construir a biologia como uma física dedutiva, propondo uma teoria eletrônica de comportamento. Restava aos psicotécnicos, prolongando as técnicas tayloristas da cronometragem dos movimentos mediante o estudo analítico das reações humanas, aperfeiçoar a obra da psicologia behaviorista e constituir habilmente o homem em máquina reagindo às máquinas, em organismo determinado pelo "novo meio" (Friedmann).

Em síntese, a noção de meio, devido a suas origens, foi primeiro desenvolvida e estendida em um sentido perfeitamente determinado. E podemos, aplicando a ela mesma a norma metodológica por ela resumida, dizer que seu poder intelectual era função do meio intelectual no qual ela havia sido formada. A teoria do meio foi inicialmente a tradução positiva e aparentemente verificável da fábula condillaciana da estátua. No odor da rosa, a estátua é odor de rosa. Do mesmo modo, o vivente, no meio físico, é luz e calor, é carvão e oxigênio, cálcio e peso. Ele responde por contrações musculares a excitações sensoriais, ele responde por coceira à comichão, por fuga à explosão. Mas podemos e devemos nos perguntar onde está o vivente? Vemos bem os indivíduos, mas são objetos; vemos gestos, mas são deslocamentos; vemos centros, mas são cercanias; maquinistas, mas são máquinas. O meio de comportamento coincide com o meio geográfico; o meio geográfico, por sua vez, com o meio físico.

Era normal, no sentido forte da palavra, que essa norma metodológica tivesse encontrado primeiro, em geografia, seus limites e a ocasião de sua inversão. A geografia tem de se haver com complexos, complexos de elementos cujas ações se limitam reciprocamente e nos quais os efeitos das causas se tornam causas, por sua vez, modificando as causas que lhes deram origem. Assim, os ventos alísios nos oferecem um exemplo-tipo de complexo. Os ventos

III. Filosofia ✿ O Vivente e seu Meio   153

alísios deslocam a água marinha de superfície reaquecida ao contato do ar; as águas profundas, frias, sobem à superfície e refrescam a atmosfera; as baixas temperaturas engendram baixas pressões que fazem nascer os ventos; o ciclo se fecha e recomeça. Este é um tipo de complexo tal qual se poderia observar também em geografia vegetal. A vegetação é repartida em conjuntos naturais nos quais espécies diversas se limitam reciprocamente e nos quais, por conseguinte, cada uma delas contribui para criar um equilíbrio para as outras. O conjunto dessas espécies vegetais acaba por constituir seu próprio meio. É assim que as trocas das plantas com a atmosfera acabam criando, em torno da zona vegetal, uma espécie de tela de vapor d'água que vem limitar o efeito das radiações e a causa dá origem ao efeito que irá freá-la, por sua vez etc.[14]

Os mesmos pontos de vista devem ser aplicados ao animal e ao homem. Contudo, a reação humana à provocação do meio se encontra diversificada. O homem pode trazer muitas soluções para um mesmo problema apresentado pelo meio. O meio propõe sem jamais impor uma solução. Claro que num estado de civilização e de cultura determinada as possibilidades não são ilimitadas. Mas o fato de, num dado momento, ter como obstáculo aquilo que, ulteriormente, se revelará, talvez, como sendo um meio de ação se deve definitivamente à ideia, à representação que o homem – trata-se do homem coletivo, é claro – faz de suas possibilidades, de suas necessidades e, para tudo dizer, deve-se ao fato de ele se representar como desejável, o que não se separa do conjunto dos valores.[15]

Portanto, acabamos revertendo a relação entre meio e ser vivo. Aqui, o homem, como ser histórico, torna-se um criador de configuração geográfica, torna-se um fator geográfico, e lembramos apenas que os trabalhos de Vidal-Lablache, de Brunhes, de

---

14 Cf. Henri Baulig, La Géographie est-elle une science?. In: *Annales de Géographie*, LVII, janeiro-março 1948: Causalité et finalité en géomorphologie. In: *Geografiska Annaler*, H, 1-2, 1949.

15 Uma atualização muito interessante dessa inversão de perspectiva em geografia humana se encontra em um artigo de L. Poirer. L'évolution de la géographie humaine. In: *Revista Critique*, n. 8 e 9, janeiro-fevereiro 1947.

Demangeon, de Lucien Febvre e de sua escola mostraram que o homem não conhece um meio físico puro. Num meio humano, o homem é evidentemente submetido a um determinismo, mas trata-se do determinismo de criações artificiais cujo espírito de invenções que os chama à existência se alienou. Na mesma ordem de ideias, os trabalhos de Friedmann mostram como, no novo meio que as máquinas fazem para o homem, a mesma inversão já se produziu. Impelida até os limites extremos de sua ambição, a psicotécnica dos engenheiros, surgida das ideias de Taylor, chega a apreender, como centro de resistência irredutível, a presença no homem de sua própria originalidade sob a forma do sentido dos valores. O homem, mesmo subordinado à máquina, não consegue se apreender como máquina. Sua eficácia no rendimento é tanto maior quanto mais sua situação central para com os mecanismos destinados a servi-lo lhe for sensível.

Muito antes, a mesma inversão da relação organismo-meio se havia produzido em matéria de psicologia animal e de estudo do comportamento. Loeb suscitara Jennings e Watson suscitara Kantor e Tolmann.

A influência do pragmatismo é aqui evidente e estabelecida. Se, em certo sentido, o pragmatismo serviu de intermediário entre o darwinismo e o behaviorismo pela generalização e extensão à teoria do conhecimento da noção de adaptação, e, num outro sentido, enfatizando o papel dos valores em sua relação com os interesses da ação, Dewey deveria conduzir os behavioristas a olharem como essencial a referência dos movimentos orgânicos ao próprio organismo. O organismo é considerado como um ser ao qual nem tudo pode ser imposto porque sua existência, como organismo, consiste em se propor, ele mesmo, às coisas, segundo algumas orientações que lhe são próprias. Preparado por Kantor, o behaviorismo teleológico de Tolmann consiste em pesquisar, em reconhecer o sentido e a intenção do movimento animal. Parece ser essencial ao movimento de reação persistir mediante uma variedade de fases, que podem ser erros, atos falhos, até o momento em que a reação põe fim na excitação e restabelece o repouso, ou então conduz a uma nova série de atos inteiramente diferentes daqueles que se fecharam sobre si mesmos. Antes dele, Jennings, em sua teoria dos ensaios e erros, mostrara, contra Loeb, que o animal não reage por somação de reações moleculares a um excitante decomponível em unidades de excitação, mas sim como um todo a objetos totais, sendo, suas reações, regulações para as necessidades que os comandam. Naturalmente, é preciso reconhecer, aqui, a contribuição considerável da *Gestalttheorie*, sobretudo a distinção, devida a Koffka, entre o meio de comportamento e o meio geográfico.[16]

Por fim, a relação organismo-meio se vê revertida nos estudos de psicologia animal de Von Uexküll e nos estudos de patologia humana de Goldstein. Um e outro fazem essa reversão com a lucidez que lhes vem de um ponto de vista plenamente filosófico do problema. Uexküll e Goldstein concordam quanto a este ponto fundamental: estudar um vivente nas condições experimentalmente construídas é fazer-lhe um meio, impor-lhe um meio. Ora, o próprio do vivente é fazer seu meio, compor seu meio. Por certo, mesmo de um ponto de vista materialista, podemos falar de interação entre o vivente e o meio, entre o sistema físico-químico recortado em um todo mais vasto e seu ambiente. Mas não basta falar de interação para anular a diferença existente entre uma relação de tipo físico e uma relação de tipo biológico.

Do ponto de vista biológico, é preciso compreender que entre o organismo e o ambiente há a mesma relação que entre as partes e o todo no interior do próprio organismo. A individualidade do vivente não cessa em suas fronteiras ectodérmicas tanto quanto ela não começa na célula. A relação biológica entre o ser e seu meio é uma relação funcional, e, por conseguinte, móvel, cujos termos trocam sucessivamente o seu papel. A célula é um meio para os elementos infracelulares; ela própria vive num meio interior de dimensões ora do órgão, ora do organismo, vivendo, ele mesmo, em um meio que lhe é, de algum modo, o que ele é para seus com-

---

16 Sobre esse ponto, cf. P. Guillaume. *La Structure du comportement*.

ponentes. Há, portanto, um sentido biológico a ser adquirido para se avaliarem os problemas biológicos. A leitura de Uexküll e de Goldstein pode contribuir muito para a formação desse sentido.[17] Uexküll distingue com muito cuidado os termos *Umwelt*, *Umgebung* e *Welt*. *Umwelt* designa o meio de comportamento próprio a tal organismo, *Umgebung* é o ambiente geográfico banal e *Welt* é o universo da ciência. O meio de comportamento próprio (*Umwelt*), para o vivente, é um conjunto de excitações tendo valor e significação de sinais. Para agir sobre um vivente, não basta que a excitação física se produza, é preciso que ela seja notada. Por conseguinte, uma vez que age sobre o vivente, ela pressupõe a orientação de seu interesse; ela não procede do objeto, mas dele. Em outras palavras, para ser eficaz, é preciso que ela seja antecipada por uma atitude do sujeito. Se o vivente não procura, ele nada recebe. Um vivente não é uma máquina que responde às excitações por intermédio dos movimentos, é um maquinista que responde aos sinais por meio das operações. Naturalmente, não é o caso de discutir o fato de que se trate de reflexos cujo mecanismo é físico-químico. Para o biólogo, a questão não é essa. A questão está no fato de que, da exuberância do meio físico como produtor de excitações cujo número é teoricamente ilimitado, o animal só retém alguns sinais (*Markmale*). Seu ritmo de vida ordena o tempo dessa *Umwelt*, tal como ele ordena o espaço. Com Buffon, Lamarck dizia: o tempo e as circunstâncias favoráveis constituem o vivente,

---

17   J. von Uexküll. *Umwelt und Innenwelt der Tiere*. Berlin, 1909; 2. ed. 1921. *Theoretische Biologie*. 2. ed., Berlin, 1928. Uexküll; G. Kriszat. *Streifzüge durch die Umwelten von Tieren und Menschen*. Berlin, 1934.
Goldstein, porém, só aceita esses pontos de vista de Von Uexküll com uma notável reserva. Por não querer distinguir o vivente de seu ambiente, toda pesquisa de relações se torna, em certo sentido, impossível. A determinação desaparece em benefício da penetração recíproca e a consideração da totalidade mata o conhecimento. Para que o conhecimento permaneça possível, é preciso que nessa totalidade organismo-ambiente apareça um centro não convencional, a partir do qual se possa abrir um leque de relações. Cf. *La structure de l'organisme*, p. 75-76: Critique de toute théorie exclusive de l'environnement.

pouco a pouco. Uexküll volta à relação e diz: o tempo e as circunstâncias favoráveis são relativos a tais viventes.

A *Umwelt* é, assim, uma retirada eletiva da *Umgebung* no ambiente geográfico. Mas o ambiente, em termos precisos, não é senão a *Umwelt* do homem, ou seja, o mundo usual de sua experiência perspectiva e pragmática. Tal como a *Umgebung*, esse ambiente geográfico exterior ao animal é, em certo sentido, centrado, ordenado, orientado por um sujeito humano – quer dizer, um criador de técnicas e um criador de valores –, assim também a *Umwelt* do animal não é senão um meio, centrado em relação a esse sujeito, de valores vitais em que consiste essencialmente o vivente. Devemos conceber, na raiz dessa organização da *Umwelt* animal, uma subjetividade análoga àquela que somos obrigados a considerar na raiz da *Umwelt* humana. Um dos exemplos mais impressionantes citados por Uexküll é a *Umwelt* do carrapato.

O carrapato se desenvolve à custa do sangue quente dos mamíferos. Depois da cópula, a fêmea adulta sobe até a extremidade de um ramo de árvore e espera. Ela pode esperar 18 anos. No Instituto de Zoologia de Rostock, fêmeas de carrapatos permaneceram vivas, encerradas, em estado jovem, durante 18 anos. Quando um mamífero passa sob a árvore, sob o posto de espreita e de caça da fêmea do carrapato, ela se deixa cair. Ela é guiada pelo odor de manteiga rançosa que emana das glândulas cutâneas do animal. Esse é o único excitante que pode desencadear seu movimento de queda. É o primeiro tempo. Quando cai sobre o animal, ela se fixa nele. Se produzirmos artificialmente o odor de manteiga rançosa sobre uma mesa, por exemplo, a fêmea não fica ali, ela torna a subir para seu posto de observação. Unicamente a temperatura do sangue a fixa sobre o animal. Ela é nele fixada por seu sentido térmico; e, guiada por seu sentido tátil, busca, de preferência, os lugares da pele desprovidos de pelo, nos quais se enterra até acima da cabeça e suga o sangue. Somente no momento em que o sangue do mamífero penetra em seu estômago é que os ovos da fêmea (encapsulados desde o momento da cópula e que assim podem permanecer por 18 anos) explodem, amadurecem e se desenvolvem. O carrapato fêmea pode viver 18 anos para cumprir, de algum modo, sua função de reprodução. Deve-se notar que, durante um tempo considerável, o animal pode ficar totalmente indiferente, insensível a todas as excitações que emanem de um meio como a floresta e que a única excitação capaz de desencadear seu movimento, excluídas todas as outras, é o odor de manteiga rançosa.[18]

A confrontação com Goldstein se impõe, pois o fundo sólido sobre o qual ele constrói sua teoria é uma crítica da teoria mecânica do reflexo. Este não é uma reação isolada nem gratuita. A reação é sempre função da abertura do sentido em relação às excitações e de sua orientação no que concerne a elas. Essa orientação depende da significação de uma situação perdida em seu conjunto. Os excitantes separados têm sentido para a ciência humana, mas não têm nenhum sentido para a sensibilidade de um vivente. Um animal em situação de experimentação está numa situação anormal para ele, da qual não necessita, segundo suas próprias normas, a qual ele não escolheu e que lhe foi imposta. Portanto, um organismo nunca é igual à totalidade teórica de suas possibilidades. Não se pode compreender seu artigo sem apelar à noção comportamento privilegiado. Privilegiado não quer dizer objetivamente mais simples. É o inverso. O animal acha mais simples fazer o que ele privilegia. Ele tem suas normas vitais próprias.

Entre o vivente e o meio, a relação se estabelece como um debate (*Auseinandersetzung*), ao qual o vivente leva suas normas próprias de apreciação das situações, onde ele domina o meio e se acomoda a ele. Essa relação não consiste essencialmente, como se poderia crer, em uma luta, em uma oposição. Isso concerne ao estado patológico. Uma vida que se afirma contra é uma vida já ameaçada. Os movimentos de força, como por exemplo as reações musculares de extensão, traduzem a dominação do exterior sobre organismo.[19] Uma vida sadia, uma vida confiante em sua existên-

---

18   O exemplo do carrapato fêmea foi retomado, segundo Von Uexküll, por L. Bounoure em seu livro *L'autonomie de l'être vivant*. Paris: PUF, 1949. p. 143.

19   Para a discussão dessa tese de Goldstein, cf. F. Dagognet. *Philosophie biologique*. Paris: PUF, 1955, conclusão.

cia, em seus valores, é uma vida em flexão, em maleabilidade, quase em suavidade. A situação do vivente comandado de fora pelo meio é considerada por Goldstein como o tipo próprio da situação catastrófica. É a situação do vivente em laboratório. As relações entre o vivente e o meio, tal como estudadas experimental e objetivamente, são, dentre todas as relações possíveis, as que têm menos sentido biológico, são relações patológicas. Goldstein diz que "o sentido de um organismo é seu ser". Podemos dizer que o ser do organismo é seu sentido. Por certo que a análise do vivente pode e deve ser feita. Ela tem seu interesse teórico e prático. Mas continua sendo um capítulo da física. Resta tudo a fazer em biologia. A biologia, portanto, deve considerar o vivente, primeiro, como um ser significativo e a individualidade não como um objeto, mas um caráter na ordem dos valores. Viver é irradiar, é organizar o meio a partir de um centro de referência em que ele próprio não pode ser referido sem perder sua significação original. Enquanto se realizava, na etologia animal e no estudo do comportamento, a reversão da relação organismo-meio, uma revolução se realizava na explicação dos caracteres morfológicos que tendiam a admitir a autonomia do vivente em relação ao meio. Sem mais, aludíamos, aqui, aos trabalhos, doravante muito conhecidos, de Bateson, Cuénot, Th. Morgan. H. Müller e seus colaboradores, que retomaram e estenderam as pesquisas de G. Mendel sobre a hibridação e a hereditariedade e que, por meio da constituição da genética, chegaram a afirmar que a aquisição pelo vivente de sua forma, e, portanto, de suas funções, num meio dado, depende de seu potencial hereditário próprio, e que a ação do meio sobre o fenótipo deixa intacto o genótipo. A explicação genética da hereditariedade e da evolução (teoria das mutações) convergia com a teoria de Weissman. Ao longo da ontogênese, o isolamento precoce do plasma germinativo tornaria nula a influência das modificações somáticas determinadas pelo meio sobre o futuro da espécie. A. Brachet, em seu livro *La vie créatrice des formes*, escrevia que "o meio não é um agente de formação propriamente dito, mas de realização",[20] invocando, em apoio, a mul-

---

20   Paris: Alcan, 1927. p. 171.

tiformidade dos viventes marinhos num meio idêntico. E Caullery concluía sua explanação sobre o *Problema da evolução*,[21] reconhecendo que a evolução depende muito mais das propriedades intrínsecas dos organismos do que do meio ambiente".[22]

Mas sabemos que a conceituação de uma autonomia integral da combinação genética hereditária não deixou de suscitar críticas. Enfatizou-se, primeiro, o fato de que a desarmonia núcleoplasmática tende a limitar a onipotência hereditária dos genes. Na reprodução sexuada, se os dois pais fornecem cada um a metade dos genes, a mãe fornece o citoplasma do ovo. Ora, como os bastardos de duas espécies diferentes não são recíprocos, conforme uma ou outra das espécies seja representada pelo pai ou pela mãe, somos levados a pensar que a potência dos genes difere em função do meio citoplasmático. Por outro lado, as experiências de H. Müller (1927), provocando mutações sobre a drosófila pela ação de um meio de radiações penetrantes (raios X), pareceram trazer alguma luz sobre o condicionamento, pelo exterior, de um fenômeno orgânico talvez muito complacentemente utilizado para enfatizar a separação do organismo e do ambiente. Por fim, um ganho de atualidade foi dado ao lamarckismo pelas polêmicas ideológicas, pelo menos tanto quanto científicas, que envolveram a repudiação indignada da "pseudociência" genética por parte de biólogos russos reconduzidos por Lyssenko ao "santo método" de Mitchourine (1855-1935). Experiências sobre a vernalização das plantas cultivadas como o trigo e o centeio levaram Lyssenko a afirmar que modificações hereditárias podem ser obtidas e consolidadas por variações nas condições de alimentação, manutenção e clima, acarretando no organismo o deslocamento ou a ruptura da constituição hereditária, erradamente suposta estável pelos geneticistas. Uma vez que se podem resumir fatos experimentais com-

---

21 Paris: Payot, 1931.
22 Encontraremos, em Nietzsche, uma antecipação dessas ideias. Cf. *La volonte de puissance*. Tradução de Bianquis. Paris: Gallimard. tomo I, p. 220. Para falar a verdade, as críticas de Nietzsche, endereçadas a Darwin, concerniriam mais exatamente aos neolamarckianos.

plexos, dever-se-ia dizer que, segundo Lyssenko, a hereditariedade está sob a dependência do metabolismo e este sob a dependência das condições de existência. A hereditariedade seria a assimilação, pelo vivente, ao longo de gerações sucessivas, das condições exteriores. Os comentários de natureza ideológica, concernindo a esses fatos e a essa teoria, são bem próprios para esclarecer seu sentido, sejam quais forem, aliás, suas possibilidades de aceitar, mais ainda do que de suportar, as contraprovas experimentais e críticas que, de regra em matéria de discussão científica, todas essas coisas estão, é claro, fora de nossa competência.[23] Parece que o aspecto técnico, ou seja, agronômico, do problema seja essencial. A teoria mendeliana da hereditariedade, justificando o caráter espontâneo das mutações, tende a moderar as ambições humanas, e especificamente soviéticas, de dominação integral da natureza e as possibilidades de alteração intencional das espécies vivas. Por fim, e sobretudo, o reconhecimento da ação determinante do meio tem um alcance político e social: ela autoriza a ação ilimitada do homem sobre ele mesmo por intermédio do meio. Ela justifica a esperança de uma renovação experimental da natureza humana. Assim, ela aparece como progressista, em primeiro lugar. Teoria e práxis são indissociáveis, como convém à dialética marxista-leninista. Concebe-se então que a genética possa estar carregada de todos os pecados do racismo e da escravidão e que Mendel seja apresentado como o expoente de uma biologia retrógrada, capitalista e, para tudo dizer, idealista.

---

23 Sobre a explanação da questão, ver Une discussion scientifique en U.R.S.S. In: *Revista Europe*, n. 33-34, 1948; e também Cl. Ch. Mathon. Quelques aspects du Mitchourinisme etc. In: *Revue générale des Sciences pures et appliquées*, n. 3-4, 1951. Sobre o aspecto ideológico da controvérsia, cf. Julian Huxley, *La Génétique soviétique et la science mondiale*. Paris : Stock, 1950. Jean Rostand dedicou a questão uma boa explanação histórica e crítica, L'offensive des Mitchouriniens contre la génétique mendelienne. In: *Les grands courants da la biologie*. Gallimard, 1951, seguido de uma bibliografia. Ver, por fim, a obra de Hovasse. *Adaptation et évolution*. Paris: Hermann, 1951.

Está claro que o retorno no crédito da hereditariedade dos caracteres adquiridos nem por isso autoriza a qualificar, sem restrição de lamarckianos, as recentes teorias dos biólogos soviéticos. Pois o essencial das ideias de Lamarck, nós o vimos, consiste em atribuir à iniciativa das necessidades, dos esforços e das reações contínuas do organismo sua adaptação ao meio. O meio incita o organismo a orientar por si mesmo seu futuro. A resposta biológica prevalece, e muito, sobre a estimulação física. Enraizando os fenômenos de adaptação na necessidade, que é a um só tempo dor e impaciência, Lamarck se centrava no ponto em que a vida coincide com seu próprio sentido, em que, por meio da sensibilidade, o vivente se situa absolutamente, positiva ou negativamente, na existência, na totalidade indivisível do organismo e do meio.

Em Lamarck, assim como nos primeiros teóricos do meio, as noções de "circunstâncias", "ambiência", tinham uma significação completamente diferente daquela da linguagem banal. Elas evocavam realmente uma disposição esférica, centrada. Os termos "influências", "circunstâncias influentes", utilizados também por Lamarck, tiram seu sentido de concepções astrológicas. Quando Buffon, em *La dégénération des animaux*, fala da "tintura" do céu, que o homem precisou de muito tempo para receber, ele utiliza, sem dúvida inconscientemente, um termo tomado emprestado de Paracelso. A própria noção de "clima", no século XVIII[24] e no começo do século XIX, é uma noção indivisa, geográfica, astrológica: o clima é a mudança de aspecto do céu, gradativamente, desde o Equador até o polo; é também a influência que se exerce do céu sobre a Terra.

Já indicamos que a noção biológica de meio unia, no começo, um componente antropogeográfico a um componente mecânico. O componente antropogeográfico era, inclusive, num certo sentido, a totalidade da noção, pois ela compreendia em si mesma o outro componente astronômico, o que Newton convertera em noção da mecânica celeste. Pois a geografia era, em sua origem, para os gregos, a projeção do céu sobre a Terra, o pôr em cor-

---

24 Cf. o artigo Climat. In: *Enciclopédia*.

respondência o céu e a Terra, correspondência em dois sentidos simultaneamente: correspondência topográfica (geometria e cosmografia) e correspondência hierárquica (física e astrologia). A coordenação das partes da terra e a subordinação ao céu de uma terra de superfície coordenada eram subtendidas pela intuição astrobiológica do Cosmos. A geografia grega teve sua filosofia, que era a dos Estoicos.[25] As relações intelectuais entre Posidonius, de um lado, e Hiparco, Estrabão, Ptolomeu, por outro lado, não são contestáveis. É a teoria da simpatia universal, intuição vitalista do determinismo universal, que dá seu sentido à teoria geográfica dos meios. Esta teoria supõe a assimilação da totalidade das coisas a um organismo e a representação da totalidade sob a forma de uma esfera, centrada na situação de um vivente privilegiado: o homem. Essa concepção biocêntrica do Cosmos atravessou a Idade Média para desabrochar no Renascimento.

Sabemos o que adveio da ideia de Cosmos com Copérnico, Kepler e Galileu, e o quanto foi dramático o conflito entre a concepção orgânica do mundo e a concepção de um universo descentralizado em relação ao centro privilegiado de referência do mundo antigo, terra dos viventes e do homem. A partir de Galileu, e também de Descartes, é preciso escolher entre duas teorias do meio, ou seja, no fundo do espaço: um espaço centrado, qualificado, onde o *meio-lugar* é um centro; um espaço descentralizado, homogêneo, onde o meio-lugar é um campo intermediário. O texto célebre de Pascal, *Disproportion de l'homme*,[26] mostra bem a ambiguidade do termo em um espírito que não pode ou não quer escolher entre sua necessidade de segurança existencial e as exigências do conhecimento científico. Pascal bem sabe que o Cosmos voou pelos ares, mas o silêncio eterno dos espaços infinitos o assusta. O homem não está mais no meio do mundo, *ele é um meio* (meio entre dois infinitos, meio entre nada e tudo, meio entre

---

25 Ver o excelente sumário de história da geografia, nos gregos, em Theodor Breiter. Introdução ao tomo II (Comentários) da *Astronomicon* de Manilius. Leipzig, 1908.
26 *Pensées*. Ed. Brunschvicg. II, p. 72.

dois extremos). O meio é *o estado no qual a natureza nos colocou; vogamos sobre um meio vasto; o homem tem proporção com partes do mundo, tem relação com tudo o que conhece:*

> Ele necessita de lugar para contê-lo, de tempo para durar, de movimento para viver, de elementos para compô-lo, de calor e de alimentos para se alimentar, de ar para respirar... enfim, tudo cai sob sua aliança.

Aqui, vemos interferir três sentidos do termo meio: situação mediana, fluido de sustentação, ambiente vital. Foi desenvolvendo este último sentido que Pascal expôs sua concepção orgânica do mundo, retorno ao estoicismo para além e contra Descartes:

> Todas as coisas sendo causadas e causantes, ajudadas e ajudantes, mediatas e imediatas, e todas se mantendo por um laço natural e insensível que liga as mais afastadas e as mais diferentes, considero impossível conhecer as partes sem conhecer o todo, tanto quanto conhecer o todo sem conhecer particularmente as partes.

E quando ele define o universo como "uma esfera infinita cujo centro está por toda parte, a circunferência em parte alguma", Pascal tenta, paradoxalmente, pelo emprego de uma imagem tomada emprestada da tradição teosófica, conciliar a nova concepção científica, que faz do universo um meio indefinido e indiferenciado, e a antiga visão cosmológica, que faz do mundo uma totalidade finita referida a seu centro. Estabeleceu-se que a imagem aqui utilizada por Pascal é um mito permanente do pensamento místico de origem neoplatônica em que se compõem a intuição do mundo esférico centrado no vivente e pelo vivente e a cosmologia já heliocêntrica dos pitagóricos.[27]

Não há, até Newton, alguém que não tenha tirado da leitura de Jacob Boehme e de Henry More, "o platônico de Cambridge", e de

---

27 Dietrich Mahnke. *Unendliche Aphäre und Allrnittelpunkt*. Halle: Niemeyer, 1937; o autor dedica ao uso e à significação da expressão em Leibniz e Pascal algumas páginas plenas de interesse. Segundo Havet, Pascal teria tomado emprestada a expressão de Melle de Gournay (prefácio à edição dos *Essais*, de Montaigne, de 1595) ou de Rabelais (*Tiers livre*, cap. XIII).

sua cosmologia neoplatônica, alguma representação simbólica do que pode ser a ubiquidade de uma ação irradiante a partir de um centro. O espaço e o éter newtonianos, o primeiro como meio da onipresença de Deus, o segundo como suporte e veículo das forças, conservam, sabemos, um caráter de absoluto que os cientistas dos séculos XVIII e XIX não souberam notar. A ciência newtoniana, que devia sustentar tantas profissões de fé empiristas e relativistas, fundamentou-se na metafísica. O empirismo mascara os fundamentos teológicos. E, assim, a filosofia natural na qual a concepção positivista e mecanicista do meio tem sua fonte encontra-se, de fato, suportada pela intuição mística de uma esfera de energia cuja ação central é identicamente presente e eficaz em todos os pontos.[28]

Se hoje parece normal para todos os espíritos formados nas disciplinas matemáticas e físicas que o ideal de objetividade do conhecimento exige uma descentralização da visão das coisas, parece ter chegado o momento, por sua vez, de compreender que, em biologia, segundo a palavra de J. S. Haldane, em *The Philosophy of a Biologist*, "é a física que não é uma ciência exata". Ora, como escreveu Claparède:

> O que distingue o animal é o fato de ele ser um centro em relação às forças ambientes que não são apenas, em relação a ele, excitantes ou sinais; um centro, quer dizer, um sistema de regulação interna e cujas reações são comandadas por uma causa interna, a necessidade momentânea.[29]

Nesse sentido, o meio do qual o organismo depende é estruturado, organizado pelo próprio organismo. O que o meio oferece ao vivente é função da demanda. Por essa razão, naquilo que aparece ao homem como um meio único, muitos viventes retiram de maneira incomparável seu meio específico e singular. Aliás, como vivente, o homem não escapa da lei geral dos viventes. O meio

---

28 Cf. A. Koyré. *La Philosophie de Jacob Boehme*. Paris: Vrin. p. 378-379 e 504; e The significance of the Newtonian synthesis. In: *Archives internationales d'Histoire des Sciences*, n. 11, 1950.
29 Prefácio a *Psychologie des animaux*, de Buytendijk. Paris: Payot, 1928.

próprio do homem é o mundo de sua percepção, ou seja, o campo de sua experiência pragmática no qual suas ações, orientadas e reguladas pelos valores imanentes às tendências, recortam objetos qualificados, situam-nos uns em relação aos outros e todos em relação a ele. De modo que o ambiente ao qual ele supostamente reage encontra-se originalmente centrado nele e por ele.

O homem, porém, como sábio, constrói um universo de fenômenos e de leis que considera para um universo absoluto. A função essencial da ciência é desvalorizar as qualidades dos objetos que compõem o meio próprio, propondo-se como teoria geral de um meio real, isto é, inumano. Os dados sensíveis são desqualificados, quantificados, identificados. O imperceptível é presumido, depois revelado e verificado. As medidas substituem as apreciações, as leis substituem os hábitos, a causalidade substitui a hierarquia e o objetivo substitui o subjetivo.

Ora, esse universo do homem de ciência, a quem a física de Einstein oferece a representação ideal – universo cujas equações fundamentais de inteligibilidade são as mesmas, seja qual for o sistema de referência – por manter com o meio próprio do homem vivo uma relação direta, embora de negação e de redução, confere a esse meio próprio uma espécie de privilégio em relação aos meios próprios dos outros viventes. O homem vivo tira de sua relação com o homem de ciência, por cujas pesquisas a experiência perceptiva usual se encontra, no entanto, contradita e corrigida, uma espécie de inconsciente enfatuação que lhe faz preferir seu meio próprio aos dos outros viventes, como tendo mais realidade e não apenas um outro valor. De fato, na condição de meio próprio de comportamento e de vida, o meio dos valores sensíveis e técnicos do homem não tem em si mais realidade do que o meio próprio do bicho de conta ou do camundongo cinza. A rigor, a qualificação de real só pode convir ao universo absoluto, ao meio universal de elementos e de movimentos verificado pela ciência, cujo reconhecimento como tal é acompanhado necessariamente da desqualificação a título de ilusões ou de erros vitais de todos os meios próprios subjetivamente centrados, inclusive o do homem.

III. Filosofia ✤ O Vivente e seu Meio

A pretensão da ciência de dissolver no anonimato do ambiente mecânico, físico e químico, esses centros de organização, adaptação e invenção que são os seres vivos, deve ser integral, quer dizer, deve englobar o próprio vivente humano. E sabemos muito bem que esse projeto não pareceu demasiado audacioso para muitos sábios. Mas, então, cabe perguntar, de um ponto de vista filosófico, se a origem da ciência não revela melhor seu sentido do que as pretensões de alguns eruditos. Pois o nascimento, o futuro e os progressos da ciência numa humanidade para a qual se recusa, com justa razão, de um ponto de vista científico e mesmo materialista, a ciência infusa, devem ser compreendidos como uma espécie de empreitada bastante aventureira da vida. Caso contrário, seria preciso admitir este absurdo segundo o qual a realidade contém, antecipadamente, a ciência da realidade como uma parte de si mesma. Deveríamos então nos perguntar a qual necessidade da realidade poderia corresponder a ambição de uma determinação científica dessa mesma realidade.

Mas se a ciência é a obra de uma humanidade enraizada na vida antes de ser esclarecida pelo conhecimento, se ela é um fato no mundo ao mesmo tempo que uma visão do mundo, ela sustenta com a percepção uma relação permanente e obrigada. E o meio próprio dos homens, portanto, não está situado no meio universal como um conteúdo em seu continente. Um centro não se resolve em seu ambiente. Um vivente não se reduz a uma encruzilhada de influências. Disso decorre a insuficiência de toda biologia que, por submissão completa ao espírito das ciências físico-químicas, gostaria de eliminar de seu domínio toda consideração de sentido. Um sentido, do ponto de vista biológico e psicológico, é uma apreciação de valores em relação a uma necessidade. E uma necessidade é, para quem a experimenta e a vive, um sistema de referência irredutível e, por isso mesmo, absoluto.

Capítulo IV

O NORMAL E O PATOLÓGICO

Sem os conceitos de normal e de patológico o pensamento e a atividade do médico são incompreensíveis. Torna-se então grandemente necessário que esses conceitos sejam tão claros à apreciação médica quanto lhe são indispensáveis. O conceito de patológico é idêntico ao de anormal? Ele é o contrário ou o contraditório de normal? E normal é idêntico a são? Anomalia é a mesma coisa que anormalidade? Enfim, o que pensar dos monstros? Supondo-se ter sido obtida uma delimitação satisfatória do conceito de patológico em relação aos seus aparentados, acreditar-se-ia que o daltonismo seja um caso patológico tal como a angina de peito, ou que a doença azul seria tal como o paludismo e que entre uma enfermidade na ordem da vida de relação e uma ameaça permanente para a vida vegetativa há outra identidade além daquela do adjetivo que as qualifica na linguagem humana? A vida humana pode ter um sentido biológico, um sentido social, um sentido existencial. Todos esses sentidos podem ser indiferentemente retidos na apreciação das modificações que a doença inflige ao vivente humano. Um homem não vive unicamente como uma árvore ou um coelho.

Com frequência se notou a ambiguidade do termo normal que designa ora um fato capaz de descrição por recenseamento estatístico – média das medidas operadas em um caráter apresentado por uma espécie e pluralidade dos indivíduos apresentando esse caráter segundo a média ou com alguns desvios estimados indiferentes–, ora um ideal, princípio positivo de apreciação no sentido de protótipo ou de forma perfeita. Que essas duas acepções estejam sempre ligadas, que o termo *normal* seja sempre confuso, é o que se destaca dos conselhos próprios que nos são dados para evitarmos essa ambiguidade.[1] Mas talvez seja mais urgente buscar as razões da ambiguidade para se compreender sua vitalidade renovada e extrair disso mais uma lição do que um conselho.

No fundo, o que está em questão é tanto o objeto da biologia quanto o da arte médica. Bichat, em *Recherches sur la vie et la mort* (1800), fazia da instabilidade das forças vitais, da irregularidade dos fenômenos vitais, em oposição com a uniformidade dos fenômenos físicos, o caráter distintivo dos organismos. E, em sua *Anatomie générale* (1801), ele observava que não há astronomia, dinâmica, hidráulica patológicas porque as propriedades físicas, nunca se desviando de "seu tipo natural", não necessitam de ser a ele reconduzidas. Nestas duas considerações está o essencial do vitalismo de Bichat; mas como basta, depois de alguns 100 anos, qualificar uma teoria médica ou biológica de vitalista para depreciá-la, esqueceu-se de conceder a essas observações toda a atenção que elas mereceriam. Portanto, é preciso acabar com a acusação de metafísica, de fantasia, para não dizer mais, que persegue os biólogos vitalistas do século XVIII. De fato, e nos será fácil mostrá-lo um dia desses e em outro lugar, o vitalismo é a recusa de duas interpretações metafísicas das causas dos fenômenos orgânicos: o animismo e o mecanismo. Todos os vitalistas do século XVIII são newtonianos, homens que recusam hipóteses sobre a essência dos fenômenos e que pensam apenas dever descrever e coordenar, diretamente e sem preconceito, os efeitos tais como os percebem. O vitalismo é o simples reconhecimento da originalidade do fato vital. Nesse sentido, as observações de Bichat que unem os dois caracteres de irregularidade e de alteração patológica à organização vital, como um fato específico, parecem-nos dever ser retomadas de perto.

No fundo, não se trata de nada menos do que de saber se, falando do vivente, devemos tratá-lo como sistema de leis ou como organização de propriedades, se devemos falar de leis da vida ou

---

1 Cf. o *Vocabulário filosófico de Lalande*. Há tradução brasileira.

de ordem da vida. Com muita frequência os sábios consideram as leis da natureza como invariantes essenciais cujos fenômenos singulares constituem exemplares aproximados, mas falhos para reproduzir a integralidade de sua suposta realidade legal. Num tal ponto de vista, o singular, isto é, o desvio, a variação, aparece como um fracasso, um vício, uma impureza. O singular é, portanto, sempre irregular, mas, ao mesmo tempo, ele é perfeitamente absurdo, pois ninguém pode compreender como uma lei cuja invariância em que a identidade a si garante a realidade é, a um só tempo, verificada por exemplos diversos e impotente para reduzir sua variedade, ou seja, sua infidelidade. É que, na ciência moderna, apesar da substituição da noção de gênero pela noção de lei, o primeiro desses conceitos retém do segundo, e da filosofia onde ele tinha um lugar eminente, uma certa significação de tipo imutável e real, de modo que a relação da lei com o fenômeno (a lei da gravidade e da queda do caco que matou Pirro) é sempre concebida sobre o modelo da relação entre o gênero e o indivíduo (o Home e Pirro). Vemos reaparecer, sem intenção de paradoxo ou de ironia, o problema, célebre na Idade Média, da natureza dos Universais.

Isso não escapou a Claude Bernard que, em *Principe de Médecine expérimentale*,[2] dedica a esse problema da realidade do tipo e das relações do indivíduo com o tipo, em função do problema da relatividade individual do fato patológico, algumas páginas mais ricas de convites a refletir do que de respostas propriamente ditas. Foi nossa intenção invocar aqui Claude Bernard preferencialmente a outros, pois sabemos o quanto em *Introduction à l'étude de la médecine expérimentale* – e também em *Principes de Médecine expérimentale*[3] – Claude Bernard dispôs de energia para afirmar a legalidade dos fenômenos vitais, sua constância tão rigorosa nas condições definidas quanto o pode ser a dos fenômenos físicos. Em suma, para refutar o vitalismo de Bichat, considerado como um indeterminismo. Ora, precisamente em *Principes*,[4] Claude Bernard é levado a constatar que se

---

2 Publicado em 1947 pelo Dr. Delhoume, Paris: PUF.
3 Capítulo XV.
4 Cf. p. 142 e segs.

a verdade está no tipo, a realidade se encontra sempre fora desse tipo e difere dele constantemente. Ora, para o médico, essa é uma coisa muito importante. É com o sujeito que ele tem sempre de lidar. Não há médico do tipo humano, da espécie humana.

O problema teórico e prático se torna então estudar "as relações do indivíduo com o tipo". Essa relação parece ser a seguinte: "A natureza tem um tipo ideal em todas as coisas, é certo; mas nunca esse tipo é realizado. Se fosse realizado, não haveria indivíduos, todo mundo se pareceria". A relação que constitui a particularidade de cada ser, de cada estado fisiológico ou patológico é "a chave da idiossincrasia sobre a qual repousa toda a medicina". Mas essa relação, ao mesmo tempo em que é a chave, é também obstáculo. O obstáculo à biologia e à medicina experimental reside na individualidade. Essa dificuldade não se encontra na experimentação sobre os seres brutos. E Claude Bernard recenseou todas as coisas ligadas ao fato da individualidade que alteram, no espaço e no tempo, as reações de viventes aparentemente semelhantes a condições de existência aparentemente idênticas.

Apesar do prestígio de Claude Bernard sobre os espíritos dos médicos e fisiologistas,[5] não hesitaremos em formular, no que concerne às reflexões acima relatadas, algumas observações restritivas. O reconhecimento dos existentes individuais, atípicos, irregulares, como fundamento do caso patológico é, em suma, uma homenagem bastante bela, involuntária, à perspicácia de Bichat. Mas o que impede essa homenagem de ser inteira é a crença em uma legalidade fundamental da vida, análoga à da matéria, crença que não testemunha necessariamente sobre toda a sagacidade que usualmente lhe reconhecem. Pois, afinal, afirmar que a verdade está no tipo, mas que a realidade está fora dele, afirmar que a natureza tem tipos, mas que estes não são realizados, não seria fazer do conhecimento uma impotência em alcançar o real e justificar a objeção feita outrora por

---

[5] Cf. o estudo do Dr. Grmek. La conception de la maladie et de la santé chez Claude Bernard. In: *Mélanges, Alexandre Koyré* I. Paris: Hermann, 1964. p. 208 e segs.

Aristóteles a Platão: se separarmos as Ideias e as Coisas, como dar conta da existência das coisas e da ciência das Ideias? Melhor ainda, ver na individualidade "um dos obstáculos mais consideráveis da biologia e da medicina experimental" não é uma maneira bastante ingênua de desconhecer que o obstáculo à ciência e o objeto da ciência não constituem senão um? Se o objeto da ciência não é um obstáculo a ser ultrapassado, uma "dificuldade" no sentido cartesiano, um problema a resolver, então, o que será ele? Isso equivale a dizer que a descontinuidade do número inteiro é um obstáculo à aritmética. A verdade é que a biologia de Claude Bernard comporta uma concepção totalmente platônica das leis, aliada a um sentido agudo de individualidade. Como não há acordo entre essa concepção e esse sentimento, estamos no direito de perguntar se o célebre "método experimental" não seria um simples avatar da metafísica tradicional, e, se buscássemos argumentos para sustentar essa proposição, nós os encontraríamos, primeiro, na aversão, bem conhecida, de Claude Bernard em relação aos cálculos estatísticos, cujo papel há muito tempo desempenhado em biologia nos é sabido. Essa aversão é um sintoma da incapacidade de conceber a relação do indivíduo com o tipo, diferentemente de uma alteração a partir de uma perfeição ideal formulada como essência acabada, antes de toda tentativa de produção por reprodução.

Perguntaremos, agora, se, ao considerarmos a vida como uma ordem de propriedades não estaríamos mais próximos de compreender algumas dificuldades insolúveis na outra perspectiva. Quando falamos de uma ordem de propriedades queremos designar uma organização de potências e uma hierarquia de funções cuja estabilidade é necessariamente precária, por ser a solução de um problema de equilíbrio, de compensação, de compromisso entre poderes diferentes e, portanto, concorrentes. Numa tal perspectiva, a irregularidade, a anomalia não são concebidas como acidentes afetando o indivíduo, mas como sua própria existência. Leibniz havia batizado esse fato de "princípio dos indiscerníveis", mais do que o havia explicado, afirmando não haver dois indivíduos semelhantes e diferindo simplesmente *solo numero*. A partir daí, podemos compreender que, se os indivíduos de uma mesma espécie permanecem, de fato, distintos e não intercambiáveis é por terem, em primeiro lugar, direito a isso. O indivíduo só é um irracional provisório e lamentável na hipótese segundo a qual as leis da natureza são concebidas como essências genéricas eternas. O desvio se apresenta como uma "aberração" que o cálculo humano não consegue reduzir à estrita identidade de uma fórmula simples e sua explicação o dá como erro, fracasso ou prodigalidade de uma natureza suposta a um só tempo bastante inteligente para proceder por vias simples e demasiado rica para resolver conformar-se com sua própria economia. Entretanto, um gênero vivo só nos parece viável uma vez que ele se revele fecundo, ou seja, produtor de novidades, por mais imperceptíveis que elas sejam à primeira vista. Sabemos bem que as espécies se aproximam de seu fim quando se engajaram irreversivelmente nas direções inflexíveis e se manifestaram sob formas rígidas. Em suma, podemos interpretar a singularidade individual como um fracasso ou como um ensaio, como um erro ou como uma aventura. Na segunda hipótese, nenhum julgamento de valor negativo é sustentado pelo espírito humano, precisamente porque os ensaios ou aventuras, que são as formas vivas, são considerados menos como seres que se referem a um tipo real preestabelecido do que como organizações cuja validade, isto é, o valor, se refere ao seu sucesso de vida eventual. Por fim, é pelo fato de o valor estar no vivente que nenhum julgamento de valor concernindo à existência é sustentado por ele. Esse é o sentido profundo da identidade, atestada pela linguagem, entre valor e saúde: *valere*, em latim, é estar bem. Desde então, o termo anomalia retoma o mesmo sentido, não pejorativo, que tinha o adjetivo correspondente, anormal, hoje obsoleto, correntemente utilizado no século XVIII pelos naturalistas, sobretudo por Buffon, e, também, até bem tarde no século XIX por Cournot. Uma anomalia é, etimologicamente, uma desigualdade, uma diferença de nível. O anormal é simplesmente o diferente.

Em apoio à analise precedente, gostaríamos de invocar duas orientações interessantes da biologia contemporânea. Sabemos que hoje a embriologia e a teratologia experimentais veem, na produção e no estudo das monstruosidades, o acesso para o conhecimento do mecanismo do desenvolvimento do ovo.[6] Aqui, estamos verdadeiramente nas antípodas da teoria aristotélica, fixista e ontológica, da monstruosidade. Aristóteles não buscou a lei da natureza no que ele considerava uma falha da organização vivente. E isso é lógico no caso de uma concepção da natureza que a considera uma hierarquia de formas eternas. Inversamente, se considerarmos o mundo vivo como uma tentativa de hierarquização das formas possíveis, não há em si, e *a priori*, diferença entre uma forma bem-sucedida e uma forma falhada. Para falar com propriedade, não há nem mesmo formas falhadas. Nada pode faltar a um vivente, se admitirmos de bom grado que há mil e uma maneiras de viver. Assim como na guerra e na política não há vitória definitiva, mas uma superioridade ou um equilíbrio relativos e precários, também, na ordem da vida, não há sucessos que desvalorizem radicalmente outras tentativas, fazendo-as parecer falhadas. Todas os sucessos são ameaçados já que os indivíduos morrem, e até mesmo as espécies. Os sucessos são fracassos retardados; os fracassos, sucessos abortados. É o futuro das formas que decide sobre seu valor.[7] Todas as formas vivas são, para retomar uma expressão de Louis Roule em sua densa obra *Les poissons*, "monstros normalizados". Ou ainda, como diz Gabriel Tarde em *L'opposition universelle*, "o normal é o zero de monstruosidade", zero tomado no sentido de limite de desvanecimento. Os termos da relação clássica de referência são invertidos.

É com esse mesmo espírito que se deve compreender a relação estabelecida por alguns biólogos de hoje entre a aparição de mutações e o mecanismo da gênese das espécies. A genética, que primeiro serviu para refutar o darwinismo, é de bom grado utilizada, hoje,

---

6   Cf. os trabalhos de Étienne Wolff.
7   "Um germe vive; mas há alguns que não poderiam se desenvolver. Estes tentam viver, formam os monstros e os monstros morrem. Na verdade, só os conhecemos por essa *propriedade notável* de não poderem durar. Anormais são os seres que têm um pouco menos de futuro do que os normais. (P. Valéry, no prefácio escrito para a segunda tradução em inglês de *La soirée avec Monsieur Teste*.)

para confirmá-lo, renovando-o. Segundo Georges Teissier,[8] não há espécie que, mesmo em estado selvagem, não comporte, ao lado de indivíduos "normais", alguns originais ou excêntricos, portadores de alguns genes mutantes. Para uma espécie dada, é preciso admitir uma certa flutuação de genes, do que depende a plasticidade da adaptação, portanto, o poder evolutivo. Sem poder decidir se existem genes de mutabilidade, tal como se acreditou poder identificá-los em alguns vegetais, genes cuja presença multiplicaria a latitude de mutação dos outros genes, devemos constatar que os diferentes genótipos, as linhagens de uma espécie dada apresentam, em relação às circunstâncias ambientais eventuais, "valores" diferentes. A seleção, quer dizer, a peneiragem pelo meio é ora conservadora, em circunstâncias estáveis, ora inovadoras, em circunstâncias críticas. Em alguns momentos, "os ensaios mais arriscados são possíveis e lícitos". Levando em conta a novidade, o inédito das circunstâncias e, em seguida, das tarefas as quais elas se obrigam, um animal pode herdar dispositivos próprios para sustentar funções doravante impensáveis, assim como órgãos tornados sem valor. "O animal e a planta merecem ser, justamente, admirados tanto quanto criticados". Mas eles vivem e se reproduzem e é apenas isso que importa. Compreende-se, assim, como muitas espécies se extinguiram e como outras "que foram possíveis nunca se realizaram".

Podemos então concluir que o termo "normal" não tem nenhum sentido propriamente absoluto ou essencial. Propusemos, num trabalho anterior,[9] que nem o vivente, nem o meio podem ser ditos normais se os considerarmos separadamente, mas apenas em sua relação. Somente assim se pode conservar um fio condutor, sem cuja posse se deveria considerar necessariamente anormal – ou seja, acreditamos nós, patológico – todo indivíduo anômalo (portador de anomalias), isto é, aberrante em relação a um tipo específico estatisticamente definido. Uma vez que o vivente anormal

---

[8] *La pensée*, 1945, n. 2 e 3: *Le mecanisme de l'évolution.*
[9] *Essai sur quelques problèmes concernant le normal et le pathologique.* Thèse de Médecine. Strasbourg, 1943.

se revelar ulteriormente um mutante a princípio tolerado, depois invasor, a exceção se tornará a regra no sentido estatístico da palavra. Mas, no momento em que a invenção biológica figura como exceção em relação à norma estatística vigente, é preciso que ela seja, num outro sentido, normal, embora desconhecida como tal, sem o que se chegaria a esta incongruência biológica, segundo a qual o patológico poderia engendrar o normal por reprodução.

Por meio da interferência das flutuações genéticas e das oscilações da quantidade e da qualidade das condições de existência ou de sua distribuição geográfica, podemos apreender que o normal significa ora o caráter mediano cujo desvio é tanto mais raro quanto mais sensível, ora o caráter cuja reprodução, quer dizer a um só tempo a manutenção e a multiplicação, revelara a importância e o valor vitais. Nesse segundo sentido, o normal deve ser dito instituidor da norma ou normativo; ele é prototípico e não mais arquetípico. Esse segundo sentido deve normalmente subtender o primeiro.

Mas não perdemos de vista que o que interessa ao médico é o homem. Sabemos que, no homem, os problemas da anomalia, da monstruosidade e da mutação se apresentam nos mesmos termos que no animal. Basta lembrar o albinismo, a sindatilia, a hemofilia, o daltonismo, como casos menos raros. Sabemos também que a maioria dessas anomalias são consideradas justamente como inferioridades e poderíamos nos surpreender de não vê-las eliminadas pela seleção, se não soubéssemos que, de um lado, as mutações as renovam incessantemente e, do outro, sobretudo o meio humano sempre as abriga de algum modo e compensa, por meio de seus artifícios, o déficit manifesto que elas representam em relação às formas "normais" correspondentes. Não esqueçamos que, com efeito, nas condições humanas da vida, normas sociais de uso são substituídas pelas normas biológicas de exercício. Já, ao considerarmos a domesticação como um meio biológico, segundo a expressão de Ed Dechambre, podemos compreender que a vida dos animais domésticos tolera anomalias que o estado selvagem eliminaria implacavelmente. A maioria das espécies domésticas são notavelmente instáveis. Basta apenas pensarmos no cachorro.

Foi o que levou alguns autores a se perguntar se essa instabilidade não seria, do lado das espécies animais interessadas, o sinal de uma causalidade da domesticação, por exemplo, de uma mínima resistência escondida, que explicaria, pelo menos tanto quanto a finalidade dos objetivos pragmáticos do homem, o sucesso eletivo da domesticação nessas espécies, excluindo-se outras. Se então é verdade que uma anomalia, variação individual sobre um tema específico, só se torna patológica em sua relação com um meio de vida e um gênero de vida, o problema do patológico no homem não pode permanecer estritamente biológico, já que a atividade humana, o trabalho e a cultura têm como efeito imediato alterar constantemente o meio de vida dos homens. A própria história do homem vem modificar os problemas. Num certo sentido, não há seleção na espécie humana, uma vez que o homem pode criar novos meios em vez de suportar passivamente as mudanças do antigo. Em outro sentido, a seleção no homem alcançou sua perfeição limite, visto que o homem é este vivente capaz de existência, de resistência, de atividade técnica e cultural em todos os meios.

Não achamos que o problema mude de forma quando se passa da anomalia morfológica para a doença funcional, por exemplo, do daltonismo à asma, pois é possível encontrar todos os intermediários entre uma e outra, em particular os das doenças constitucionais ou essenciais (a hipertensão, por exemplo), das quais não é possível negar, *a priori,* que elas podem estar relacionadas com algumas "microanomalias" a serem descobertas, das quais se pode esperar que revelem, um dia, uma mediação entre a teratologia e a patologia. Ora, assim como uma anomalia morfológica, simples diferença de fato, pode se tornar patológica, isto é, afetada de um valor vital negativo quando seus efeitos são apreciados em relação a um meio definido no qual alguns deveres do vivente se tornam inelutáveis, também o desvio de uma constante fisiológica (pulsações cardíacas, tensão arterial, metabolismo de base, ritmo nictemeral da temperatura etc.) não constitui em si mesmo um fato patológico. Mas ele assim se torna num momento em que é muito difícil determiná-lo objetiva e antecipadamente. Essa é a razão pela qual autores tão diferentes quanto

Laugier, Sigerist e Goldstein[10] pensam que não se pode determinar o normal pela simples referência a uma mediana estatística, mas por referência do indivíduo a si próprio em situações idênticas sucessivas ou em situações variadas. Sobre esse ponto, nenhum autor nos parece tão instrutivo quanto Goldstein. Uma norma, diz ele, deve nos servir para compreender casos individuais concretos. Portanto, ela vale menos por seu conteúdo descritivo, pelo resumo dos fenômenos, dos sintomas sobre os quais se fundamenta o diagnóstico, do que pela revelação de um comportamento total do organismo modificado no sentido da desordem, no sentido da aparição de reações catastróficas. Uma alteração no conteúdo sintomático só aparece como doença no momento em que a existência do ser, até então numa relação de equilíbrio com seu meio, se torna perigosamente perturbada. O que era adequado para o organismo normal, em suas relações com o ambiente, torna-se inadequado ou perigoso para o organismo modificado. É a totalidade do organismo que reage "catastroficamente" ao meio, ficando, doravante, incapaz de realizar as possibilidades de atividade que lhe cabem essencialmente. "A adaptação a um meio pessoal é uma das pressuposições fundamentais da saúde".

Uma tal concepção pode parecer um paradoxo, já que ela tende a atrair a atenção do médico sobre fatos subjetivamente experimentados pelo doente ou sobre acontecimentos tais como perturbação, inadequação, catástrofe, perigo, mais suscetíveis de apreciação do que de medida ou de exibição objetiva. Ora, segundo Leriche, que define a saúde como "a vida no silêncio dos órgãos", não basta definir a doença como o que incomoda os homens em suas ocupações, e sem dúvida se poderia pensar, primeiro, em extrair de sua fórmula "para definir a doença é preciso desumanizar" uma refutação das teses de Goldstein. Isso não é tão simples. O mesmo escreve também: "Sob os mesmos entornos anatômicos se está ou não doente... A lesão não basta para constituir a doença

---

10   Laugier. L'homme normal. In: *Encyclopédie française*, t. IV, 1937. Sigerist. *Introduction à la médecine*, Lição IV, 1932. Goldstein. *La structure de l'organisme*, 1934, cap. VIII.

clínica, a doença do doente". Isso é afirmar o primado do fisiológico sobre o anatômico. Mas essa fisiologia não é a que toma como objeto o coelho, ou o cachorro, é a fisiologia do homem total que constitui, por exemplo, sua dor no "conflito entre um excitante e o indivíduo inteiro", fisiologia que nos leva necessariamente a considerar o comportamento do homem no mundo.[11]

Se tivéssemos de buscar uma mediação entre as teses de Goldstein e as de Leriche, gostaríamos de tê-las encontrado nas conclusões dos trabalhos de Selyé.[12] Este autor observou que falhas ou desregularizações do comportamento, por exemplo, as emoções ou a fadiga, engendram, de maneira reiterada, estados de tensão orgânica, provocam no córtex da suprarrenal uma modificação estrutural análoga à determinada por toda introdução no meio interior seja de substâncias hormonais puras, mas de doses maciças, ou então impuras, seja de substâncias tóxicas. Todo estado orgânico de estresse, de tensão desordenada, provoca a reação suprarrenal. Se é normal, considerando o papel da corticosterona no organismo, que toda situação de agonia determine uma reação suprarrenal, é concebível que todo comportamento catastrófico prolongado possa terminar, primeiro, em doença funcional (hipertensão, por exemplo), em lesão morfológica, em seguida (úlcera do estômago, por exemplo). Do ponto de vista de Goldstein, veremos a doença no comportamento catastrófico; do ponto de vista de Leriche, nós a veremos na produção da anomalia histológica pela desordem fisiológica. Esses dois pontos de vista não são, de modo algum, exclusivos, ao contrário. De nada servirá invocar aqui uma causalidade recíproca. Nada sabemos com clareza, em que concerne a influência do psíquico sobre o funcional e o

---

11 R. Leriche. De la santé à la maladie; La douleur dans les maladies; Où va la médecine?. In: *Encyclopédie française*. VI, 1936; *La chirurgie de la douleur*, 1937; *La chirurgie à l'ordre de la vie*, 1944.

12 Sobre o primado da disfunção em patologia, cf. também P. Abrami. Les troubles fonctionnels em pathologie (Leçon d'ouverture du Cours de Pathologie médicale. In: *Presse Médicale,* 23 de dezembro de 1936).
Stress. Montreal: Acta Medical Publishers, 1950.

morfológico, e inversamente. Constatamos simultaneamente dois tipos de perturbações.

É inegável que, individualizando a norma e o normal, parecemos abolir as fronteiras entre o normal e o patológico. Desse modo, parecemos reforçar a vitalidade de um lugar comum tanto mais frequentemente invocado quanto ele apresente a vantagem inapreciável de suprimir, de fato, o problema, dando ares de apresentar-lhe uma solução. Se o que é normal aqui pode ser patológico ali, é tentador concluir que não há fronteiras entre o normal e o patológico. De acordo, caso queiramos dizer que, de um indivíduo a outro, a relatividade do normal é a regra. Mas isso não quer dizer que, para um dado indivíduo, a distinção não seja absoluta. Quando um indivíduo começa a se sentir doente, a se dizer doente, a se comportar como doente, ele passou para um outro universo, tornou-se um outro homem. A relatividade do normal não deve de modo algum ser para o médico um encorajamento para anular, na confusão, a distinção entre o normal e o patológico. Essa confusão se reveste, com frequência, do prestígio de uma tese, essencial para Claude Bernard, segundo a qual o estado patológico é homogêneo ao estado normal do qual ele constitui apenas uma variação quantitativa para mais ou para menos. Essa tese positivista, cujas raízes remontam para além do século XVIII, do escocês Brown até Glisson e aos primeiros esboços da teoria da irritabilidade, foi vulgarizada antes de Claude Bernard por Broussais e Auguste Comte. Com efeito, se examinarmos o fato patológico nos detalhes dos sintomas e dos mecanismos anátomo-fisiológicos, existem numerosos casos nos quais o normal e o patológico aparecem como simples variações quantitativas de um fenômeno homogêneo sob uma e outra forma (a glicemia no diabetes, por exemplo). Mas, de modo preciso, se essa patologia atomística é pedagogicamente inevitável, ela é teórica e praticamente contestável.[13] Considerado

---

13 Sobre a discussão dessa tese, assim como sobre a discussão de nossas críticas, cf. Dagonet. *La raison et les rémedes*. Paris: PUF, 1964, e Michel Foucault. *Naissance de la clinique*. Paris: PUF, 1963, notadamente nas p. 35 e segs.

em seu todo, um organismo é "outro" e não o mesmo, na doença, salvo algumas dimensões (o diabetes deve ser considerado uma doença da nutrição, na qual o metabolismo dos glucídios depende de fatores múltiplos coordenados pela ação, de fato, indivisível do sistema endócrino; de um modo geral, as doenças da nutrição são doenças de funções em relação com vícios do regime alimentar). É o que Leriche reconhece, num certo sentido:

> *A doença humana é sempre um conjunto... O que a produz toca em nós, de maneira muito sutil, as molas ordinárias da vida, de modo que suas respostas são menos que uma fisiologia desviada do que de uma fisiologia nova.*

Parece possível responder, agora, com alguma chance de clareza, às questões formuladas no começo dessas considerações. Não podemos dizer que o conceito de "patológico" seja o contraditório lógico do conceito de "normal", pois a vida no estado patológico não é ausência de normas, mas presença de outras normas. Com todo rigor, "patológico" é o contrário vital de "são" e não o contraditório lógico de normal.[14] Na palavra francesa "*a-normal*", o prefixo *a* é usualmente considerado num sentido de distorção. Para se convencer disso, basta aproximar o termo francês dos termos latinos: *abnormis, abnormitas*; dos termos alemães: *abnorm, Abnormität;* dos termos ingleses: *abnormal, abnormity*. A doença, o estado patológico não são perda de uma norma, mas comportamento da vida regulado por normas vitalmente inferiores ou depreciadas, pelo fato de elas proibirem ao vivente a participação ativa e fácil, geradora de confiança e de garantia, em um gênero de vida que anteriormente era o seu e que permanece permitido a outros. Poderíamos objetar, e, de resto, nós o fizemos, que, ao falar de inferioridade e depreciação, fazemos intervir noções puramente

---

14 "Está em conformidade com nossos hábitos de espírito considerar como anormal o que é relativamente raro e excepcional, a doença, por exemplo. Mas a doença é tão normal quanto a saúde, a qual, pensada de um certo ponto de vista, aparece como um esforço constante para prevenir a doença ou afastá-la" (H. Bergson. *Les deux sources de la morale et de la réligion*, p. 26).

subjetivas. No entanto, aqui, não se trata de subjetividade individual, mas universal. Pois se existe um sinal objetivo dessa reação subjetiva universal de afastamento, quer dizer, de depreciação vital da doença, é, em termos precisos, a existência, coextensiva da humanidade no espaço e no tempo, de uma medicina como técnica mais ou menos sapiente da cura das doenças.

Como disse Goldstein, as normas de vida patológica são aquelas que, doravante, obrigam o organismo a viver num meio "estreitado", diferindo qualitativamente, em sua estrutura, do meio anterior de vida, e, nesse meio estreitado exclusivamente, devido à impossibilidade em que o organismo se encontra de enfrentar as exigências dos novos meios, sob a forma de reações ou empreitadas ditadas pelas situações novas. Ora, viver, já para o animal e, com mais razão ainda para o homem, não é somente vegetar e se conservar, é enfrentar riscos e triunfar sobre eles. A saúde é, precisa e principalmente, no homem, uma certa latitude, um certo jogo das normas de vida e do comportamento. O que a caracteriza é a capacidade de tolerar variações das normas para as quais apenas a estabilidade das situações e meio, aparentemente garantida e, de fato, sempre necessariamente precária, confere um valor enganador de normal definitivo. O homem só é verdadeiramente são quando é capaz de muitas normas, quando ele é mais do que normal. A medida da saúde é uma certa capacidade de superar crises orgânicas para instaurar uma nova ordem fisiológica diferente da antiga. Sem intenção de brincadeiras, a saúde é o luxo de poder cair doente e de se levantar. Toda doença é, ao contrário, a redução do poder de superar outras. O sucesso econômico dos seguros de saúde repousa, no fundo, no fato de que a saúde é biologicamente garantia de vida, geralmente aquém de suas possibilidades, mas eventualmente superior a suas capacidades "normais".[15]

Não achamos que esses pontos de vista sobre o problema da fisiopatologia sejam desmentidos por sua confrontação com o pro-

---

15   Sobre a margem de segurança na estrutura e as funções do corpo, cf. W. B. Cannon. La sagesse du corps. In: *Nouvelle Revue Critique*. Paris, 1946.

blema da psicopatologia. Ao contrário, pois é fato que os psiquiatras refletiram melhor do que os demais médicos sobre o problema do normal. Entre eles, muitos reconheceram que o doente mental é um "outro" homem e não apenas um homem cujo distúrbio se prolongue, aumentando-lhe o psiquismo normal.[16] Nesse domínio, o anormal tem verdadeiramente a posse de outras normas. Todavia, na maior parte do tempo, falando de condutas ou de representações anormais, o psicólogo e o psiquiatra têm em vista, sob o nome de normal, uma certa forma de adaptação ao real ou à vida que, no entanto, nada tem de absoluto, exceto para quem nunca desconfiou da relatividade dos valores técnicos, econômicos ou culturais, que adere sem reserva ao valor desses valores e que, finalmente, esquecendo as modalidades de seu próprio condicionamento por seu *entourage* e a história deste *entourage*, e pensando com demasiada boa-fé que a norma das normas se encarna nele, revela-se, para todo pensamento um tanto crítico, vítima de uma ilusão próxima daquela que ele denuncia na loucura. Assim como em biologia ocorre perdermos o fio condutor que permite, diante de uma singularidade somática ou funcional, distinguir entre a anomalia progressiva e a doença regressiva, também ocorre com frequência, em psicologia, perder-se o fio condutor que permite, na presença de uma inadaptação a um meio de cultura dado, distinguir entre a loucura e a genialidade. Ora, assim como nos pareceu reconhecer na saúde um poder normativo de questionar normas fisiológicas usuais mediante a pesquisa do debate entre o vivente e o meio – pesquisa que implica a aceitação normal do risco de doença –, também nos parece que a norma, em matéria de psiquismo humano, é a reivindicação e o uso da liberdade como poder de revisão e de instituição das normas, reivindicação que implica normalmente o risco de loucura.[17] Quem gostaria de sustentar, em matéria de psiquismo humano, que o anormal não obedece a normas? Talvez ele seja anormal apenas por obedecer demais a elas. Thomas Mann escreve:

---

16   Aqui, pensamos em E. Minkowski, Lacan, Lagache.
17   Segundo o Dr. Henry Ey: "A saúde mental contém a doença nos dois sentidos da palavra *conter*", citado em *Esprit*, 1952. p. 789, n. 12.

"Não é fácil decidir quando começa a loucura e a doença. O cidadão comum é o último a poder decidir sobre isso".[18] Quase sempre, na falta de reflexão pessoal sobre essas questões que dão sentido à sua preciosa atividade, os médicos não estão em nada mais bem armados que o cidadão comum. Muito mais perspicaz nos parece Thomas Mann, quando, de um encontro sem dúvida desejado com Nietzsche, o herói de seu livro, pronuncia:

> *É preciso haver sempre um que tenha estado doente e até mesmo louco para que os outros não necessitem sê-lo... Sem o que é doentio, a vida nunca pôde ser completa... Apenas o mórbido pode sair do mórbido? O que pode haver de mais estúpido! A vida não é assim tão mesquinha e não há cura de moral. Ela se apodera do audacioso produto da doença, absorve-o, digere-o e, pelo fato de que ela o incorpora, ele se torna são. Sob a ação da vida... abole-se toda distinção entre a doença e a saúde.*

Concluindo, pensamos que a biologia humana e a medicina são peças necessárias de uma "antropologia", que elas nunca cessaram de sê-lo, mas pensamos também que não há antropologia que não suponha uma moral, de modo que sempre o conceito de "normal", na ordem humana, permanece um conceito normativo e de alcance propriamente filosófico.

---

18 *Doktor Faustus*, Estocolmo, 1947. Na tradução francesa de L. Servicen (Paris: Albin Michel, 1950), as passagens concernentes às relações da vida e da doença se encontram nas p. 303, 304 e 312.

Capítulo V

A MONSTRUOSIDADE E O MONSTRUOSO

A existência de monstros questiona a vida quanto ao poder que ela tem de nos ensinar a ordem. Esse questionamento é imediato, por mais longa que tenha sido nossa confiança anterior, por mais sólido que tenha sido nosso hábito de ver a roseira-brava florir no roseiral, os girinos virarem rãs, as éguas amamentarem os potros e, de um modo geral, ver o mesmo engendrar o mesmo. Basta uma decepção dessa confiança, de um desvio morfológico, de uma aparência de equivocidade específica, para que um temor radical se apodere de nós. Certo quanto ao temor, dir-se-á. Mas por que radical? Porque somos viventes, efeitos reais das leis da vida, causas eventuais de vida, por nossa vez. Um fracasso da vida nos concerne duas vezes, pois um fracasso teria podido nos atingir e um fracasso poderia vir por meio de nós. É apenas porque, homens, somos viventes, que uma falha morfológica é, a nossos olhos viventes, um monstro. Nós nos supomos pura razão, pura máquina intelectual, calculando e dando contas, portanto inertes e indiferentes às nossas ocasiões de pensar: o monstro seria apenas outro que não o mesmo, uma ordem outra que não a ordem mais provável.

É preciso reservar apenas para os seres orgânicos a qualificação de monstros. Não há monstro mineral. Não há monstro mecânico. O que não tem regra de coesão interna, cuja forma e dimensões não apresentam desvios oscilando de um lado a outro de um módulo que se pode traduzir por medida, forma ou modelo, não pode ser disto monstruoso. Dir-se-á de um rochedo que ele é enorme, mas não de uma montanha que ela é monstruosa, exceto num universo do discurso fabuloso no qual acontece de elas darem à luz um camundongo. Haveria um esclarecimento a ser tentado sobre as relações entre o enorme e o monstruoso. Tanto um quanto outro são claramente o que está fora da norma. A norma da qual escapa o enorme não pode ser senão métrica. Nesse caso, por que o enorme só é acusado do lado do crescimento? Sem dúvida porque, num certo grau de crescimento, a quantidade põe em questão a qualidade. A enormidade tende para a monstruosidade. A ambiguidade do gigantismo: um gigante é enorme ou monstruoso? O gigante mitológico é prodígio, quer dizer que sua grandeza "aniquila o fim que constitui seu conceito".[1] Se o homem se define por uma certa limitação das forças, das funções, o homem que, por sua grandeza, escapa das limitações do homem não é mais um homem. Dizer que ele não é mais é dizer, aliás, que ele ainda o é. Ao contrário, a pequenez parece conter a qualidade da coisa na intimidade, no segredo. A qualidade é tanto melhor preservada quanto menos exposta.

Devemos, então, compreender, na definição do monstro sua natureza de vivente. O monstro é o vivente de valor negativo. Podemos, aqui, tomar emprestado de Eugène Dupréel alguns dos conceitos fundamentais de sua teoria dos valores, tão original e profunda. O que constitui o valor dos seres vivos, ou, mais exatamente, o que faz dos viventes seres valorizados em relação ao modo de ser de seu meio físico, é sua consistência específica, incidindo sobre as vicissitudes do meio ambiente material, consistência que se exprime pela resistência à deformação, pela luta para a integridade da forma: regeneração das mutilações em algumas espécies, reprodução em todas. Ora, o monstro não é apenas um vivente de valor diminuído, é um vivente cujo valor é o de contraste. Ao revelar precária a estabilidade com a qual a vida nos habituara – sim, apenas habituara, mas lhe fizemos uma lei de seu hábito –, o monstro confere à repetição específica, à regularidade morfológica, ao sucesso da estruturação, um valor tanto mais eminente quanto mais apreenda, agora, sua contingência. A monstruosidade

---

[1] Kant, *Crítica do juízo*, § 26.

e não a morte é o contravalor vital. A morte é a ameaça permanente e incondicional de decomposição do organismo, é a limitação pelo exterior, a negação do vivente pelo não vivente. Mas a monstruosidade é a ameaça acidental e condicional de inacabamento ou de distorção na formação da forma, é a limitação pelo interior, a negação do vivente pelo não viável. Certamente, é o sentimento confuso da importância do monstro para uma apreciação correta e completa dos valores da vida que fundamenta a atitude ambivalente da consciência humana a seu respeito. Temor, dissemos, e até mesmo terror, pânico, de um lado. Mas também, de outro lado, curiosidade até a fascinação. O monstruoso é o maravilhoso ao revés, mas, apesar de tudo, maravilhoso. Por um lado, ele inquieta: a vida é menos segura dela mesma do que havíamos podido pensar. Por outro, ele valoriza: já que a vida é capaz de fracassos, todos os seus sucessos são fracassos evitados. O fato de os sucessos não serem necessários os deprecia em bloco, mas os reergue cada um em particular. Quando se aborda a filosofia dos valores pelo viés dos valores negativos, não há dificuldades em se dizer, com Gaston Bachelard, que o verdadeiro é o limite das ilusões perdidas e, em nosso problema, não é mais vantajoso dizer, com Gabriel Tarde, que o tipo normal é o zero de monstruosidade.[2]

Mas, desde que a consciência foi levada a desconfiar da excentricidade na vida, a dissociar os conceitos de reprodução e de repetição, quem lhe interdiria de supor a vida ainda mais viva, quer dizer, capaz de maiores liberdades de exercício, de supô-la capaz não apenas de exceções provocadas, mas de transgressões espontâneas de seus próprios hábitos? Diante de um pássaro de três patas, devemos ser mais sensíveis ao fato de haver uma em excesso ou ao fato de não ser nada além de uma a mais? Julgar a vida como tímida ou econômica é sentir em si o movimento para ir mais longe do que ela. E de onde pode vir esse movimento que impele o espírito dos homens a justapor aos produtos monstruosos da vida, como outros tantos projetos suscetíveis de tentá-la, cefalópodes

---

2   *L'opposition universelle*. Paris, 1897. p. 25.

(*grylles*) de múltiplas cabeças, homens perfeitos, emblemas teratomórficos? Disto vem que a vida seria inscrita, no sentido geométrico do termo, na curva de um elã poético cujo imaginário se faz a consciência revelando-o infinito? Ou então seria o fato de as infrações da vida incitarem a fantasia humana à imitação, que, por fim, devolveria à vida humana o que lhe foi tomado emprestado? Mas, aqui, há uma tal distância entre o empréstimo e a restituição que pode parecer insensato aceitar uma explicação tão virtuosamente racionalista. A vida é pobre de monstros. O fantástico é um mundo.

É aqui que surge a questão espinhosa das relações entre a monstruosidade e o monstruoso. Eles são uma dualidade de conceitos da mesma cepa etimológica. Eles estão a serviço de duas formas do julgamento normativo, médico e jurídico, inicialmente confundidas, mais do que compostas, no pensamento religioso, progressivamente abstratas e laicizadas.

Não há dúvida de que a Antiguidade e a Idade Média tenham considerado a monstruosidade como efeito do monstruoso. O próprio termo "híbrido", aparentemente tão positivo e descritivo, faz crer isso em sua etimologia. Os produtos animais interespecíficos são o resultado de cruzamentos violando a regra de endogamia, de uniões sem observância de similitude. Ora, da hibridação à monstruosidade a passagem é fácil. A Idade Média conserva a identificação do monstruoso com o delituoso, mas a enriquece com uma referência ao diabólico. O monstro é a um só tempo o efeito de uma infração à regra de segregação sexual específica e o indício de uma vontade de perversão do quadro das criaturas. A monstruosidade é menos a consequência da contingência da vida do que da licença dos viventes. Por que, pergunta Scipion du Pleix, a África produz mais monstros do que as outras regiões? "Porque todas as espécies de animais, juntando-se perto das águas para beber, ali copulam geralmente sem discrição de espécie".[3] Vemos a mons-

---

3 *Corps de Philosophie:* La Physique ou Science des choses naturelles, livro VII, cap. 22: "Des monstres". Genebra, 1636; 1. ed. Paris, 1607.

truosidade sobrevir por falta de discrição, termo ambíguo, pleno de sentido aqui. A monstruosidade, consequência de um carnaval dos animais, depois de beber! Mais ainda do que no caso dos animais, tratando-se do homem, a aparição da monstruosidade é uma assinatura. A questão do ilícito eclipsa a do irregular, a responsabilidade eclipsa a causalidade. Se o Oriente diviniza os monstros, Grécia e Roma os sacrifica. Ademais, a mãe é lapidada em Lacedemônia, expulsa em Roma e reintegrada na cidade depois da purificação. Uma tal diferença de atitude entre o Egito e Roma deve-se, primeiro, a uma teoria diferente das possibilidades da natureza. Admitir a metempsicose, as metamorfoses, é admitir um parentesco das espécies, inclusive o do homem que funda a interfecundidade. Ao contrário, desde que se distingue na natureza zonas de influência de divindades ou pactos fundamentais (Lucrécio), desde que se esboça uma classificação das espécies fundamentada sobre o modo de geração e que se aplica a observar as condições e circunstâncias da fecundação (Aristóteles), a natureza se define por impossibilidades tanto quanto por possibilidades. A monstruosidade zoomórfica, caso admitamos sua existência, deve ser considerada como a sequência de uma tentativa deliberada de infração à ordem das coisas que não constitui senão um com sua perfeição, a sequência de um abandono da fascinação vertiginosa do indefinido, do caos e do anticosmo. A ligação, na Idade Média, da teratologia com a demonologia aparece, então, como a consequência do dualismo persistente na teologia cristã, tal como assinalou Ernest Martin em sua *Historie des monstres*.[4] Sobre essa questão, existe uma abundante literatura. Só aludimos a ela por nos permitir compreender que o monstruoso, conceito inicialmente jurídico, foi progressivamente constituído como categoria de imaginação. Trata-se, em suma, de um deslocamento de responsabilidade. Os teólogos, juízes ou filósofos que não puderam admitir a possibilidade de um comércio direto das mulheres com os íncubos ou súcubos não hesitaram em

---

4   *Histoire des monstres depuis l'Antiquité jusqu'`a nos jours*. Paris, 1880. p. 69.

admitir que a visão de uma aparição demoníaca pudesse ter como efeito a alteração do desenvolvimento de um embrião humano. A teoria dos desejos, ainda viva no povo, é exposta por Hipócrates no tratado *De la Superfétation*. Relata-se desse príncipe da medicina que ele aplicou a teoria para desculpar uma nobre ateniense, explicando que bastava ela ter contemplado um retrato etíope. Em suma, bem antes que Pascal denunciasse a imaginação como uma mestra de erros e de falsidade, ela fora creditada do poder físico de falsificar as operações comuns da natureza. Abroise Paré conta o poder da imaginação entre as causas da monstruosidade. Malebranche propõe sobre ela, segundo os princípios do mecanismo cartesiano, uma explicação estritamente fisiológica. A imaginação é, aqui, tão somente uma função física de imitação, segundo a qual os objetos percebidos por uma mãe têm um "contragolpe" sobre a criança em gestação. Ora, Malebranche admite, como Hipócrates, que a percepção de um simulacro acarreta os mesmos efeitos que a percepção do objeto. Ele afirma que as paixões, o desejo e o desregramento da imaginação têm efeitos semelhantes.[5] Sob uma forma racionalizada, portanto abrandada, nós reconheceremos aqui o monstruoso na origem das monstruosidades. A vantagem dessa teoria, para Malebranche, partidário da pré-formação e do acoplamento dos germens, é que ela desculpa Deus do agravo de haver criado, na origem, germens monstruosos. Gostaríamos de poder objetar que uma tal teoria convém, talvez, no caso da monstruosidade humana, mas ela não poderia ser generalizada. Ora, ela o foi. O Dr. Eller (1689-1760), diretor da Academia real da Prússia, publicou, em 1756, no memorial da citada academia, uma dissertação que reconhece no animal o poder de determinar, pela imaginação, uma monstruosidade notável. Eller descreve um cachorro, observado por ele próprio, nascido com uma cabeça que "se parecia bastante com a de um galo-da-índia". Sua mãe, quando prenhe, costumava passear pelo pátio de onde fora expulsa a bicadas por um galo-da-índia irascível. Em virtude disso, Eller escreveu:

---

5   *Recherche de la vérité*, livro II, 1ª parte, cap. 7.

> As mulheres não devem, portanto, glorificar-se de possuir sozinhas a prerrogativa de fazer monstros pela força de sua imaginação; estamos convencidos, pela relação precedente, de que os bichos podem fazer tanto quanto elas.[6]

Acabamos de ver a imaginação creditada do poder de imprimir nos viventes em gestação os traços de um objeto percebido, de uma efígie, de um simulacro, os contornos inconsistentes de um desejo, ou seja, no fundo de um sonho. Ao constatarmos que nos séculos XVII e XVIII se credita tanto à imaginação – e numa intenção de explicação racional –, como se surpreender pela familiaridade com a que os homens de antigamente viveram com tantos monstros, os quais imiscuíam na lenda e na história, como se surpreender com seu descuido em separar a realidade e a ficção, prontos a acreditar, a um só tempo, que os monstros existem por serem imaginados e existem já que são imaginados, em outras palavras, que a ficção modela a realidade e que a realidade autentica a ficção?

A teratologia da Idade Média e do Renascimento é apenas um recenseamento das monstruosidades e mais uma celebração do monstruoso. Ela é um acúmulo de temas de lendas e de esquemas de figuras nos quais as formas animais concorrem, por assim dizer, para trocar órgãos e variar suas combinações, nos quais as ferramentas e as próprias máquinas são tratadas como órgãos compostos com partes de viventes. Os cefalópodes (*grylles*) de Hieronymus Bosch não conheciam demarcação entre os organismos e os utensílios, nada de fronteira entre o monstruoso e o absurdo. As seguintes obras recentes de Baltrusaïtis trazem uma contribuição decisiva para o nosso conhecimento das origens e da significação dos temas monstruosos: *Le Moyen Âge fantastique*,[7] *Réveils et prodiges*.[8] Os monstros são motivos invariantes dos baixos-relevos das catedrais, das iluminuras do Apocalipse, dos Bestiários e das

---

6 Recherches sur la force de l'imagination des femmes enceintes sur le foetus, à l'occasion d'un chien monstrueux. In: *Histoire de l'Académie royale des sciences et belles-lettres*, ano 1756, Berlin, 1758. p. 12.
7 Paris: Colin, 1955.
8 Paris: Colin, 1960.

Cosmografias, das gravuras engraçadas, das Compilações de Presságios e de Prognosticações. Os mesmos esquemas de monstros, os mesmos seres compósitos são ora simbólicos, ora documentais, ora didáticos. Os diferentes países da Europa difundem-nos, trocam-nos, confrontam-nos. Os Países Baixos e a Suíça, Anvers e Bâle são suas pátrias muito florescentes. As primeiras obras de teratologia de intenção etiológica, as de cirurgiões ou de médicos como Paré ou Liceti, apenas se distinguem das crônicas prodigiosas de Julius Obsequens (século IV) e de Lycosthenes (1557). Sua iconografia justapõe a monstruosidade e o monstruoso: a criança com duas cabeças, a criança peluda e a criança com rabo de rato cervical, a mulher-gralha e a jovem com pernas de asno, o porco de cabeça humana e o monstro bovino com sete cabeças (como a besta do Apocalipse), entre muitos outros. Mas parece ter chegado o momento em que o pensamento racional triunfará sobre a monstruosidade, tal como a imaginação se deleitou em acreditar que os heróis e os santos podiam triunfar sobre os monstros.

"O complemento necessário de um monstro é um cérebro de criança", disse Paul Valéry, que avalia uniformemente ridículo o papel que as artes fazem desempenhar os monstros pintados, cantados ou esculpidos, e confessa não poder responder senão com o riso à visão das composições bizarras e disformes que nos são oferecidas pelas coleções de animais paleontológicos.[9] Essa palavra de Valéry poderia ser considerada como o resumo da atitude racionalista diante do monstruoso, na época da teratologia positivista. Quando a monstruosidade se tornou um conceito biológico, quando as monstruosidades são repartidas em classes segundo relações constantes, quando se vangloriam de poder tê-las provocado experimentalmente, então o monstro é naturalizado, o irregular se rende à regra, o prodígio à previsão. Parece então evidente que o espírito científico ache monstruoso que o homem tenha podido crer, outrora, em tantos animais monstruosos. Na idade das fábulas, a monstruosidade denunciava o poder monstruoso da imaginação.

---

9   Au sujet d'Adonis. In: *Variété*. 3. ed. Paris: Gallimard, 1927. p. 81.

Na idade das experiências, o monstruoso é considerado como sintoma de puerilidade ou de doença mental; ele acusa a debilidade ou o fracasso da razão. Repete-se, segundo Goya: "O sono da razão gera monstros", sem se perguntar o bastante, levando-se em conta precisamente a obra de Goya, se, por gerar, devemos entender engendrar monstros, ou então dá-los à luz; em outras palavras, se o sono da razão não seria mais liberador do que gerador de monstros. A mesma época histórica que, segundo Michel Foucault,[10] naturalizou a loucura dedica-se a naturalizar os monstros. A Idade Média, que não foi nomeada assim por deixar coexistir os extremos, é a idade na qual se veem os loucos viver em sociedade com os sãos e os monstros com os normais. No século XIX, o louco é posto no asilo que lhe serve para ensinar a razão, e o monstro, no frasco do embriologista que lhe serve para ensinar a norma.

O século XVIII não foi tão duro para os monstros. Ainda que suas luzes tenham expulsado muitos deles, ao mesmo tempo que muitas feiticeiras – "Se o dia chegar, vamos embora", diziam as feiticeiras em um dos *Caprichos* de Goya –, ele sustentou o paradoxo de procurar nos organismos aberrantes os vieses para a inteligência dos fenômenos regulares da organização. Ali, os monstros foram tratados como os substitutos das experiências cruciais capazes de decidir entre os dois sistemas concernentes à geração e ao desenvolvimento das plantas e dos animais: a pré-formação e a epigênese. Utilizaram-nos também para fornecer, à teoria da escala contínua dos seres, o argumento das formas de transição, ou, como dizia Leibniz, das espécies medianas. Por parecerem especificamente equívocos, os monstros garantem a passagem de uma espécie a outra. Sua existência facilita ao espírito a concepção da continuidade. *Natura non facit saltus, non datur hiatus formarum*: eis por que existem monstros, mas a título puramente comparativo. De Maillet et Robinet faziam o necessário para evocar, sem ter de inventá-los, todos aqueles dos quais necessitavam, e vemos todos os peixes-pássaros, todos os homens marinhos, todas as sereias

---

10 *Folie et déraison,* Histoire de la folie à l'âge classique. Paris: Plon, 1961.

ressurgirem dos bestiários do Renascimento. Aliás, eles ressurgem em um contexto e segundo uma intuição que lembram o espírito do Renascimento. Trata-se de uma insurreição contra a legalidade estrita imposta à natureza pela física e pela filosofia mecanicistas, de uma nostalgia da indistinção das formas, do panpsiquismo, do pansexualismo. Os monstros são evocados para legitimar uma visão intuitiva da vida na qual a ordem se apaga por trás da fecundidade. O *Telliamed, entretiens d'um philosophe indien avec un missionaire français* (1748) é a mitologia oriental ressuscitada para ser posta a serviço da antiteologia. E lemos em *Considérations philosophiques de la gradation naturelle des formes de l'être ou les Essais de la Nature qui apprend à faire l'homme* (1748):

> Acreditamos que as formas de aparências mais bizarras... servem de passagem para as formas vizinhas; que elas preparam e conduzem as combinações que as seguem, tal como elas são conduzidas por aquelas que as precedem; que elas contribuem para a ordem das coisas, longe de perturbá-la.[11]

As mesmas teses e argumentos semelhantes são retomados em *Rêve de d'Alembert* e em *Lettre sur les aveugles à l'usage de ceux qui voient*. Ademais, Diderot, nesta mesma *Lettre*, classificando de monstro o nascido cego Saunderson, professor de ótica física, cuja lição ele expõe por ocasião da visita ao nascido cego Puiseaux, pretende dar uma demonstração de seu método de emprego sistemático da monstruosidade como instrumento de análise e de decomposição, em matéria de gênese das ideias e dos ideais. Resumindo, quer se trate de embriologia, de sistemática ou de fisiologia, o século XVIII fez do monstro não apenas um objeto, mas um instrumento da ciência.

Foi verdadeiramente no século XIX que se elaborou a explicação científica da monstruosidade e a redução correlativa do monstruoso. A teratologia nasceu no encontro da anatomia comparada e da embriologia reformada pela adoção da teoria da epigênese. Jean-Frédéric Meckel, o Jovem, explica por meio das paradas

---

11   Cf. p. 198.

de desenvolvimento, assim como já o havia sugerido K. F. Wolff,[12] algumas monstruosidades simples, notadamente o que se chamava, então, de monstruosidade por falha. Geoffroy Saint-Hilaire substitui a noção de retardo pela de parada. A monstruosidade é a fixação do desenvolvimento de um órgão em um estágio ultrapassado pelos outros. É a sobrevivência de uma forma embrionária transitória. Para um organismo de uma espécie dada, a monstruosidade de hoje é o estado normal de anteontem. E, na série comparativa das espécies, pode acontecer que a forma monstruosa de uma seja para alguma outra sua forma normal. Em *Histoire des anomalies de l'organisation* (1837), Isidore Geoffroy Saint-Hilaire, filho de Étienne, conclui – e de maneira definitiva em alguns pontos – a domesticação das monstruosidades, agrupando-as entre as anomalias, classificando-as segundo as regras do método natural, aplicando-lhes uma nomenclatura metódica ainda em vigor, mas, sobretudo, naturalizando o monstro composto, aquele no qual encontramos reunidos os elementos, completos ou incompletos, de dois ou mais organismos. Outrora, o monstro composto era considerado como o monstro dos monstros, pois se o confrontava com a norma de um só indivíduo. Mas, se referimos o monstro composto a dois ou mais indivíduos normais, esse tipo de monstruosidade não é mais monstruoso do que o da monstruosidade simples. Isidore Geoffroy Saint-Hilaire propõe, sobre a existência de anomalias, reflexões muito pertinentes. Uma de suas fórmulas as resume: "Não há exceções às leis da natureza, há exceções às leis dos naturalistas".[13] Por fim, relacionar conceitos de anomalia e de variedade é pleno de interesse e parecerá inteiramente importante, ao final do século, no contexto das teorias da evolução.

Constituída de descrições, de definições e de classificações, a teratologia é, claramente, desde então, uma ciência natural. Mas, num século que tem apenas dois anos a mais do que o termo e o conceito de *Biologia*, toda história natural tende a se tornar uma

---

12   *De ortu monstrorum*, 1772.
13   Op. cit. tomo I, p. 31.

ciência experimental. E a teratogenia, o estudo experimental das condições de produção artificial das monstruosidades, foi fundada por Camille Dareste (1822-1899) na metade do século. O artista da Idade Média representava monstros imaginários. O sábio do século XIX pretende fabricar monstros reais. A exemplo de Marcelin Berthelot dizendo que a química cria seu objeto, Dareste proclama que a teratogenia deve criar o seu. Ele se vangloria de ter conseguido produzir, num embrião de frango, a maioria das monstruosidades simples, segundo a classificação de Isidoro Geoffroy Saint-Hilaire, e espera poder chegar a produzir variedades hereditárias. Encorajado pela apreciação de Darwin sobre suas experiências "plenas de promessas para o futuro", Dareste se promete empregar os recursos da experimentação na elucidação da origem das espécies.[14]

Desde então, a monstruosidade parece ter liberado o segredo de suas causas e de suas leis. A anomalia parece convocada a prover a explicação da formação do normal. Não porque o normal fosse apenas uma forma atenuada do patológico, mas porque o patológico é o normal impedido ou desviado. Retirem o impedimento e vocês obterão a norma. A transparência da monstruosidade para o pensamento científico a corta, doravante, de toda relação com o monstruoso. Sistematicamente, o realismo condena o monstruoso a ser na arte tão somente o decalque da monstruosidade. É preciso ser japonês para ainda pintar dragões numa época em que Gustave Courbet resmunga: "Se querem que eu pinte deusas, mostrem-me uma". Se ele subsiste, na Europa o monstruoso se torna ponderado e sem graça. Ingres deve tomar emprestado de *Roland furieux* o tema de Robert libertando Angélique para ter a ocasião de pintar um monstro, obtendo como resultado, primeiro, fazer os Goncourt dizerem que a arte dos franceses não conhece outro monstro senão o do relato de Teramenes e, mais tarde, despertar o riso de Valéry. Paralelamente, a antropologia positivista se dedica a depreciar os mitos religiosos e suas representações artísticas. Em 1878, o Dr. Parrot busca estabelecer, diante dos membros da Sociedade

---

14 *Recherches sur la production artificielle des monstruosités*. Paris, 1877. p. 44.

de Antropologia, que o deus anão Phtah, adorado pelos egípcios, reproduzia as características de um monstro acondroplásico. Desde essa época, gostava-se de mostrar o monstruoso refugiado na poesia e se tinha prazer em seguir o rastro de enxofre que parte de Baudelaire para chegar aos surrealistas, passando por Rimbaud e por Lautréamont. Mas como resistir à tentação de reencontrar o monstruoso instalado no próprio coração do universo científico de onde se pretendeu expulsá-lo, de pegar o próprio biólogo em flagrante delito de surrealismo? Não se ouviu Dareste reivindicar para a teratologia a glória de criar seu objeto? Não se viu Isidoro Geoffroy Saint-Hilaire e Dareste juntar, o primeiro com timidez, o segundo com segurança, as duas questões da monstruosidade e da criação das raças? A submissão do espírito científico à realidade das leis não seria apenas uma astúcia da Vontade de Poder?

Em 1826, Étienne Geoffroy Saint-Hilaire havia retomado de Auteuil antigas experiências de incubação artificial tentadas no Egito, imitando técnicas usuais nos famosos fornos de frangos. As experiências tendiam à determinação de anomalias embrionárias. Em 1829, extraindo a lição dessas pesquisas em sua relação com a questão formulada pela tese de Lamark, concernindo às modificações dos tipos animais específicos, Étienne Geoffroy Saint-Hilaire escreveu: "Eu buscava arrastar a organização por vias insólitas".[15] Sem dúvida, essa decisão, uma vez que ela conduz a operar em ovos de pássaro, não decorre de nenhuma motivação inconsciente fabulosa. Diríamos o mesmo de Réaumur quando, depois de ter longamente relatado o que ele nomeia como os amores de uma galinha e de um coelho, ele expressa sua decepção pelo fato de uma união tão bizarra não lhe ter provido "frangos vestidos de pelos ou coelhos cobertos de penas"? O que diremos no dia em que aprendermos que se tentou com o homem experiências de teratogenia? Do curioso ao escabroso e do escabroso ao monstruoso, a via é reta senão curta. Se a tentativa de todos os possíveis, tendo em vista revelar o real, está inscrita no código da experimentação,

---

15 Citado por Dareste. *Recherches...* p. 35.

há o risco de que a fronteira entre o experimental e o monstruoso não seja percebida à primeira vista. Pois o monstruoso é um dos possíveis. Gostaríamos de bom grado de ter apenas de ouvir, aqui, o monstruoso imaginário, mas estamos muito conscientes de sua ambiguidade. Entre os biólogos que criam seu objeto e os fabricantes de monstros humanos destinados a serem bufões, tal como Victor Hugo os descreveu em *L'homme qui rit*, mensuramos toda a distância. Devemos querer que ela permaneça assim; não podemos afirmar que ela assim permanecerá.

A ignorância dos antigos considerava os monstros como jogos da natureza; a ciência dos contemporâneos faz deles o jogo dos sábios. Brinquemos, então, de fabricar frangos ciclopes, rãs com cinco patas, tritões siameses; entretanto, alguns pensam em brincar de fabricar não sereias ou centauros, mas, talvez, um homem dos bosques. Se não conhecêssemos o autor, a fórmula "procurar arrastar a organização por vias insólitas" poderia passar por um anúncio de um projeto diabólico. Nesse caso, encontraríamos o monstruoso na origem de monstruosidades, mas autênticas. O que a Idade Média sonhou o século do positivismo o realizaria, pensando aboli-lo.

Acabamos de falar no condicional, pois se é verdadeiro que o monstruoso está a trabalho, à sua maneira, na teratologia experimental, não é menos certo que ele não ultrapasse na qualidade de seus efeitos o que a vida obtém sem ele. O teratologista de hoje tem menos ambição, mais medida do que Étienne Geoffroy Saint-Hilaire e Dareste. Numa recente conferência,[16] Étienne Wolff fazia notar que o teratólogo experimental confina sua intervenção na perturbação de um processo começado sem ele e cujas condições elementares iniciais ele ignora. Depois disso, ele não interfere na matéria viva, ele espera e vê chegar. Em suma, diz Wolff, "o experimentador tem o sentimento de ser apenas um assessório". Sua potência é estreitamente limitada, primeiro pelo fato de que a plasticidade dos esboços embrionários é de breve duração, depois

---

16   Collège Philosophique, Paris, 24 de janeiro de 1962.

pelo fato de que as monstruosidades não transgridem o plano específico. Não apenas o biólogo de hoje não cria nada de realmente novo, mas também ele compreende a razão. Ele compreende melhor o mérito dos dois Geoffroy Saint-Hilaire de terem percebido que existem tipos de organização teratológica dominados pelas leis dessa organização. É assim que todos os ciclopes, do peixe ao homem, são organizados similarmente. A natureza, diz ainda É. Wolff, puxa sempre os mesmos cordéis.[17] O experimentador não pode puxar mais cordéis do que a natureza.

Dissemos: a vida é pobre de monstros, ao passo que o fantástico é um mundo.

Podemos compreender, agora, por que a vida é relativamente pobre de monstros. É que os organismos só são capazes de excentricidades de estrutura num curto momento de seu desenvolvimento. Mas por que ter dito do fantástico que ele é um mundo, se é verdadeiro que um mundo, um cosmos, é uma ordem? Será porque há tipos – alguns dizem, inclusive, arquétipos – do fantástico? De fato, quisemos dizer que o fantástico é capaz de povoar um mundo. A potência da imaginação é inesgotável, infatigável. E como ela não o seria? A imaginação é uma função sem órgão. Ela não é dessas funções que cessam de funcionar para recuperar seu poder funcional. Ela se alimenta apenas de sua atividade. Como o ensina Gastón Bachelard, ela deforma ou reforma incessantemente as velhas imagens para delas formar novas. Vemos, assim, que o monstruoso, como imaginário, é proliferante. Pobreza, de um lado, prodigalidade, do outro, tal é a primeira razão de manter a dualidade da monstruosidade e do monstruoso.

A segunda razão está no princípio da primeira. A vida não transgride nem suas leis, nem seus planos de estrutura. Nela, os acidentes não são exceções e não há nada de monstruoso nas

---

17 *La science des monstres*. Paris: Gallimard, 1948. p. 17. Cf. também, do mesmo autor, em *Les chemins de la vie*. Paris: Hermann, 1963, os capítulos sobre monstruosidade e finalidade e sobre a produção experimental das monstruosidades.

monstruosidades. "Não há exceções na natureza", diz o teratólogo na idade positivista da teratologia. Mas essa fórmula positivista que define um mundo como um sistema de leis ignora que sua significação concreta lhe é dada por sua relação com a significação de uma máxima oposta que a ciência exclui, mas que a imaginação aplica. Esta máxima deu origem ao anticosmos, ao caos das exceções sem leis. Este antimundo, quando visto do lado daqueles que o assombram, depois de havê-lo criado, crendo ali tudo excepcionalmente possível – esquecendo, por seu lado, que apenas as leis permitem as exceções –, este antimundo é o mundo imaginário, perturbador e vertiginoso do monstruoso.[18]

---

18 Este artigo reproduz, com algumas modificações, uma conferência pronunciada em Bruxelas, em 19 de fevereiro de 1962, no Institut des Hautes Études de Belgique. Ele foi publicado em *Diogène*, n. 40 (outubro-dezembro de 1962); agradecemos ao Sr. Roger Caillois por ter permitido sua reprodução.

APÊNDICES

I

NOTA SOBRE A PASSAGEM DA TEORIA FIBRILAR À TEORIA CELULAR

Nos séculos XVI, XVII e XVIII, os anatomistas, em geral, reconheciam na fibra o elemento anatômico e funcional do músculo, como também do nervo e do tendão. Se a dissociação por meio do bisturi, primeiro, e do exame ao microscópio, em seguida, dessas formações orgânicas fasciculadas puderam levar a considerar como um fato sua constituição fibrosa, é numa imagem explicativa de suas funções que se deve buscar a origem do termo *fibra*.

Depois de Aristóteles, explicava-se o movimento animal pela assimilação dos membros articulados às máquinas de jato: músculos, tendões e nervos estirando sobre as alavancas ósseas, tal como fazem os cabos nas catapultas. As fibras musculares, tendinosas ou nervosas, correspondiam exatamente às fibras vegetais cujas cordas são compostas. O iatro-mecânico Borelli, entre outros, buscava, para explicar a contração muscular, uma analogia com a retração de um cabo molhado (*funis madidus*), em seu *De Motu Animalium*.[1]

Foi por intermédio da extensão dessa estrutura a todo organismo e a todos os organismos animais ou vegetais que se formou a teoria fibrilar. Encontramos menção dela nos escritos de Descartes (*Traité de l'Homme*) e foi principalmente Haller quem a vulgarizou no século XVIII.

---

1 Roma, 1680-1681.

Independentemente das observações e da terminologia de Hooke, a noção de célula se introduziu na teoria fibrilar como noção de uma forma, no sentido geométrico, e não de uma formação no sentido morfológico. De um lado, o que se entende por célula muscular é uma disposição relativa da fibra e não um elemento absoluto. De outro, o que em seguida se chamará *tecido celular* é um tecido frouxo e esponjoso, tecido paradoxal cuja estrutura é lacunar e cuja função consiste em preencher lacunas entre os músculos, entre os músculos e a pele, entre os órgãos e nas cavidades dos ossos. É o tecido conjuntivo frouxo dos dias de hoje.

No tratado *De Motu Musculorum* (1694), Jean Bernoulli escreve que as fibras musculares são cortadas em ângulo reto pelas fibras transversais paralelas, formando uma textura reticular. As fibras musculares motoras, no momento de sua dilatação, quer dizer, de sua contração, são estranguladas em intervalos regulares por essas fibras transversais e, assim, seu interior (*cavum*) é separado por espécies de ligaduras em espaços internodais iguais que formam muitas células ou vesículas (*quae plures cellulas vel vesículas efformant*).

Em *Élements de Physiologie*,[2] Haller assim descreve o tecido celular:

> O tecido celular é composto em parte de fibras e em parte de um número infinito de pequenas lâminas que, por sua direção diferente, entrecortam pequenos espaços, formam pequenas áreas, unem todas as partes do corpo humano e exercem a função de um laço largo e firme, sem privar as partes de sua mobilidade.[3]

Em alguns tratados da mesma época, as duas noções de célula interior com fibra e de tecido celular estão ligadas, por exemplo, em *Traité du Mouvement Musculaire*, de Lecat.[4] Descrevendo a estrutura de uma preparação de fibra muscular de rato examinada ao microscópio, escreve o autor:

---

2   Traduzido por Bordenave. Paris, 1769.
3   Capítulo I, § 10.
4   Berlin, 1765.

Apêndice I ∞ Nota sobre a Passagem da Teoria Fibrilar à Teoria Celular

> *A fibra me parece semelhante a um tubo de termômetro cujo licor é desarrumado e dividido alternativamente em bolhas ou pequenos cilindros de licor e de ar. Essas bolhas alternativas lhe davam também a aparência de uma fila de contas de rosário, ou melhor, fila de pequenos segmentos ou nós de junco; esses segmentos eram alternativamente opacos e transparentes... Uma meia hora depois, esses nós desapareceram porque, aparentemente, os licores se dissiparam ou se coagularam e o junco me pareceu ter uma cavidade uniforme, cheia de uma espécie de tecido reticular, ou celular ou medular que, em certos locais, pareceu-me composto de muitas células ou tipos de mochilas umas contra as outras e entrelaçadas como elos.*[5]

Do que resulta este escorço:

> *A fibra muscular é um canal cujas paredes são feitas de uma infinidade de fios ligados entre eles e cuja cavidade é dividida em um grande número de células em losango ou próximas a esta figura.*[6]

Vê-se, em resumo, como uma interpretação conjetural do aspecto estriado da fibra muscular conduziu, pouco a pouco, os partidários da teoria fibrilar a usarem uma terminologia tal que a substituição de uma unidade morfológica por uma outra, se, por um lado, exigia uma verdadeira conversão intelectual, por outro, viu-se facilitada pelo fato de encontrar preparado, em grande parte, seu vocabulário de exposição: vesícula, célula. O termo utrículo, igualmente empregado para designar as lacunas do tecido celular, mais especialmente em botânica, parece ter sido criado por Malpighi.[7]

---

5   Cf. p. 74.
6   Cf. p. 99.
7   * Cf. o artigo de M. D. Grmek. La notion de fibre vivante chez les médecins de l'école iatrophysique. In: *Clio Medica*, v. 5, n. 4, dezembro 1970.

II

―――― ○₃ ――――

NOTA SOBRE AS RELAÇÕES DA TEORIA CELULAR COM A FILOSOFIA DE LEIBNIZ

É certo que, no final do século XVIII e na primeira metade do século XIX, o termo *mônada* era frequentemente empregado para designar o elemento suposto do organismo.[1]

Na França, Lamarck utiliza este termo para designar o organismo considerado então como o mais simples e o menos perfeito, o infusório. Por exemplo: "... a organização animal mais simples... a mônada que, por assim dizer, não é senão um *ponto animado*".[2] "... A mônada, o mais imperfeito dos animais conhecidos..."[3] Este sentido ainda é conservado em *Dictionnaire de la Langue française*, de Littré: "Gênero de animálculos microscópicos". Vimos que, quando Auguste Comte critica a teoria celular e a noção de célula, ele o faz sob o nome de "mônada orgânica", na XLI lição do *Cours de Philosophie positive*.[4] Em 1868, Gobineau aparenta célula e mônada.

Na Alemanha, como o mostrou Dietrich Mahnke em sua obra *Unendliche Sphäre und Allmittelpukt*,[5] foi por intermédio de Oken, amigo e discípulo de Schelling em Iéna, que a imagem da mônada foi importante para as especulações biológicas sua signifi-

---

1   Johannes Müller. *Manuel de Pysiologie*. Tradução de Jourdan. Paris. 1845. t. II, p. 526: "Monades dans le sens des physiologistes".
2   *Discours d'ouverture*, 21 Floréal ano VIII, 1800.
3   *Philosophie zoologique*, 1809, VIII, les Polypes.
4   Ed. Schleicher. t. III, p. 279.
5   Halle, 1937. p. 13-17.

cação indivisivelmente geométrica e mística. Trata-se exatamente de um pitagorismo biológico. Os elementos e os princípios de todo organismo são nomeados indiferentemente *Urbläschen* (vesículas originárias), *Zellen* (células), *Kugeln* (bolhas), *Sphären* (esferas), *organische Punkte* (pontos orgânicos). Eles são os correspondentes biológicos do que, na ordem cósmica, são o ponto (intensidade máxima da esfera) e a esfera (extensão máxima do ponto). Entre Oken e os primeiros fundadores da teoria celular, empiricamente estabelecida, Schleiden e Schwann, existem todas as nuances de obediência e de dependência em relação à monadologia biológica, exposta em *Lehrbruch der Naturphilosophie* (1809-1811). Se o grande botânico Nigeli (1817-1891), cujo entusiasmo por Oken desviou da medicina para a biologia, tornou-se, sob a influência do darwinismo, um materialista resoluto, sempre manteve uma certa fidelidade a sua ideias de juventude. O rastro disso se encontra em sua teoria das *micelas*, unidades vivas invisíveis constituindo o protoplasma, teoria que figura, de algum modo, a potência segunda da teoria celular. Mais romântico, mais metafísico, o extraordinário Carl Gustav Carus, pintor, médico e naturalista (1789-1869), restringiu-se, quase ao pé da letra, às ideias de Olten. A noção de totalidade orgânica domina sua filosofia e sua psicologia. A forma primitiva universal é a esfera e a esfera biológica fundamental é a célula. Em sua obra *Psyche* (1846), os termos de *Urzellen* e de *organische Monaden* são estritamente equivalentes.

Não há dúvidas de que foi de Leibniz, por intermédio de Schelling, de Fichte, de Baader e de Novalis, que os filósofos da natureza obtiveram sua concepção monadológica da vida.[6]

Na França, foi principalmente por meio Maupertuis que a filosofia de Leibniz informou e orientou, no século XVIII, as especulações relativas à formação e à estrutura dos seres vivos.[7] Em

---

6   Cf. Mahnke. Op. cit. p. 16.
7   Sobre a influência difusa, indireta mais do que direta, de Leibniz sobre Diderot, cf. Yvon Beleval. Note sur Diderot et Leibniz. In: *Revue des Sciences Humaines*, p. 435-51, outubro-dezembro 1963.

seu *Essai sur la formation des êtres organisés* (1754), Maupertuis expõe mais nitidamente ainda do que em *Vénus physique* (1745) sua teoria da formação dos organismos pela união de moléculas elementares saídas de todas as partes do corpo dos pais e contidas nas sementes do macho e da fêmea. Esta união não é um simples fenômeno mecânico, nem mesmo um fenômeno simplesmente redutível à atração newtoniana. Maupertuis não hesita em invocar um instinto inerente a cada partícula (*Vénus physique*) e até mesmo "algum princípio de inteligência, alguma coisa de semelhante ao que chamamos de desejo, aversão, memória" (*Essai*). De modo que Paul Hazard, resumindo a evolução das ideias de Maupertuis, escreve: "Não nos enganemos com isso: o que aparece, aqui, é a mônada".[8] Vimos qual foi a influência de Maupertuis sobre Buffon, especialmente para a elaboração da teoria das moléculas orgânicas.[9]

---

8   *La Pensée européenne au XVIIIe siècle*. Paris, 1946. t. II, p. 43.
9   Cf. Jean Rostand, *La formation de l'être*. Paris, 1930, cap. IX; do mesmo autor, Esquisse d'une histoire de l'atomisme en biologie. In: *Revue d'Histoire des Sciences*, t. II, n. 3, 1949; e t. III, n. 2, 1950.

III

EXTRATOS DO *DISCURSO SOBRE A ANATOMIA DO CÉREBRO*, PROFERIDO POR STÉNON, EM 1665, AOS SENHORES DA ASSEMBLEIA NA CASA DO SR. THÉVENOT, EM PARIS

"... No que concerne ao Sr. Descartes, ele conhecia demasiado bem as falhas da história que temos do homem para se pôr na empreitada de explicar sua verdadeira composição. Assim, ele não se põe a realizá-lo em seu *Traité de l'Homme*, mas a nos explicar uma máquina que faça todas as ações de que os homens são capazes. Alguns de seus amigos se explicam, neste ponto, diferentemente dele; no entanto, vemos, no começo de sua obra, que ele assim o entendia. Neste sentido, podemos dizer, com razão, que o Sr. Descartes ultrapassou os outros filósofos nesse tratado do qual acabo de lhes falar. Ninguém senão ele explicou mecanicamente todas as ações do homem e, sobretudo, as do cérebro. Os outros nos descrevem o próprio homem; o Sr. Descartes não nos fala senão de uma máquina que, no entanto, nos faz ver a insuficiência daquilo que os outros nos ensinam, e nos faz aprender um método de pesquisar os usos das outras partes do corpo humano com a mesma evidência com que ele nos demonstra as partes da máquina de seu homem, o que, antes dele, ninguém fez.

"Não se deve, portanto, condenar o Sr. Descartes se seu sistema do cérebro não se encontra inteiramente em conformidade com a experiência. A excelência de seu espírito, que aparece principalmente em seu *Traité de l'Homme*, cobre os erros de suas hipóteses. Vemos que outros anatomistas muito hábeis, como Vesale e outros, não puderam evitar erros semelhantes.

"Se eles foram perdoados por esses grandes homens que passaram a melhor parte de sua vida nas dissecações, por que se iria querer ser menos indulgente para com o Sr. Descartes que empregou muito felizmente seu tempo em outras especulações? O respeito que creio dever, como todo mundo, aos espíritos dessa ordem me impediria de falar das falhas desse tratado. Eu teria me contentado em admirá-lo com algumas, como a descrição de uma bela máquina e de toda sua invenção, se ele não tivesse encontrado muitas pessoas que o consideram de modo totalmente diferente e querem fazê-lo passar por uma relação fiel do que há de mais oculto nas regiões do corpo humano. Já que essas pessoas não cedem às demonstrações tão evidentes do Sr. Silvius, que, com frequência, fez ver que a descrição do Sr. Descartes não está em conformidade com a dissecação dos corpos descritos por ela, é preciso que, sem relatar aqui todo seu sistema, dele se demarquem alguns locais nos quais, tenho certeza, caberá apenas a eles ver claro e reconhecer uma grande diferença entre a máquina imaginada pelo Sr. Descartes e a que vemos quando fazemos a anatomia dos corpos humanos..."[1]

---

1 *Nicolaï Stenonis Opera Philosophica*. Copenhague, ed., Vilhem Maar, 1910. t. II, p. 7-12.

BIBLIOGRAFIA

Esta bibliografia não é a listagem completa de todas as obras ou artigos citados nos estudos precedentes: ela omite alguns e cita outros dos quais não se fez menção expressa. Ela visa a reunir os textos fundamentais e as atualizações concernentes às questões essenciais, de modo a constituir uma documentação de biologia geral suscetível de ser utilizada, hoje, com uma intenção filosófica.

AMBARD, L. La Biologie. In: *Histoire du Monde*, dirigida por Cavaignac. Paris: De Boccard, 1930. tomo XIII, V parte.

ARISTÓTELES, *Traité sur les Parties des Animaux*. Texto, tradução, introdução e comentários por J.-M. Le Blond. Paris: Aubier, 1944, livro 1.

ARON, M.; GRASSÉ, P. *Biologie animale*. 5. ed. revista e corrigida Paris: Masson, 1947.

BALTRUSAITIS, J. *Aberrations*. Paris: Olivier Perrin, 1957.

_____. *Réveils et prodiges, le gothique fantastique*. Paris: A. Collin, 1960.

BELLONI, L. Schemi e modelli della machina vivente nel seicento. In: *Physis*, v. V, fasc. 3, p. 259-298, 1963.

BERNARD, C. *Introduction à l'étude de la Médecine expérimentale*, 1865. Genebra: Éditions du Cheval Ailé, Bourquin, 1945.

_____. *Principes de Médecine expérimentale*, publicados pelo Dr. Delhoume. Paris: PUF, 1947.

_____. *Morceaux choisis*, publicados por Jean Rostand. Paris: Gallimard, 1938.

_____. *Cahier de notes 1850-1860*, apresentado e comentado por M. D. Grmek. Paris: Gallimard, 1965.

BERGSON, H. *L'évolution créatrice*. 1907; 40. ed. Paris: Alcan, 1932.

_____. La Philosophie de Claude Bernard, 1913. In: *La pensée et le mouvant*. 6. ed. Paris: Alcan, 1939.

BERTALANFFY, L. von. *Les problèmes de la vie*. Tradução francesa de Michel Deutsch. Paris: Gallimard, 1961.

BICHAT, X. *Recherches physiologiques sur la vie et la mort*, 1800. Paris: A. Delahays, 1855; Paris: Vrin, 1982.

BOULLET, L. *L'autonomie de l'être vivant*. Paris: PUF, 1928.

BRUN, J. *La main et l'esprit*. Paris: PUF, 1963.

BUFFON, G. *Histoire naturelle*. 1749. v. I a III; *Vues générales sur la génération et sur l'homme, Oeuvres complètes*. Bruxelas: Lejeune, 1828-1833.

BUYTENDIJK. *Psychologie des animaux*. Paris: Payot, 1928.

CAHN, Th. *La vie et l'oeuvre d'Étienne Geoffroy Saint-Hilaire*. Paris: PUF, 1962.

_____. Modèles électroniques et fonctionnement de l'organisme. In: *Revue Philosophique*. p. 182-195, 1962.

CAILLOIS, R. *Au coeur du fantastique*. Paris: Gallimard, 1965.

CANGUILHEM, G. *Essai sur quelques problèmes concernants le normal et le pathologique*, 1943. 2. ed. Paris: Les Belles Lettres, 1950.

_____. Note sur la situation faite en France à la philosophie biologique. In: *Revue de Métaphysique et de Morale*, n. 34, 1947.

_____. *La formation du concept de réflexe aux XVIIe et XVIIIe siècles*. Paris: PUF, 1955; 2. ed. Paris: Vrin, 1977.

_____. L'homme et l'animal du point de vue psychologique selon Charles Darwin. In: *Revue d'histoire des Sciences*, tomo XIII, n. 1, janeiro-março 1960.

_____. The role of analogies and models in biological discovery. In: *Scientific change*. Editado por A. C. Crombie. Londres: Heinemann, 1963.

_____. La constitution de la physiologie comme science. In: *Physiologie*. Editado por Ch. Kayser. Paris: Flammarion, 1963. tomo I.

CAULLERY, M. Histoire des sciences biologiques. In: HANOTAUX, G. *Histoire de la nation française*. Paris: Plon, 1925, tomo XV.

_____. *Le problème de l'évolution*. Paris: Payot, 1931.

_____. *Les étapes de la biologie*. Collection "Que sais-je?". Paris: PUF, 1940.

_____. *Biologie des jumeaux*. Paris: PUF, 1945.

COLLIN, R. *Panorama de la biologie*. Paris: Édition de la Revue des Jeunes, 1945.

COMTE, A. *Cours de Philosophie Positive*. Paris: Schleicher, 1907, lições XL a XLV.

CUÉNOT, L. La loi en biologie. In: *Science et loi*. 5ª Semana Internacional de Synthèse. Paris: Alcan, 1934.

_____. *L'espèce*. Paris: Doin, 1936.

_____. *Invention et finalité en biologie*. Paris: Flammarion, 1941.

CUÉNOT, L.; TÉTRY, A. *L'évolution biologique*. Paris: Masson, 1951.

DAGOGNET, F. *Philosophie biologique*. Paris: PUF, 1955.
_____. *La raison et les remèdes*. Paris: PUF, 1964.
DALM, A. *Initiation à l'embryologie générale*. Liège, Desoer e Paris: Masson, 1952.
DAREMBERG, Ch. *Histoire des sciences médicales*. Paris: J.-B. Baillère, 1870. 2 v.
DARWIN, Ch. *De l'origine des espèces*. Tradução francesa de Clémence Royer. Paris: Flammarion, 1859.
DEMANGEON, J. B. *De l'imagination, considérée dans ses effets directs sur l'homme et les animaux et dans ses effets indirects sur les produits de la gestation*. 2. ed. Paris-Bruxelas, 1829.
DEUTSCH, K. W. Mechanism, organism and society: some models in natural and social science. In: *Philosophy of science*, 1951. v. XVIII, p. 230-252.
DESCARTES. *L'homme*, 1664, seguido de *La description du corps humain*. In: *Oeuvres*, de Descartes, publicadas por Ch. Adam e P. Tannery, Paris, Vrin. tomo XI.
DOYON, A.; LIAIGRE, L. Méthodologie comparée du biomécanisme et de la mécanique comparée. In: *Diaclectica*, X, 1956, p. 292-335.
DRIESCH, H. *La Philosophie de l'organisme*, 1909. Tradução de Kolmann. Paris: Rivière, 1921.
DUBOS, G. *La notion de cycle*, Introduction à l'étude de la biologie. Neuchâtel: Éditions du Griffon, 1945.
FLORKIN, M. *Naissance et déviation de la théorie cellulaire dans l'oeuvre de Théodore Schwann*. Paris: Hermann, 1960.
FOUCAULT, M. *Folie et déraison, histoire de la folie à l'âge classique*. Paris: Plon, 1961.
_____. *Naissance de la clinique*. Paris: PUF, 1963.
GOLDSTEIN, K. *Der Aufbau des Organismus*, 1934. Traduzido para o francês com o título: *La structure de l'organisme*, pelo Dr. Burckhardt e Jean Kuntz. Paris: Gallimard, 1951.
_____. Remarques sur le problème épistémologique de la biologie, 1949. In: *Congrès International de Philosophie des Sciences*. Paris, 1949, I, "Épistémologie". Paris: Hermann.
GRASSÉ, P. Projet d'article sur le mot Biologie pour le vocabulaire historique. In: *Revue de Synthèse*, n. 19, 1940-1945.
_____. *Biologie animale* (ver ARON e GRASSÉ).
GRMEK, M. D. Le vieillissement de la mort. In: *Biologie* (Encyclopédie de la Pléiade). Paris: Gallimard, 1965.
GUILLAUME, P. *La Psychologie animale*. Paris: A. Collin, 1940.
GURWITSCH, A. Le fonctionnement de l'organisme d'après K. Goldstein, 1939. In: *Journal de Psychologie*, p. 107, 1939.

_____. La science biologique d'après K. Goldstein. In: *Revue Philosophique*, p. 244, 1940.

GUYÉNOT, E. La vie comme invention. In: *L'invention*. 9ª Semana Internacional de *Synthèse*. Paris: Alcan, 1938.

_____. *Les Sciences de la vie aux XVII et XVIII siècles*. Paris: Albin Michel, 1941.

_____. *Les problèmes de la vie*. Genebra: Éditions du Cheval Ailé, Bourquin, 1946.

HAGEERG, K. *Carl Linné*. Tradução francesa de Hammai e Metzger. Paris: Éditions Je sers, 1944.

HALDANE, J. S. *The Philosophy of a Biologist*. Oxford Clarendon Press, 1936.

_____. *La Philosophie marxiste et les sciences*. Tradução de Bottigelli. Paris: Éditions Sociales, 1947.

HEDIGER, H. *Les animaux sauvages en captivité*. Paris: Payot, 1953.

_____. *La vie des animaux sauvages d'Europe*. Paris: Amiot-Dumont, 1952.

KANT. *La critique du jugement*, 1790. Tradução francesa de J. Gibelin. Paris: Vrin, 1928.

_____. *Critique de la faculté de juger*. Tradução de A. Philonenko. Paris: Vrin, 1993.

KAYSER, Ch. Les réflexes. In: *Conférences de Physiologie médicale sur des sujets d'actualité*. Paris: Masson, 1933.

_____. Réflexes et comportement, 1947. In: *Bulletin de la Faculté des Lettres de Strasbourg*. fevereiro-março 1947.

_____. Le fait physiologique. In: *Somme de Médecine contemporaine*, I, Nice, Éditions de la Diane Française, 1951.

KLEIN, M. *Histoire des origines de la théorie cellulaire*. Paris: Hermann, 1936.

_____. Sur les débuts de la théorie cellulaire en France. In: *Thalès*. 1951. tomo VI, p. 25-36.

_____. Remarques sur les méthodes de la biologie humaine. In: *Congrès International de Philosophie des Sciences*, 1949, I, "Épistémologie". Paris: Hermann, 1951.

KLEIN, M.; MAYER, G. *Aspects méthodologiques des recherches sur les bases endocrinienes du comportement*,1949, V, "Biologie", Paris: Hermann, 1951.

LAMARCK, J.-B. *Philosophie* zoologique. Paris: J. Baillière, 1809.

_____. *Pages choisies*. Introdução e notas de Lucien Brunelle. Paris: Éditions Sociales, 1957.

LANE, F. W. *Histoires extraordinaires des bêtes*. Paris: Hachette, 1950.

LECOMTE DU NOUY. *Le temps et la vie*. Paris: Gallimard, 1936.

LERICHE, R. De la santé à la maladie. La douleur dans les maladies. In: *Encyclopédie française*. tomo VI, 1936.

_____. *La chirurgie de la douleur*, 1937. 2. ed. Paris: Masson, 1940.
_____. *Physiologie et pathologie du tissu osseux*. Paris: Masson, 1939.
_____. *La chirurgie à l'ordre de la vie*. Aix-les-Bains: Zeluck, 1944.
_____. *La Philosophie de la chirurgie*. Paris: Flammarion, 1951.
_____. Qu'est-ce que la maladie?. In: *Somme de Médecine contemporaine*, I. Nice: Éditions de la Diane Française, 1951.
LEROI-GOURHAN, A. *La conception mécanque de la vie*. Paris: Alcan, 1927.
LORENTZ, K. *Les animaux, ces inconnus*. Paris: Les Éditions de Paris, 1953.
_____. *Darwin hat recht gesehen*. Pfullingen: Neske, 1965.
MANQUAT, M. *Aristote naturaliste*. Paris: Vrin, 1932.
MATHEY, R. *Dix préludes à la biologie*. Lausanne: Rouge, 1945.
MENDELSOHN, B. Physical models and physiological concepts: explanation in nineteenth-century biology. In: *The British Journal for the History of Science*, t. II, parte III, n. 7, 1965.
MERLEAU-PONTY, M. *La structure du comportement*. Paris: PUF, 1942.
MEYER-ABICH, A. *Biologie der Goethezeit*. Stuttgart, Marquardt & Cia., 1949.
MULLER, H. J. *Hors de la nuit (Vues d'un biologiste sur l'avenir)*. Paris: Gallimard, 1938.
NICOLLE, Ch. *Naissance, vie et mort des maladies infectieuses*. Paris: Alcan, 1930.
NIELSEN, H. *Le principe vital*. Paris: Hachette, 1949.
ORIENTATION DES THÉORIES MÉDICALES EN U.R.S.S. (DOCUMENTS). Centre Culturel et Économique France-U.R.S.S. Paris, 1951.
PAGEL, W. *Paracelse, introduction à la médecine philosophique de la Renaissance*. Tradução francesa de Michel Deutsch. Grenoble: Arthaud, 1963.
PRENANT, M. *Biologie et Marxisme*. Paris: Éditions Sociales Internationales, 1936. 2. ed. Paris: Hier et Aujourd'hui, 1948.
RADL, E. *Geschichte der biologischen Theorien in der NeuZeit*. 2. ed., parte 1. Leipzig: Engelmann, 1913.
RADL, E.; HATFIELD. *The History of biological theories*. Oxford: Oxford University Press, 1930.
RISSE, W.; REQUET, A. *L'idée de l'homme dans la neurologie contemporaine*. Paris: Alcan, 1938.
ROGER, J. *Les Sciences de la vie dans la pensée française du XVIIIe siècle*. Paris: Colin, 1963.
ROMANTISCHE NATURPHILOSOPHIE. Ausgewählt von Christoph Bernoulli und Hans Kern, Iena, Eugen Diederichs, 1926.
ROSENBLUETH, A.; WIENER, N.; BIGELOW, J. Behavior, Purpose and Teleology. In: *Philosophy of science*, v. X, 1943, p. 18-24; traduzido para o francês por

J. Piquemal com o título Comportement, intention, teleology. In: *Les études philosophiques*, 1961, n. 2, p. 147-156.

ROSTAND, J. *La formation de l'être, Histoire des idées sur la génération*. Paris: Hachette, 1930.

_____. *La génèse de la vie, histoire des idées sur la génération spontanée*. Paris: Hachette, 1943.

_____. *Esquisse d'une histoire de la biologie*. Paris: Gallimard, 1945.

_____. *Les grands corants de la biologie*. Paris: Gallimard, 1951.

_____. *Les origines de la biologie expérimentale et l'Abbé Spallanzani*. Paris: Fasquelle, 1951.

ROULE, L. *Buffon et la description de la nature*. Paris: Flammarion, 1924.

_____. *Lamarck et l'interprétation de la nature*. Paris: Flammarion, 1927.

RUYER, R. *Éléments de psychobiologie*. Paris: PUF, 1946.

_____. *Néo-finalisme*. Paris: PUF, 1952.

_____. *La génèse des formes vivantes*. Paris: Flammarion, 1958.

SCHELER, M. *La situation de l'homme dans le monde*, 1928. Tradução francesa de M. Dupuy. Paris: Aubier, 1951.

SIGERIST, H. *Introduction à la médecine*. Tradução francesa de M. Ténine. Paris: Payot, 1932.

SIMONDON, G. *Du mode d'existence des objets techniques*. Paris: Aubier, 1958.

_____. *L'individu et sa génèse physico-biologique*. Paris: PUF, 1964.

SINGER, Ch. *Histoire de la biologie*. Edição francesa pelo Dr. Gidon. Paris: Payot, 1934.

SOMME DE MÉDECINE CONTEMPORAINE, I, *La Recherche* (1951), obra publicada sob a direção de René Leriche. Nice: Éditions de la Diane Française.

STAROBINSKI, J. Une théorie soviétique de l'origine nerveuse des maladies. In: *Critique*, tomo VII, n. 47, p. 348, 1951.

TEISSIER, G. Description mathématique des faits physiologiques. In: *Revue de Métaphysique et de Morale*, p. 55 e segs., 1936.

_____. Mécanisme de l'évolution. In: *La Pensée*, 1945, n. 2-3.

TÉTRY, A. *Les outils chez les êtres vivants*. Paris: Gallimard, 1948.

TILQUIN, H. *Le Behaviorisme*. Paris: Vrin, 1944.

TINBERGEN, N. *L'étude de l'instinct*. Paris: Payot, 1953.

VANDEL, A. *L'homme et l'évolution*. Paris: Gallimard, 1949.

VENDRYES, P. *Vie et probabilité*. Paris: Albin Michel, 1942.

VON MONAKOW; MOURGUE. *Introduction biologique à l'étude de la neurologie et de la psychologie*. Paris: Alcan, 1928.

VON UEXKÜLL. *Theoretische Biologie*. Berlim: Springer, 1928.

VON UEXKÜLL; KRISZAT, G. *Streitzüge durch die Umweltenvon Tieren und Menschen*. Berlim: Springer, 1934.

WIENER, N. *Cybernetics, or control and communication in the animal and the machine*. Paris: Hermann, 1948.

WOLFF, E. *Les changements de sexe*. Paris: Gallimard, 1946.

_____. *La science des monstres*. Paris: Gallimard, 1948.

_____. *Les chemins de la vie*. Paris: Hermann, 1963.

FORENSE
UNIVERSITÁRIA

www.forenseuniversitaria.com.br
bilacpinto@grupogen.com.br

ROTAPLAN
GRÁFICA E EDITORA LTDA

Rua Álvaro Seixas 165 parte
Engenho Novo - Rio de Janeiro - RJ
Tel/Fax: 21-2201-1444
E-mail: rotaplanrio@gmail.com